はじめの一歩

THE FIRST STEP!

家と土地のことならこの1冊

弁護士
國部 徹[監修]

自由国民社

もくじ CONTENTS

PART3 隣近所や住環境など不動産の管理・維持と活用

家と土地を所有し上手に管理・活用する………91

PART4 土地や家（アパート マンション）を賃貸借する

借地・借家の問題とトラブル

PART7 これだけは知っておきたい 不動産の税金と軽減法

序に代えて――

家と土地をめぐる最近の法改正の解説

■コロナ禍直前の令和元年10月に改訂してから約4年、この度、令和5年9月末現在の法令で改訂した第7版を刊行する運びになりました。その間、マイナスになった地価も、国土交通省が発表した令和5年の基準地価では、全用途・住宅地・商業地の全国平均はいずれも2年連続上昇し、コロナ前の水準を回復しつつあります。

なお、家と土地をめぐるトラブルはコロナ下でも種々ありましたが、紛争解決に役立つ実情に合わせた法改正やデジタル社会に適応する規定が新設されています。

ここでは、前回（第6版）改訂後に公布、施行された家と土地に関わる最近の法改正について解説します。

土地売買や借家をめぐる民法規定が大きく変わった

家と土地に関わる最近の法律の動きといえば、第一に、120年振りに大改正された民法（債権法）があげられます。トラブルの多かった敷金や原状回復義務についての規定が、今回明文化されました。また、民法の相続法では、新たに配偶者居住権が設けられています。

この他、宅地建物取引業法が改正され、令和4年5月18日から不動産契約のデジタル化が全面解禁になりました。対面説明や契約などで原則必要だった買主や借家人への書面交付が電磁的方法でもできるようになり、借地借家法でも同様の改正が行われています。

なお、紙面の都合上ここでは、特に重要と思われる民法の改正点について解説します。

1 不動産売買に関する民法（債権法）の改正

①瑕疵担保責任が契約内容不適合責任と変わった

不動産売買では、引渡し後にその物件に瑕疵（隠れたキズ）が見つかって、トラブルになることがあります。改正前の民法規定では、買主が瑕疵あることを知らずに土地建物を購入した場合、買主は売主に対して、キズの修理や損害賠償を請求でき、場合により売買契約自体を解除して代金返還を求めることもできました。この場合、売主は原則として、その請求に応じなければならなかったのです（売主の瑕疵担保責任という）。

しかし、令和2年4月1日から施行された改正債権法では、売買に関する規定から、「瑕疵」の用語がなくなり、代わりに、売主は「契約内容に適合しない」場合に担保責任を負うと，改正されています（契約内容不適合責任という。562条～564条）。

この契約内容不適合責任は債務不履行責任の特則で、従来の瑕疵担保責任と異なり、買主が善意無過失であるとする要件は不要です。なお、契約内容不適合の物件を購入した買主は、「損害賠償請求」「契約解除」の他、新たに「追完請求」や「代金減額請求」もできることになり、買主の救済手段が増えたのが改正法の特長と言えます。ただし、売主に帰責事由がない場合、買主は損害賠償請求をできません。また、買主に帰責事由がある場合、買主は追完請求や代金減額請求をできない定めです。

なお、買主が売主に対し、損害賠償請求など右の請求する場合、従来の瑕疵担保責任では「瑕疵を知った時から1年以内に請求する」必要がありました。しかし、改正法では、「不適合を知った時から1年以内」に、不適合だった旨を売主に通知しておけば、1年経過後も損害賠償請求など右の請求ができます（566条）。

②危険負担に関する改正

危険負担とは、災害など売主・買主双方に責任がない原因（事由）により売買した家屋が買主に引き渡す前に消失した場合、売主と買主どちらが代金の支払いに責任（義務）を負うかという問題です。改正前の民法では、買主が代金支払義務を負うことになっていました（債権者主義という）。しかし、改正法では、この場合、買主は代金支払義務を負わない定めです（債務者主義という）。もっとも、買主が家屋の引渡しを受けた後に、その家屋が滅失・損傷した場合には、買主は代金の支払いを拒むことができません（567条1項）。

2 借地・借家に関わる民法(債権法)の改正

①敷金についての規定が明文化された

敷金とは、家賃滞納など借家人側の債務不履行を担保するため、家主が入居時に借家人から預かる金銭です。礼金や権利金と違って、契約期間が終了したら、家主は滞納家賃など借家人の債務を差し引いて精算し、残金は借家人に返還しなければなりません。しかし、改正前の民法には具体的な条文がないため、自然損耗による補修費や退去時のクリーニング代など、借家人の責めに帰さない費用まで敷金から差し引く家主も多く、トラブルになるケースも少なくなかったのです。

この敷金についての規定が、法改正により初めて民法に盛り込まれました（622条の2）。令和2年4月1

日から施行された改正条文には、いかなる名目でも、滞納家賃など借家人の家主に対する金銭債務を担保する目的で、借家人から家主に交付される金銭は、すべて敷金とすると、その定義が明記されています。また、敷金の返還時期も、借家契約が終了し、かつ借家や借室の返還を受けたとき、または借家人が適法（家主の同意があるなど）に借家権を譲り渡したときと、明記されました。

なお、家賃の滞納が生じたときなど、家主は敷金の中から、その額を充当できますが、借家人の方からは滞納家賃を敷金から取るよう要求することができないことも明記されています。

この他、不動産の譲渡などで建物の所有者（家主）が変わった場合、前家主が借家人から預かっていた敷金の返還義務は、新家主が当然に引き継ぐことも、改正法に規定が盛り込まれました（６０５条の2第4項）。

②自然損耗のキズは借家人に原状回復義務はない

敷金とともに、これまで借家人が一方的に不利な扱いをされることが多かった原状回復義務についても、今回の改正で新設されています（６２１条）。

たとえば、自然損耗や通常使用による汚れの補修などは、国や自治体の借家契約のガイドラインでは家主側に負担義務があるとされています。しかし、経年劣化など自然損耗の原状回復義務やクリーニン代を借家人負担とする特約を付けた借家契約書が一般的で、そのため退去後、敷金を返してもらえない、わずかな金額しか返ってこなかった、というケースが多いのです（経年劣化など自然損耗は特約がない限り、借家人には負担義務がないとする判例はある。最高裁・平成17年12月16日）。

新設された条文には、通常使用や経年劣化によるキズや汚れは、「借家人が原状回復義務を負うキズから除く」と、明記されています。また、損傷原因が借家人の責めに帰すことができないものも、借家人に原状回復義務がないとの規定も盛り込まれました（同条但書）。

③借地（賃貸借）契約の存続期間が50年に延びた

改正前の民法では、20年を超す借地（賃貸借）の存続期間を認めていませんでした。更新はできますが、当事者間で20年を超える期間を定めても、その期間は20年とされたのです。改正法では、その存続期間が50年に延長されました（６０４条）。ただし、この規定が適用されるのは、令和2年4月1日以降に契約締結される借地契約で、それ以前の契約には適用されません（施行日後に、契約更新する場合、更新後の契約は50年にできる）。

なお、土地建物の一部が、借主の過失によらずに滅失した場合、改正前の規定では、その滅失割合により借主は貸主に対し、賃料の減額を請求できましたが、改正法では、借主の責めに帰する事由がないのに、土地建物が滅失、その他の事由により使用収益できなくなった場合には、賃料は当然減額されることになっています（借主の請求は不要。611条1項）。

3 所有権（相隣関係）に関する規定が改正された

隣地との境界争いや囲繞地の住人の隣地通行権など、隣接地紛争は相隣関係といい、民法（物権法）の「所有権」の章に規定があります。令和3年4月28日、民法等の一部を改正する法律が公布され、この相隣関係や共有などの規定が改正されました（令和5年4月1日施行）。

相隣関係では、次のような改正が行われています。

・隣地使用権（209条）　土地所有者が建物の築造や修繕行為、境界の測量などで、どうしても隣地に足場を組むなどの必要がある場合は、隣地側の損害がもっとも少ない日時や方法で、隣地を使用することが認められています。しかし、改正前の規定では「使用を請求できる」と、使用には隣人の許可が必要でした。改正された規定では、あらかじめ日時、場所、方法などを、隣人に通知するだけでよいことになっています。

・隣地通行権（213条の2、213条の3）　他人の土地に囲まれて、道路に面していない土地の所有者は、道路に出るため隣地を通行できる隣地通行権（袋地通行権ともいう）があります。改正法では、土地所有者が、電気、ガス、水道などの継続的給付を受けるため他人の土地に必要な設備を設置できる権利（または他人の設備を使用できる権利）を認める規定が追加されました。

この他、隣地の竹木が自分の土地に越境してきた場合、改正前の規定では、越境した竹木の枝については、竹木の所有者が切除に応じなければ、最終的には裁判で勝つしか切除ができませんでした。しかし、改正法では、竹木の所有者が催告しても切除に応じない場合、越境された土地の所有者が、越境した枝を切り取ることが認められています（233条）。

4 自宅の相続は配偶者に有利な制度ができた

①妻は夫が残した自宅に住める配偶者居住権がある

亡くなった夫（被相続人）の遺産（相続財産）の大半が、それまで住んでいた自宅土地建物という場合、同居していた相続人の妻（配偶者）が、そのまま自宅に住み続けたいと望んでも、他に相続人がいて、遺産の取り分を寄こせと要求されると、従来の民法（相続法）では、妻の希望をそのまま叶えることは困難でした。

妻が亡夫の遺産である自宅に住み続けたければ、他の相続人（たとえば子ども）に各自の相続分相当の金銭を払って家を相続する代償相続か、また家を相続人全員の共有にして、持分に応じて月々家賃を払うなどの方法を取るしかなかったのです。しかし、妻側に支払う経済的余裕がなかったり、他の相続人が共有相続に反対すると、結局は自宅を売るしかありませんでした。

この相続法が平成30年7月改正され、妻が夫の死後、そのまま夫名義の自宅に住み続けることができる配偶者居住権の制度が新設されました（令和2年4月1日から施行）。

改正法では、相続財産となった夫の自宅に無償で住んでいる妻は、「遺産分割で配偶者居住権を取得するか」「遺言で配偶者居住権の遺贈を受ければ」、そのまま自宅に住み続けることができるようになりました（1028条）。また、自宅を子どもと共有で相続した場合も、妻は原則、自宅を終生使い続けることができます。

なお、家を相続するのが配偶者以外でも、遺産分割の話合いで家の相続人が決まるか、相続開始から6か月が経過するか、いずれか遅い時点まで、配偶者である妻は亡夫の家に住み続けることができるのです（配偶者短期居住権という。1037条）。

②夫から遺贈された家は遺産分割で特別受益にしない

改正法では、婚姻期間が20年以上の夫婦間での居住用家屋（または敷地）の遺贈や贈与について、その財産を遺産相続の特別受益に組み入れない特例が新設されました（903条4項）。

たとえば、夫が妻に居住用建物またはその敷地を遺贈または贈与した後、死亡した場合、遺産分割において、夫（被相続人）は、この居住用建物または敷地を特別受益として相続財産に組み込まない意思を示したものとされます（令和元年7月1日から施行）。

③遺留分が侵害されたら侵害額を金銭で請求する

遺留分のある相続人は、自分の遺留分を侵害した他の相続人など（受遺者または受贈者）に対し、従来は侵害された相続分の返済（減殺）を請求できる規定でした。しかし、改正法では、この減殺請求権が削除され、遺留分権利者（遺留分を侵害された相続人など）は代わりに、侵害された遺留分に相当する金銭（債権）を請求できることになったのです（1042条〜1049条）。

この他、家と土地に関する法改正では、不動産登記法改正（民法等の一部を改正する法律・令和3年4月28日公布）があり、相続で不動産を取得した場合、相続開始を知り、かつ所有権取得を知ってから3年以内に相続登記（所有権移転登記）をするよう義務づけられました（76条の2。令和6年4月1日から施行）。

PART 1

不動産（マイホームなど）を購入する

安全・確実な不動産取得のために——

◆マイホームの購入は一生に一度といっていいほど重要な買物です。失敗のないよう、くれぐれも慎重に事を進めるべきです。

◆不動産の売買などでは、法律で多くの規制があります。たとえば、都市計画法では、区域を定めて、一定の建物しか建築できないようになっています。こうした法律についても、知っておく必要があります。

不動産購入は一生に何度もない大仕事

マイホームを購入する手続きと注意点

- マイホームを購入する手続き
- マイホーム購入と契約
- マイホーム購入の費用
- 売買契約と登記の移転　など

◆不動産購入の手続きの流れ

1 購入計画を立てる

一口に不動産といっても、新築か中古か、マンションか、一戸建てかなどさまざまです。また、この段階で資金計画にしても、各金融機関の融資の種類やしくみ、代金以外の諸経費を調べておきましょう。

2 情報収集・購入物件を特定する

この段階では、物件に関する情報の収集が重要です。住宅情報誌や新聞、折り込みチラシ、ネット広告などで多くの情報を集め、展示場へもできるだけ足を運びましょう。そうすることで、不動産を見る目を養うことができます。

3 物件・不動産業者をチェックする

気に入った物件があったら、現地に出向き、周辺の自然環境や、生活環境を確かめることです。業者に関しては、業者名簿でその業者の実績や内容を確かめましょう。

4 重要事項の説明を受ける

不動産業者は、契約の前に必ず重要事項説明書を提示して説明することを義務づけられています。物件に関する疑問があれば、この段階で質問するなどして解消しておきましょう。

■不動産購入と法律

不動産の売買に関しては、下記の図表の各段階ごとにさまざまな法律が関わっています。その中でも特に重要な部分は、契約前の「重要事項説明」「契約」「登記」に関する部分です。

まず、重要事項説明は**宅地建物取引業法**に定められています。消費者保護のために、契約締結前に物件や取引条件に関する重要な事項を説明させるのです。

つぎに、契約に関しては**民法**等で規定されています。ここでは、目的の物件に何か瑕疵（キズ）があった場合はどうなるかとか、売主・買主の契約上の義務が果たされなかったときはどうなるかなどが定められています。

そして、**不動産登記法**により、所有権の移転登記が行われますが、この登記をしなければ、のちのちトラブルに巻き込まれかねません。

これら以外にも**都市計画法**、**建築基準法**、**国土利用計画法**等、多くの法律が関わってきます。また、不動産の売買に当たっては、不動産業者の選定も重要な要素です。**宅地建物取引業法**では、業者の免許、仲介契約などについて規定を置いています。

なお、最近は不動産の二重売買、欠陥住宅（手抜き工事など）の問題、業者の倒産に伴う売買をめぐるトラブルなどが起きています。不動産の購入にあたっては、くれぐれも慎重を期してください。

5 売買契約を締結する

契約を結ぶときに大切なことは、契約書を相手が提出した場合は、よく読むこと。当たり前のことですが、おろそかになりがちです。代金支払いの時期、諸費用の額、引渡時期、所有権の移転時期などが重要な確認事項です。

6 住宅ローンの申込みをする

事前に相談し、契約したらすぐにローンの申込みをしてください。承認が下りるまでには時間がかかります。

7 残金の支払い・引渡し・登記

残金を支払い、引渡しを受け、移転登記が済んだら終了です。通常、代金の支払いと所有権移転登記のための登記済証（登記識別情報）・印鑑証明書・委任状の授受は同時にします（同時履行）。

〔トラブルが起きそうなケース〕

1・物件（マンションを含む）の明渡しが契約書の引渡日に間に合わない。
2・手付けを打ったのに、相手が解約をしてきた（44ページ参照）。
3・ローンが組めなかった（29ページ参照）。
4・所有者が二重に売却していた（47ページ参照）。
5・購入した建物が欠陥住宅だった（53ページ以下参照）。
6・売買が済んだのに、所有権の移転登記をしてくれない（109ページ参照）。
7・私が本当の所有者だという人が現れた（108ページ参照）。
8・家が建たない宅地を買わされた（49ページ参照）。

マイホームの購入 1

無理のない計画を立てる

マイホーム購入の資金計画はゆとりをもって立てる

▼安全・確実なやり方を心掛ける

■ひと頃、不動産業者の広告に「家賃の支払額でマンションが買える」というものがありました。確かに、家賃の支払額とローンの返済額を考えると、マンションを購入した方が得と思えます。しかし、マンションを購入しても、管理費や修繕積立金などの費用もかかることを考慮してください。また、ローンが傾斜式（初めは返済額も少ないが、将来は多くなる）場合には、その時の返済額も考慮しておく必要があります。

自己資金の額を確定する

まず、貯蓄の中から、いくらマイホーム資金として使えるかを確定します。親からの資金援助ができるかどうかも打診します。勤務先で退職引当金による社内融資制度があれば、それも自己資金として活用できるので調べてみます（ただし、返済は通常、毎月の天引きによる長期返済となるので、ローン借入金と合わせた無理のない活用が大事です）。

確定した自己資金から、購入に伴う諸経費（物件や取引態様によって異なりますが、購入価格の5～10%程度）を差し引いた残りが、頭金として使える金額となります。中古物件で、リフォームが必要な場合は、その費用を差し引いた残りが、頭金となります。

頭金は、通常、購入価格の20%以上が必要となります。ただし、購入価額の100%融資する住宅ローンもあります。

「いくら借りるか」よりも「いくら返せるか」

購入する物件の種類（新築・中古、一戸建て・マンション）によって異なりますが、年収による金融機関から借入限度額、返済年数の限度等を参考にして、毎月いくら返済できるかを検討します。

返済可能な金額がわかれば、それによって借入れをするローンの額が決まります。ただし、ローンの借入れ上限は購入価格の80％までというのが、一般的な考えですので、購入物件の80％、または年収から見た借入限度額のどちらか低い方が、借入額ということになります。

このようにして頭金と借入額を合計したものが、購入可能物件の価格の上限となります。しかし、それはあくまで上限であって、年間返済額は、年収の30％以内、できれば25％以内に留めるのが理想的でしょう。

◆資金計画の例－年収500万円の人

●年間支払額を年収の30%に設定した場合

500万円×0.3＝150万円

・月々均等返済の場合

150万円÷12＝125,000円

●年間支払額を年収の25%に設定した場合

500万円×0.25＝125万円

・月々均等返済の場合

125万円÷12＝104,167円

借り過ぎによって生活が破綻しては、元も子もありません。

自己資金・頭金を用意する

全額をキャッシュで支払う場合はともかく、融資を希望する場合は、金融機関からいくら借入れできるかによって異なりますが、一般的に、購入物件価格の80％とされています。ですから、購入価格の20％以上を自己資金として用意しなければなりません。なお、この融資限度割合は、返済能力が十分な人の場合は緩和されます。

親や勤務先から調達する場合、以下のような優遇制度があります。

① 贈与税の非課税枠

贈与を受ける場合、暦年課税では、年１１０万円までは基礎控除があり非課税です。数年間にわたり贈与を受ければ、結構な金額になります。

また、親（60歳以上）や祖父母から子（18歳以上）への住宅取得資金の贈与では、一定の要件を満たせば、１０００万円あるいは５００万円までは非課税（令和四年～五年）となります。相続時精算課税制度を選択すれば、同制度の２５００万円の非課税枠と合わせて利用できます。ただし、贈与者の死亡時に、相続財産と合計して精算されます。

配偶者への住宅資金等の贈与では贈与税の軽減特例もあります（229・230ページ参照）。

② 退職金引当て制度

勤務先で退職金引当てによる社員のための社内融資制度がある場合、抵当権の設定がなされないものは、融資金を頭金として使えます。

なお、返済は毎月払いによる長期返済となるので、ローン借入れとの年間返済額の合計が、年収の25～30％以下になるようにしましょう。

住宅ローンはPART２参照。

マイホームの購入 2

■物件を探す

失敗しない物件の探し方・選び方

▼高い買い物だから情報を集め、現地にも行き、慎重を期すこと

■マイホームを購入するときには、まず、購入する費用などの計画を立てて物件を探す場合と、気に入った物件をまず探してその後に資金の手当てを考える場合とがあります。

いずれの場合にも、物件の調査は十分にしましょう。

まず、情報を集めよう

情報収集の方法には、次のようなものがあります。

新聞広告、新聞折込チラシ、住宅情報誌、住宅展示場、不動産業者の店頭、住宅友の会、インターネット、銀行の不動産相談コーナー、知人の口コミ…。

以上のものを活用して、家族構成、ライフスタイル、家族の年齢、勤務地、予算等を考えて、購入物件の種類を特定していくようにしましょう。

しかし、このあふれるような情報の中から、自分の気に入った物件を探すのは、並大抵のことではありません。しかも、住宅を購入するということは、一生のうちでそう何度もあることではありません。何年分の年収にもなるお金を取引するのですから、慎重に慎重を重ねることです。

不動産広告の見方

不動産広告は、マイホーム探しの情報源であり、その不動産業者の信用度を見る判断の一材料となります。広告を見る場合、間取り、価格はもちろんのこと、物件の概要を読むことが大切です。広告の見方の詳細は19ページを参照してください。

現地見学の仕方

一戸建て、マンションの各チェックポイントはそれぞれの項で見ることにしますが、候補物件が決まったら、現地見学をすることになりますから、長い間住むことになりますから、1度と言わず2度、3度と足を運ぶよ

うにしましょう。

その際、できれば条件の違う日時、たとえば、休日の昼間と平日の夜、平日の昼間、晴れた日、雨の日などに見学するようにしましょう。休日は静かだった環境が、平日は車の交通量が多く、やかましいとか、雨の日に行ったら、排水が悪く、道路から水があふれていたり、悪臭がただよっていたりすることもあります。

新築物件で特に未完成の物件の場合には、階数によっては正しい日当たり具合がなかなかわかりづらいということもあります。

とくに、近隣に高層の建物がある場合は、それが、どのくらい購入する部屋の日当たりに影響を与えるかも調べましょう。

物件周辺の学校、公共施設、病院、スーパー、交通の便もチェックします。周辺地図を持参して、書いておくと便利です。隣地が空き地の場合は、建築計画の有無、あるいは建築計画がなくても、古家が建っている場合は、再建築時にどの程度の高さ、規模のものが建つ可能性があるのか、担当営業マンに聞いたり、役所に問い合わせたりしましょう。

・最寄り駅から実際に歩いて所要時間を計る。

・広告図面が現況と合っているかを見る。

現地では、疑問点は担当営業マンに何でも質問するようにしましょう。その際、質問に一つ一つ誠意をもって応え、わからない点は後日いつまでに調べて返事します、という営業マンは信頼できますが、面倒そうにしたり、答えをごまかす営業マンは要注意です。

広告図面が現況と合っているかを見る

① 物件周辺の学校、公共施設、病院、スーパー、交通の便もチェックします。周辺地図を持参して、書いておくと便利です。また、最寄りの駅から実際に歩いて所要時間を計ることは、ぜひ行ってください。

② 測量士や土地家屋調査士が作成した実測図を見せてもらい、その図面に隣地と境界が記入されているか確認します。

③ 広告図面を100パーセント信用するのは危険です。なんとしても売りたい業者は、買い手の気にするようなことを隠し、買い手の気にいることを誇大に広告しがちです。必ず現場に出向き、広告図面が現況どおりかを確認すべきです。

④ 中古物件の場合は、日当たりはわかりますが、新築物件では、特に未完成の物件の場合には、階数によっては正しい日当たり具合が、図面上だけではなかなかわかりづらいということもあります。

建物が完成して、いざ入居してみたら、思ったより日当たりが悪かったということがないように、近隣に高層の建物がある場合は、それが、購入する部屋に、どのくらい日当たりに影響を与えるかも調べましょう。

⑤　崖や高い擁壁のある土地の場合は、安全性を専門家にチェックしてもらいます。

⑥　袋地は要注意で、通行権が問題になります。通行権はどうなっているか、建物は建てられるか、また、現在、中古の建物がある場合に、将来、建て替えが可能かどうかも、調査確認しておきましょう。

モデルルームのチェックは仕上げや構造を重点に

モデルルームも、照明器具などのインテリアや、最新の充実した設備機器の雰囲気にまどわされがちですが、見学のチェックポイントは仕上げや構造です。床や壁の厚さ、断熱材、下地の仕様、排水管や換気ダクトの配管など表からは見えない部分については、設計図面を見ながら、業者に細かに説明をうけてください。

なお、モデルルームもモデルハウスも、分譲する物件のなかでは、グレードの高いタイプの場合が多いので、実際に購入する住宅とは異なったものを見学していることを、頭に入れておく必要があります。

物件の現状などを確認する

「取引物件説明書」(「物件概要」)をよく読み、また、関連して、権利証または登記簿謄本(全部事項証明書)を見せてもらい、公図・実測図・建築設計図のコピーを受け取ることです。

①　上下水道・電気・ガスなどの確認をします。

下水道は完備しているのか、ガスは都市ガスかプロパンガスなのか、電気の配線はすんでいるのか、などを確認します。

②　公共機関、病院、商店、学校や幼稚園、郵便局、警察など近くにあるか、確認します。

③　交通の便はどうか確認します。

最寄りの駅までの距離、勤務先までの交通機関、時間、運転時間と運転間隔、始終発の時間を確認します。

④　土地に面する道路について確認します。

私道か公道か、私道ならば、自己所有か他人所有か、また、その負担割合はどうなっているのか。舗装されているか、交通量は、幅員は4メートル以上あるか、土地と道路が2メートル以上接しているかどうか気をつけましょう。

⑤　環境はどうか確認します。

付近に工場や、風紀上好ましくない施設があるか。煤煙、悪臭、騒音などによる公害は、ちょっと見ただけでは分からない場合が多いのです。

マイホームの購入 3

不動産広告の見方とチェックの仕方

■誇大広告などの禁止

▼誇大広告や虚偽広告は禁止されている。疑問があったら広告主に聞く

■マイホームを探す場合、不動産業者の店先の広告物件や新聞の折り込みチラシを見たり、最近では業者がウェブサイトなどに表示するネット広告を参考にする人も多いでしょう。しかし、専門用語が使われている個所もあり、それがどういうことかぐらいの知識は必要となります。

誇大広告や虚偽広告の禁止

不動産の広告は、景表法（不当景品類及び不当表示防止法）や宅地建物取引業法、不正競争防止法などで規制されています。

宅地建物取引業法では、不動産業者は、業務に関して誇大広告をしてはならないとされています（32条）。

誇大広告とは、

① 事実に著しく相違する表示、

② 実際のものより著しく優良・有利であると人を誤認させるような表示、とされています。

これは、新聞広告、折り込み広告、ポスター、テレビ、インターネットなどすべての広告が対象です。この広告制限に違反すると、免許の停止処分を含む行政処分があり、また場合によっては、刑事処分の対象ともなります（6か月以下の懲役または100万円以下の罰金）。

また、未完成の宅地や建物については、開発許可や建築確認などの政令で定める許可の後でなければ、一切広告はしてはならないとされています。さらに、不動産業者が宅地または建物の取引に関して広告するときは、取引態様の別を明示することが義務付けられています。

取引態様とはなにか売主・代理・媒介（仲介）

◆**売主**―その不動産会社が所有する物件を、直接販売すること。買主は仲介手数料を払う必要はありません。

◆**代理**―売主から代理権を与えられた不動産会社が、売主に代わって販売すること。代理人と契約すれば、売主と契約したのと同一の効力が発

生します。代理権を証する書面（代理委任状）で確認します。

手数料は、ケース・バイ・ケースで、必要な場合もあり、不要の場合もあります。あらかじめ物件の紹介を受けた時に確認するようにしましょう。

◆**仲介**—不動産会社が売主と買主の間に立って、両者の契約を成立させるものです。仲介手数料がかかります（29ページ参照）。

広告はあくまで情報の1つ

マイホームを購入する場合に、広告だけを見て購入する人はいないと思いますが、広告はあくまでも、購入のための1つの情報であると思ってください。

よい物件だと思ったら、広告主である不動産業者等をたずねて、「取引物件説明書」を読んだり、物件のある現場に行って見ることです。

◆不動産の広告規制の条文

○宅地建物取引業法

第32条（誇大広告の禁止）宅地建物取引業者は、その業務に関して広告をするときは、当該広告に係る宅地又は建物の所在、規模、形質若しくは現在若しくは将来の利用の制限、環境若しくは交通その他の利便又は代金、借賃等の対価の額若しくはその支払方法若しくは代金若しくは交換差金に関する金銭の貸借のあっせんについて、著しく事実に相違する表示をし、又は実際のものよりも著しく優良であり、若しくは有利であると人を誤認させるような表示をしてはならない。

○不当景品類及び不当表示防止法

第5条（不当な表示の禁止）事業者は、自己の供給する商品又は役務の取引について、次の各号のいずれかに該当する表示をしてはならない。

一　商品又は役務の品質、規格その他の内容について、一般消費者に対し、実際のものよりも著しく優良であると示し、又は事実に相違して当該事業者と同種若しくは類似の商品若しくは役務を供給している他の事業者に係るものよりも著しく優良であると示す表示であって、不当に顧客を誘引し、一般消費者による自主的かつ合理的な選択を阻害するおそれがあると認められるもの

二　商品又は役務の価格その他の取引条件について、実際のもの又は当該事業者と同種若しくは類似の商品若しくは役務を供給している他の事業者に係るものよりも取引の相手方に著しく有利であると一般消費者に誤認される表示であって、不当に顧客を誘引し、一般消費者による自主的かつ合理的な選択を阻害するおそれがあると認められるもの

三　前二号に掲げるもののほか、商品又は役務の取引に関する事項について一般消費者に誤認されるおそれがある表示であって、不当に顧客を誘引し、一般消費者による自主的かつ合理的な選択を阻害するおそれがあると認めて内閣総理大臣が指定するもの

第31条（協定又は規約）事業者又は事業者団体は、内閣府令で定めるところにより、景品類又は表示に関する事項について、内閣総理大臣及び公正取引委員会の認定を受けて、不当な顧客の誘引を防止し、一般消費者による自主的かつ合理的な選択及び事業者間の公正な競争を確保するための協定又は規約を締結し、又は設定することができる。これを変更しようとするときも、同様とする。（2項以下略）

マイホームの購入 4

■不動産登記簿の確認

購入する物件の不動産登記簿の見方

▼抵当権などが設定されていたら要注意

■購入物件の不動産登記事項証明書（登記簿謄本）は、是非、購入前に取り寄せてチェックしておく必要があります。

不動産業者の仲介物件の場合には、業者が取り寄せてくれますが、直接、売主から購入する場合には、その不動産の所在地を管轄する法務局やその出張所で、誰でも登記事項証明書は取ることができます。

土地と建物の登記事項証明書（謄本）をとる

不動産登記事項証明書の請求は、その不動産の所在地を管轄する登記所（法務局または地方法務局）へ行き、登記事項証明書交付請求書を書いて手数料として、所定の登記印紙（６００円）を貼付して申請します（オンライン請求・送付５００円）。

登記簿は土地と建物と別々の磁気デスクになっていますので、土地付き家屋の場合は、両方の事項証明書を取らなければなりません。

① 所有権に関する確認

現在の所有者が誰になっているかどうかということです。もし、売主になっていれば、交渉をすすめてみてもよいでしょう。

万が一、持主名義と売主が違っている場合には、注意をしなければなりません。現在の売主が持ち主である場合でも、自分の名義にしないまま で、前の所有者から新しい買手の名義へと直接移す中間省略登記は以前はできましたが、現在は認められません。

しかし、所有者と売主が異なるときは、前の持主との間の売買契約書、代金受領書、および前の持ち主名義の登記の権利証（正式には「登記済権利証」）があれば権利証、前の持主の委任状、印鑑証明（発行後3か月以内）を呈示してもらいます。

② 土地の所在、地番、地目、地積の調査

登記事項証明書では、土地建物の所在・地番・家屋番号、土地の地目・地積（面積）、建物の面積などを広告や実物と異ならないかチェックし

ます。

抵当権がある場合は抹消されてから買う

登記事項証明書では、抵当権、根抵当権の有無、各種仮登記、仮処分仮差押登記、予告登記、差押登記などの登記が付いているかどうかを見ます。

とくに、抵当権、根抵当権などの各登記には賃貸借仮登記、代物弁済仮登記が同時に登記されていることが多く、原則として、これらの登記は、売主に抹消させた上で買い受けるべきです。

不動産登記事項証明書の見方

不動産登記簿は、その物件がある管轄の登記所（法務局またはその支局・出張所）にあり、登記事項証明書は「登記事項証明書交付請求書」を提出することによって誰でも交付してもらえます。通常、不動産業者が扱う物件は、業者がその登記事項証明書を持っていますので、見せてくれるでしょう（発行日付が新しいことを確認し必ずコピーすること）。

登記簿には、土地登記簿と建物登記簿とがあります。さらにそれぞれに表題部と甲区欄、乙区欄があります。

次ページにそのサンプルと概要を解説しますので参照してください。

◆不動産の登記関連の申請書・手数料一覧表（平成25年4月1日～）

区分		手数料額
登記事項証明書（謄抄本）（※1）	書面請求	600円
	オンライン請求・送付	500円
	オンライン請求・窓口交付	480円
登記事項要約書の交付（※1）・登記簿等の閲覧		450円
証明（地図・印鑑証明を除く）		450円
地図等情報（※2）	書面請求	450円
	オンライン請求・送付	450円
	オンライン請求・窓口交付	430円
印鑑証明書	書面請求	450円
	オンライン請求・送付	410円
	オンライン請求・窓口交付	390円
筆界特定	筆界特定書の写し（※1）	550円
	図面の写し	450円
	手続記録の閲覧	400円
登記識別情報に関する証明	書面請求	300円
	オンライン請求・交付（※3）	300円

※1　1通の枚数が50枚を超える場合には，その超える枚数50枚までごとに登記事項証明書及び筆界特定書の写しは100円、登記事項要約書は50円が加算されます。

※2　手数料の単位については、地図等の証明書は「1筆の土地又は1個の建物」、土地所在図の証明書は「1事件」となります。

※3　オンライン申請により、交付の請求をした証明書を電磁的記録としてオンラインにより交付する場合を言います。

▼一戸建ての登記簿（磁気ディスクによる登記簿の全部事項証明書）

○○○　市　町305－1　　全部事項証明書　（土地）

【表題部】（土地の表示）			調製　平成9年3月6日	地図番号　余白
【所在】	市　町		余白	
【①地番】	【②地目】	【③地積】㎡	【原因及びその日付】	【登記の日付】
305番1	宅地	228:09	余白	余白
余白	余白	余白	余白	昭和63年法務省令第37号附則第2条第2項の規定により移記 平成9年3月6日
余白	余白	113:54	③305番1、305番3に分筆	平成10年12月4日

【甲区】（所有権に関する事項）				
【順位番号】	【登記の目的】	【受付年月日・受付番号】	【原因】	【権利者その他の事項】
1	所有権移転	昭和58年8月3日 第17005号	昭和53年6月22日相続	所有者　市　町　631番地 [redacted] 順位2番の登記を移記
	余白	余白	余白	昭和63年法務省令第37号附則第2条第2項の規定により移記 平成9年3月6日

＊　下線のあるものは抹消事項であることを示す。　　整理番号　D84913　（1／2）　1／2

○○○　市　町16　　全部事項証明書　（建物）

【表題部】（主たる建物の表示）			調製　平成9年3月6日	所在図番号　余白
【所在】	市　町　305番地		余白	
【家屋番号】	169番		余白	
【①種類】	【②構造】	【③床面積】㎡	【原因及びその日付】	【登記の日付】
居宅	木造瓦葺2階建	1階　63:66 2階　36:06	余白	余白
余白	余白	余白	余白	昭和63年法務省令第37号附則第2条第2項の規定により移記 平成9年3月6日

【表題部】（附属建物の表示）					
【符号】	【①種類】	【②構造】	【③床面積】㎡	【原因及びその日付】	【登記の日付】
1	居宅	木造瓦葺平家建	1:98	余白	余白
2	物置	木造瓦葺平家建	26:74	余白	余白
【所有者】	[redacted]				

（以下略）

◆土地登記簿

表題部　土地の所在に関連して、土地を特定するためのもので、一筆ごとに番号がつきます。他に、地目（種類）、地積（面積）などが記載されています。

甲区欄　土地の所有に関する事項を記載。ここを見れば所有者が誰かがわかり、また、いつ、どのような原因で土地を所有したかもわかります。

乙区欄　土地に対する所有権以外の権利について記載。抵当権や賃貸借などに関する事項が記載されています。抵当権等がついていれば、買主としては要注意です。

マイホームの購入 5

■仲介の不動産業者

不動産業者の選び方と調べ方

▼業者名簿でおおまかな業者の概要はわかる

■不動産を購入する場合、ほとんどの場合に業者の仲介によることとなるでしょう。物件の善し悪しだけでなく、業者がどういう者かも、十分に調べることが重要です。

不動産業者の選び方

不動産業者を介して物件を購入するのが一般的です。そのため、不動産業者の信用を調査することが重要です。

① 宅建業者の免許の有無

不動産業者は、「宅地建物取引業法」により、免許を受けなければなりません。免許を受けたものは、必ず、都道府県庁に備えつけられている業者名簿に登録されています（無料で閲覧できます）。また、これらの業者は、店頭に「宅地建物取引業者票」を、必ず、掲示することが義務づけられています。

しかし、免許があるからといって、信用してよいとは限りません。

② 一般的調査

「会社案内」で調べる、取引銀行にたずねてみる、住宅ローン制度を取っているならば、提携住宅ローンを調べる、などもあります。

③ 業界団体への加盟

業界団体への加盟には資格審査があり、団体研修会を行ったり、広告についての自主規制やトラブルの相談にのってくれます。信用度をはかる1つの目安にはなります。

宅地建物取引業の免許証

前にも述べましたが、不動産の取引きを業として行う場合は、宅地建物取引業の免許が必要です。事務所には、免許番号を表す標識を掲げることが義務づけられています。不動産広告にも表示が義務づけられています。

この免許は国土交通大臣免許と都道府県知事免許があります。事務所が2つ以上の都道府県にあれば国土交通大臣免許、1つの都道府県内にあれば知事免許となりますが、知事免許でも他府県の物件を取り扱うことができます。

免許は5年に1度更新され、更新ごとに数字が加算されるので、免許証番号の頭の( )の番号が大きいほど営業年数が長いことになります。ただし、総合不動産業者が、その販売部門だけを独立して別会社にしている場合は、営業年数が長くても、(1)というようなケースもあります。

業者名簿を閲覧する

国土交通大臣免許の業者の場合は、国土交通省不動産・建設経済局不動産業課で、知事免許の場合は、各都道府県の土木部や住宅局で不動産業者名簿の閲覧が無料でできます。なお、電話での受付はできません。

この名簿を見ると、営業実績や、苦情の有無などがわかります。

◆業者名簿見本

業者名
免許証番号
商号
代表者
専任者
事務所

●業者名簿の見方

① 過去の営業実績　過去5年間のおおまかな取引状況がわかります。

② 宅地建物取引士　その事務所の専任の宅地建物取引士の住所および氏名、その人が実際に事務所に掲げられている専任の取引士と一致するか、また実際に勤務しているか（名義だけ借りている場合もある）がわかります。

③ 資産の状況

④ 代表者や役員　あまり頻繁に変更、交代があるのは要注意です。

⑤ 過去の行政処分の内容　過去に営業停止処分を受けている場合は、その内容も記載されています。特にこの項は注意が必要です。

悪徳業者に気をつける

不動産広告は「宅地建物取引業法」「不当景品類および不当表示防止法」の2つの法律によって主に規制されています。

さらに、業界自体でも、「不動産の表示に関する公正競争規約」によって、主に虚偽や誇大広告の規制を行っています。

オーバーな表現の例では、安全、絶対、最高、一級、特選、厳選、格安、などの用語は使ってはならないとされています。

広告の内容が、実際の物件と異なるところはないか、オーバーな表現や表示禁止用語を使っていないか、広告を見るときは、ていねいに、注意しながら読むことが大事です。

① オトリ広告に注意

実際にありもしない物件、売る気のない物件を、格安で売るような広告を出し、お客を集めます。そしてお客には、「残念ですが、その物件はもう売れてしまいました」と断り、別の物件を言葉たくみに売りつけるケース。

② 誇大広告で客をつる

駅からの距離をごまかす、将来は近くに○○ができるので価値があがるとうそを言う、私道があるのに説明しない、築年数をごまかす、建築基準法で建て替えができない土地なのに言わない、などのケース。

③ 書類を作らない

いろいろな約束ごとは、一つ一つ書類にして確認していけば、トラブルが減ります。

この書類を残さず、口だけの説明にして済ませようとするケースは、危険です。

④ 契約を急がせる

「他にも買いたい人が申し込んでいます」「今すぐにご契約されればお安くします」などと言って契約をせき立てるケース。

⑤ 住宅ローンについて甘い話で誘う

金融機関とは提携ローンの契約がないのに、簡単な手続きで有利なローンが借りられると言って、契約をさせようとするケース。

◆購入契約での注意点

■建築条件付土地売買

建築条件付土地売買は、土地の分譲でよく行われています。これは、購入した人が一定期間内に売主（業者）の指定した建築業者と契約して建物をたてなければならないというものです。

契約そのものは有効ですが、建物を立てる期間が限定されていること、あるいは建物の設計、仕様、見積もり額などが、購入者の建物についての考えが具体化する前に請負契約が結ばれることもあり、後日のトラブルの元となっています。

■中古マンションのトラブル

中古住宅は、新築と異なり多少の傷があるのが実情で、当然、それを知って買ったとされ、その分は安いことから、後日、文句を言えない場合が多いでしょう（購入時の説明にもよりますが）。

中古マンションにおいてトラブルとなりやすいのは、

①駐車場が使えない

②大修繕の計画があり、高額な費用の負担になる

③前所有者に管理費や修繕積立金の滞納がある

などです。

なお、前所有者に管理費や修繕積立金の滞納がある場合には、管理組合は新所有者（購入者）に請求ができますので、注意が必要です。

マイホームの購入 6

購入費用の計画

マイホーム購入の費用はゆとりをもって考える

▼思った以上に予想外の費用がかかるものです

■マイホームの購入には、売買代金以外に税金、各種保険料、仲介手数料や引越し費用、あるいは調度品などの諸費用がかかります。取引態様、物件の種類によって異なりますが、総額で価格の5%～10%程度です。

購入の契約をするときに必要な費用

① 手付金

一般的には、購入する物件の頭金が必要です（頭金なしもある）。

全額即金の場合には、当然、全額を用意することになりますが、ほとんどの場合には住宅ローンを組んで購入することになりますので、頭金を工面することになります。頭金なしであれば、当然、返済額が多くなりますので、月々の返済が可能かどうかを検討してください。

② 不動産業者への仲介手数料

取引態様が仲介（媒介）の場合、仲介手数料を契約時に半金、残金支払い時に残りの半金というケースが多いようです。

手数料額は、取引物件の価格によって異なり、上表のようになります。

なお、物件の価格が400万円以上のときは、〔売買価格×3%＋6万円＋消費税〕という速算式で計算できます。

◆不動産業者の手数料（限度額）

取引物件の価格	仲介手数料
200万円以下の部分	100分の5（0.05）
200万円を超え400万円以下の部分	100分の4（0.04）
400万円を超える部分	100分の3（0.03）

消費税は含まず。

ローンを借り入れるときにかかる費用

① 印紙代（印紙税）

土地や建物の売買契約書、住宅ローンの借入契約書などをとりかわすときに契約書1通ごとにかかる税金です。借入金額により異なります（202ページ参照）。

② ローン事務手数料

金融機関により料金は異なり、3万円程度です。なお、住宅ローン事務手数料として不動産会社が紹介手数料を取る場合もあります。

③ ローン保証料

借入金額、返済期間により異なります。連帯保証人がいれば不要です。

〔フラット35の場合〕

・保証料は不要です。また、繰上返済手数料も不要です。

・民間金融機関の保証料は、保証金額、保証（返済）期間、返済方法などに応じて決まります。ネットで住宅ローンのシュミレーションができるところもありますので、事前に比較してみるといいでしょう。

(例)みずほ銀行・借入金1000万円（10年固定金利。元利均等返済。一括前払方式。令和5年8月現在）

・保証期間25年→17万2540円

・保証期間30年→19万1370円

・保証期間35年→20万6110円

④ 火災保険料

火災保険は、住宅ローンの返済期間中をカバーするもので、一括払いです。火災保険は、建物が火災によって担保価値を失ったときに下りる保険ですが、金融機関から融資を受ける場合は、火災保険に加入することが義務づけられています。

保険料は、一般の保険料に比べ約50％程度と安く設定されています。

また、フラット35では、特約地震保険も自動加入（加入しない意思表示があれば別）となっています。

残代金を支払うときに必要な費用

①残代金の支払い—契約の際に手付けを入れているのが通常ですが、ここでは住宅ローンなどで工面した残代金を支払います。

②登記費用—土地建物所有権移転の登録免許税（203ページ参照）

司法書士報酬（各司法書士が定める）。

③その他—新築マンションの場合、修繕積立一時金。一般的に10万円～30万円程度。

不動産取得税（205ページ参照）

固定資産税（206ページ参照）

都市計画税（206ページ参照）

引渡しから入居までにかかる費用

●引越し費用—引越しの費用は、輸送距離、荷物の量、作業員の数、マンションの場合はエレベーターの有無、大きさ、階数、ピアノの有無、どの程度まで頼むか、すなわち運送だけか、梱包まで頼むかにより大きく異なりますので、事前に見積りしてもらうのがよいでしょう。

・家具、カーテン、照明、電気製品

・中古物件の場合はリフォーム費用

中古物件のリフォームは、引越し前に済ませましょう。

マイホームの購入

7

■重要事項説明&物件の確認

マイホーム購入で契約の前にすること

▼宅地建物取引士は重要事項について説明する義務を負っている

■契約書の調印により契約が成立します。契約書は客観的な証拠としての能力が高く、通常は契約の内容について以後争ったり、否定することは困難となりますので、契約の前に契約の条項について十分理解するようにしましょう。

物件の現状を確認する

「取引物件説明書」(「物件概要」)をよく読み、また、関連して、その土地の権利証のコピーや登記簿謄本(登記事項証明書)をもらい、公図・実測図、建築設計図のコピーを受け取ることです。

また、すでに述べましたが、以下のことを再確認してください。

① 上下水道・電気・ガスなどの確認

下水道は完備しているのか、ガスは都市ガスかプロパンガスなのか、電気の配線はすんでいるのか、などを確認します。

② 公共機関、病院、商店、学校や幼稚園、郵便局、警察などは近くにあるかどうか

以上についても、確認します。

③ 交通の便はどうか

最寄りの駅までの距離、勤務先までの交通機関、時間、運転時間と運転間隔、始終発の時間を確認します。

④ 土地に面する道路は私道か公道か

私道ならば、自己所有か他人所有か、また、その負担割合はどうなっているのか。舗装されているか、交通量は、幅員は4メートル以上あるか、土地と道路が2メートル以上接しているかどうか、に気をつけます。

⑤ 環境はどうか

付近に工場や、風紀上好ましくない施設があるか。煤煙、悪臭、騒音などによる公害は、ちょっと見ただけではわからない場合が多いのでしっかり調査が必要です。

契約前に必ず重要事項説明を受ける

購入物件が決まったら、売買契約書を交わす前に、宅地建物取引士(宅建士）による重要事項の説明、および説明書の交付を受けます。

重要事項説明とは、宅地建物取引では権利関係や取引条件が複雑で一般の人にはわかりづらいことから、不動産業者（宅地建物取引士）に一定の重要な事項を説明をする義務を負わせたものです。この説明は、重要事項（宅地建物取引業法35条）を記載した書面を交付して、宅地建物取引士が行います。書面の交付にあたっては、宅地建物取引士はその書面に記名しなければなりません。

このように、重要事項については、宅地建物取引士に説明の義務を課していて、これに違反すると、業務停止処分、あるいは特に情状が重い場合には、免許取消処分の対象となります。

◆重要事項説明（売買・交換）の項目（宅地建物取引業法35条）

① 当該宅地又は建物の上に存する登記された権利の種類及び内容並びに登記名義人又は登記簿の表題部に記録された所有者の氏名（法人は、その名称）

② 都市計画法、建築基準法その他の法令に基づく制限で契約内容の別（当該契約の目的物が宅地であるか又は建物であるかの別及び当該契約が売買若しくは交換の契約であるか又は貸借の契約であるかの別）に応じて政令で定めるものに関する事項の概要

③ 当該契約が建物の貸借の契約以外のものであるときは、私道に関する負担に関する事項

④ 飲用水、電気及びガスの供給並びに排水のための施設の整備の状況（これらの施設が整備されていない場合においては、その整備の見通し及びその整備についての特別の負担に関する事項）

⑤ 当該宅地又は建物が宅地の造成又は建築に関する工事の完了前のものであるときは、その完了時における形状、構造その他国土交通省令・内閣府令で定める事項

⑥ 当該建物が区分所有権の目的であるものであるときは、当該建物を所有するための一棟の建物の敷地に関する権利の種類及び内容、同条第４項に規定する共用部分に関する規約の定めその他の一棟の建物又はその敷地（一団地内に数棟の建物があつて、その団地内の土地又はこれに関する権利がそれらの建物の所有者の共有に属する場合には、その土地を含む）に関する権利及びこれらの管理又は使用に関する事項で契約内容の別に応じて国土交通省令・内閣府令で定めるもの

⑥の２ 当該建物が既存の建物であるときは、次に掲げる事項

イ 建物状況調査（実施後国土交通省令で定める期間を経過していないものに限る。）を実施しているかどうか、及びこれを実施している場合におけるその結果の概要

ロ 設計図書、点検記録その他の建物の建築及び維持保全の状況に関する書類で国土交通省令で定める定めるものの保存の状況

⑦ 代金、交換差金及び借賃以外に授受される金銭の額及び当該金銭の授受の目的

⑧ 契約の解除に関する事項

⑨ 損害賠償額の予定又は違約金に関する事項

⑩ 第41条第１項に規定する手付金等を受領しようとする場合における同条又は第41条の２の規定による措置の概要

⑪ 支払金又は預り金を受領しようとする場合において、第64条の３第２項１号の規定による保証の措置その他国土交通省令で定める保全措置を講ずるかどうか、及びその措置を講ずる場合におけるその措置の概要

⑫ 代金又は交換差金に関する金銭の貸借のあっせんの内容及び当該あっせんに係る金銭の貸借が成立しないときの措置

⑬ 当該宅地又は建物が種類又は品質に関して契約の内容に適合しない場合におけるその不適合（瑕疵のこと）を担保すべき責任の履行に関し保証保険契約の締結その他の措置で国土交通省令・内閣府令で定めるものを講ずるかどうか、及びその措置を講ずる場合におけるその措置の概要

⑭ その他宅地建物取引業者の相手方等の利益の保護の必要性及び契約内容の別を勘案して、次のイ又はロに掲げる場合の区分に応じ、それぞれ当該イ又はロに定める命令で定める事項（イ・事業を営む場合以外の場合において宅地又は建物を買い、又は借りようとする個人である宅地建物取引業者の相手方等の利益の保護に資する事項を定める場合…国土交通省令、内閣府令、ロ・イ以外の事項を定める場合…国土交通省令）

マイホームの購入 8

■不動産の購入契約

不動産購入の契約ではここを注意する

▼大切なマイホームを確実に入手するには、契約の中身こそが大切です

■不動産の売買の場合、通常、不動産の仲介業者が契約書は用意しますので、まず、その契約書の内容をよく読むことです。

なお、契約の前および契約の際に宅建取引士（宅建士）より重要事項については説明がなされます。

不動産購入と売買契約書

書類の形式は、通常は「土地・建物売買契約書」などの標題をつけ、売主・買主などの関係者の住所氏名を明記して、契約書作成の年月日などを書いて署名押印します。

不動産業者の仲介によって購入する場合には、この契約書は業者が用意してくれますので、事前に入手して十分確認の上、署名押印します。

なお、契約書に貼る印紙の用意も必要です。また、通常は、実印により契約をします。売主は実印と登記に必要な印鑑証明書、司法書士への登記の委任状も用意します。

不動産売買契約書の記載事項

【土地建物についての記載事項】

①目的土地および家屋の表示

目的土地の所在・地番・地目・地積を登記簿の表示と一致するように記載します。地目で土地の面積が実測と違うときは実測面積を明らかにし、正確な図面を添付するとよいでしょう。家屋（建物）についても、その所在・種類・構造・床面積を記載し、また付属物（庭木・庭石など）も記載。また、借地である場合には、借地権の内容も記載します。

②売買の代金額

総額だけでもいいのですが、土地につき1㎡当たりで単価を決めたときは、その単価と実測による旨を記載します。また、土地と家屋の代金を別々に定めたときには、それぞれの価格を記入します。

③手付金の額と支払時期および方法

④残金の額と支払時期および方法

⑤目的土地建物の所有権移転・所有

権移転登記および引越しの時期
⑥植木・庭石などや地上建物・工作物がある場合の処置
⑦税金・電気・ガスなどの諸負担の分担と分担時期
⑧手付け倍返しなどの失権約款
⑨契約違反の措置・危険負担条項
⑩その他の特約事項

契約する場合の注意点

不動産取引では、売主と買主の間に、錯誤があったりすると大変です。また、登記簿上の所有者と実際の所有者が異なる場合などもあります。こうしたことがないよう、現状調査は欠かせないのです。

また、売買契約が成立しても、二重売却で、先に登記されてしまうこともないわけではありません。こうしたことを防ぐには、契約書の中で、登記に関する事項、代金支払いの方法に関する事項、損害賠償に関する条項など、履行確保の約定を入れておく必要があります。

なお、次ページに㈶不動産適正取引推進機構が作成した標準契約書を掲げました。

契約の履行をする

契約を履行するとは、契約当事者が決めたことを現実に実行していくことです。代金の支払、登記の所有権移転などがこれに該当します。

契約の履行では、以下の点に注意してください。

①代金は、売主に支払って領収書をもらう。もし、仲介業者などの代理人に支払うときには、代理受領権限の有無を確認すること。
②最終決済日には、所有権移転登記の申請書類がそろっているか、残工事や補修工事などが残っていないか確認すること。
③所有権移転登記が終了した、登記済証（登記識別情報）をもらい、登記事項証明書（登記簿謄本）を取り寄せて内容を確認すること。

◆契約内容の確認をする

①**手付金**　業者が売主であるときは、手付金は売買代金総額の2割以内とされています。また、手付金と中間金の額が1000万円を超える場合、保全措置を講じてもらうのがよいでしょう。
②**売買の目的物**　庭木や庭石、クーラー等の付属物はどうなっているか
③**違約金**　業者が売主であるとき、違約金は代金総額の2割以下にすることになっています。
④**ローン条項**　住宅ローンを利用する場合は、借りられなかった場合に備えて、必ずローン条項を入れておきましょう。このローン条項があれば、ローンが組めないときは契約は無条件で消滅します。
⑤**買換え条項**　現在の住宅を売却して新しい物件の購入に当てるときは、買換え条項を必ず入れましょう。
⑥**その他**　特約があれば入れましょう。業者が用意する契約書には、通常、特約欄が設けられています。

契　約　条　項

（売買の目的物および売買代金）
第1条　売主は、標記の物件（A）（以下「本物件」という。）を標記の代金（B1）をもって買主に売渡し、買主はこれを買受けた。
（手付）
第2条　買主は、売主に手付として、この契約締結と同時に標記の金額（B2）を支払う。
2　手付金は、残代金支払いのときに、売買代金の一部に充当する。
（境界の明示および実測図の作成）
第3条　売主は、買主に本物件引渡のときまでに、現地において隣地との境界を明示する。
2　売主は、その責任と負担において、隣地所有者等の立会を得て、測量士または土地家屋調査士に標記の土地（A）について実測図を作成させ、引渡しのときまでに買主に交付する。
（地積更正登記）
第4条　第3条第2項の実測の結果、実測図の面積と登記簿記載の面積との間に相違が生じても、売主は、地積更正登記の責を負わないものとする。
（売買代金の支払時期およびその方法）
第5条　買主は、売主に売買代金を標記の期日（E）までに現金または預金小切手で支払う。
（売買代金の精算）
第6条　土地については、第3条第2項の実測図の面積と標記の面積（C）が異なる場合には、その異なる面積に1㎡あたり標記の単価（D）を乗じた額を残代金支払時に精算する。
2　建物については、実測による売買代金の精算は行わないものとする。
（所有権移転の時期）
第7条　本物件の所有権は、買主が売買代金の全額を払い、売主がこれを受領したときに、売主から買主に移転する。
（引渡し）
第8条　売主は、買主に本物件を売買代金全額の受領と同時に引渡す。
2　買主は、売主に引渡確認書を交付して、前項の引渡しの確認を行うものとする。
（所有権移転登記の申請）
第9条　売主は、売買代金全額の受領と同時に、買主の名義にするために、本物件の所有権移転登記の申請手続きをしなければならない。
2　所有権移転登記の申請手続きに要する費用は、買主の負担とする。
（付帯設備の引渡し）
第10条　売主は、別紙付帯設備一覧表の設備のうち「有」と記したものを、本物件引渡しと同時に買主に引渡す。
2　前項の付帯設備については、第20条に定める契約不適合責任は負わないものとする。
※第11条 以下略。
〔不動産の表示〕（略）
令和○○年○月○日

売主　住所
　　　氏名　　　　　　㊞
　宅地建物取引士
　　　氏名　　　　　　㊞
　　　登録番号（○○）第○○○○号
買主　住所
　　　氏名　　　　　　㊞
媒介業者　住所
　　　　　氏名
　宅地建物取引士
　　　氏名　　　　　　㊞
　　　登録番号（○○）第○○○○号

※この契約書は、（財）不動産適正取引推進機構作成の標準契約書です。

◆土地・建物売買契約書（土地実測・売買）

印収紙入　土地・建物売買契約書（土地実測・建物公簿用）

（A）売買の目的物の表示（登記簿の記載による）

	所在	地番	地目	地積
土地	① 東京都杉並区○○	1−156	宅地	100 ㎡
	②			㎡
	③			㎡
			合計	100 ㎡

建物	所在	東京都杉並区○○	家屋番号	123番
	種類	住宅	構造	木造モルタル2階建て
	床面積	1階 60㎡ ・ 2階 60㎡		
特記事項				

（B）売買代金・手付金の額および支払日

売買代金（B1）	総額	金70,800,000円
	土地	金5,320万円
	建物	金1,600万円
	うち消費税	金1,600,000円
手付金（B2）	本契約締結時に	金7,000,000円
中間金	第1回令和　年　月　日までに	金　　円
	第2回令和　年　月　日までに	金　　円
残代金	令和○○年3月末日までに	金63,800,000円

（C）土地の実測

実測清算の対象となる土地（契約時の算出面積をいずれかに記入）
（私道負担のない場合（＝公簿面積）　　㎡）
（私道負担のある場合、それを除く有効宅地部分　　㎡）

（D）土地代金清算の単価

売買代金清算の場合の土地単価
1㎡あたり　金532,000円

（E～I）　その他約定事項

（E）所有権移転・引渡し・登記手続きの日	令和○○年3月末日
（F）令和○○年度公租・公課分担の起算日	令和○○年4月1日
（G）手付解除の期限	契約の日から○月後 令和○○年1月10日
（H）違約金の額（売買代金の20%相当額）	金14,160,000円

（I）融資利用の場合

融資機関名・取扱支店名	融資承認予定日	融資金額
○×銀行	令和　年　月　日 金	金　　円
社内融資	令和　年　月　日 金	金　　円
合計	令和　年　月　日 金	金　　円

マイホームの購入 9

■不動産購入と登記

不動産購入は登記の移転で終了する

▼登記があれば第三者に対して自分のものだと主張できる

■不動産売買では、通常、残代金の支払いのときに、権利証と印鑑証明書をもらい、司法書士に依頼するなどして、すぐに所有権移転などの登記をします。

売主の二重売買を避けるためにも、登記は迅速に(その日のうちに申請)することが肝要です。

登記をして初めて所有権を主張できる

残代金の支払いを済ませ、引渡しを受けたら、登記をすることになります。

土地と建物の所有権保存登記、あるいは所有権移転登記と、融資を受けている場合は、さらに抵当権設定登記を行います。

売主が第三者に無断で売却（二重売買）、もしくは譲渡をして、この第三者が買主より先に移転登記をしてしまうと、たとえ買主が代金を払っていても、所有権は先に登記をした人に移ってしまいます。自分名義の登記がなければ、第三者に対して、自分のものであるという主張ができなくなります。

ですから、契約を済ませ、売主から登記に必要な書類を受け取ったら、すぐに法務局やその出張所(登記所)に行き、登記手続きを済ませましょう。

登記手続きは自分でもできますが、司法書士に依頼するのが一般的です。通常、不動産会社やローン融資先が手配してくれます。司法書士は、ふつう納税まで代行します。

登記に必要な書類と手続き

所有権移転登記に必要なもの（書類）としては、

① 売主の登記済証(登記識別情報)
② 売主の印鑑証明書（3か月以内に発行されたもの）
③ 抵当権の登記原因証書で弁済の証明あるもの（購入物件に抵当権が設定されている場合）
④ 売主の住所、氏名に変更がある

場合は、変更証明書
⑤ 資格証明書または商業登記事項証明書（売主が法人の場合）
⑥ 物件固定資産税評価証明書
⑦ 買主の住民票
⑧ 売主・買主の登記申請書またはこれに関する委任状（司法書士に依頼する場合）
⑨ その他、物件に抵当権が設定されているときは、抵当権抹消登記のための書類も必要

登録免許税の緩和措置がある

土地や建物を取得したときは、権利関係を明確にする登記を行いますが、その際に課税されるのが登録免許税です。

登録免許税の税額は、不動産価格に税率をかけて算出します。この税額計算の基になる課税標準価格は、その年の1月1日現在の不動産の固定資産税評価額（固定資産課税台帳に登録された土地や建物の不動産の価額）を用います。

〔算式〕 不動産の価額×税率

税率は**所有権の保存登記**が1000分の4です（新築住宅については軽減税率の適用があり、税率は1000分の1・5）。

一般の所有権の移転登記は、1000分の20（平成24年4月1日から令和8年3月31日までの間は、土地の売買による所有権の移転は1000分の15）です。また、相続、共有物の分割による移転の登記は1000分の4です。贈与や遺贈の場合は1000分の20です。

一定の条件を満たす住宅家屋については、登録免許税の税額を軽減する措置があります。

軽減税率が適用される場合および適用条件、軽減税率についてはPART7の税金の項（203ページ）を参照してください。

◆登記済証と登記識別情報

登記済証（権利証）は、登記が完了した際に登記所（法務局）から買主等の登記名義人に交付される書面で、その後、その登記名義人が登記の申請をする場合に、本人を確認するために登記所に提出しなければならないとされている本人確認のための大切な書類です。

ところが、現在は、登記簿がコンピュータによるデータ化が進み、従前の登記済証の制度はなくなり、登記済証は交付されなくなりました。これに代って本人確認の制度としてあるのが「登記識別情報」です。ただし、現在、登記名義人が持っている登記済証も、これまでどおり書面申請において、添付書類として利用できます。

この登記識別情報は、登記が申請された場合に、その登記により登記名義人となる申請人に登記所から通知され、これはアラビア数字とその他の符号の組合わせからなる12桁の符号で、不動産および登記名義人となった申請人ごとに定められています。

マイホームの購入 10

■借地権付き住宅

借地権付き住宅を上手に購入するには

▼定期借地権の制度が誕生し、安い住宅の提供が期待されている

■土地の所有者から、建物を建てる目的で、土地を借りる場合を借地と言い、この権利を借地権と言います。これについては、借地借家法（以下新法という）に定められています。この法律は平成4年8月1日に借地法に代わって施行されました。

借地権には旧法と新法の2つがある

借地借家法は、借地関係について、

①最初の存続期間を原則30年とし、更新後の存続期間を1回目は20年、2回目以降は10年とする

②更新後建物が滅失した場合には、原則として、土地所有者の承諾がなければ再築できない

③存続期間が満了すると、更新されない借地権（定期借地権）

などの規定を設けています。

ただし、借地借家法施行前に、すでに設定された借地権については、ほとんど旧借地法の規定が適用されます。すなわち、現在では、借地権は新法と旧法の2本立てです。

最近では、この③の一定期間後には、借地契約が消滅して、地主に土地が返還される定期借地権付き分譲住宅が普及しています。

借地権付き中古住宅は旧法、新法の確認をする

◆借地権の存続期間〈普通借地権〉

種類＼期間		期間を定めた場合	期間を定めていない場合	更新後
旧法	堅固	最低30年	60年	最低30年
	非堅固	最低20年	30年	最低20年
新借地借家法	堅固・非堅固	最低30年	30年	初回20年その後10年

（注）堅固とは鉄筋コンクリート造りなど、非堅固とは木造などを意味します。

借地権は、平成4年に借地借家法（新法）が施行され、借地法（旧法）と合わせて、5種類の借地権が適用されています。したがって、中古の一戸建て住宅の場合、旧法の契約が残っている場合があります。

たとえば、物件情報に「土地借地権、地代○○万円、（旧）残存10年」とあれば、旧借地権の存続期間が残り10年あり、旧法のまま、契約を引き継ぐことを意味します。

中古住宅を購入する場合は、借地権が旧法か新法かを確認することが必要になります。

再築は地主の承諾を得て

借地期間中に、建物が火災で焼失したり、地震で倒壊したり、あるいは古くなって建て直す場合、地主の承諾があれば、建物を再築することができます。再築して、建物の寿命が延びる分、借地期間が延長されます。

旧法の場合だと、貸主より異議申立てがなければ、建物が消失したときから起算して、非堅固なもので20年、堅固なもので30年の延長が認められます。新法の普通借地権で、初回の契約期間内の再築の場合、増改築禁止の特約がないときは、地主の承諾があれば、承諾の日あるいは再築された日のいずれか早い日から20年間、新たに借地権が存続します。借地権の残りの期間が20年よりも長いときは、その期間です。

◆増改築は地主の承諾があれば可能

旧法、新法とも、増改築の特約がある場合でも、地主の承諾が得られれば、増改築は可能であり、特約がなければ承諾は不要です。許可が得られない場合、裁判所に申し立てて、地主の承諾に代わる許可を得られます。ただし、無断で改築したら、契約違反となりますので、解約・借地の返還を要求されることにもなりますので、注意が必要です。

◆借地権の売買は地主の承諾が必要

地主の許可が得られない場合には、裁判所に申し立てて、地主の承諾に代わる許可を得れば、売買できます。

◆借地権は相続することができる

借地権も財産のうちですから、相続することができます。法定相続人であれば、その借地の建物に居住していなくても、相続できます。このとき、地主の承諾を得る必要はなく、地主はそれに異議の申し立てはできません。また、地主に名義変更料を支払う必要もありません。

ただし、法定相続人以外の人が借地権を取得した場合は、借地権の売買と同様、地主の承諾が必要です。

借地借家法による定期借地権

借地借家法には、従来のように、期限がきたら更新を予定するという借地権（「普通借地権」といいます）と、一定期間後に契約が終了する「定期借地権」というのがあります。

定期借地権には、住宅に関しては、

①　一般定期借地権

50年以上の期間を経たあとに、原則として更地で返還して借地契約が終了する。契約更新は行われず、建物の取り壊しは、借地権者が責任をもって行い、費用は負担する。

②　建物譲渡特約付き借地権

30年以上の期間を経たあとに、地主が借地人の建物を買い取ることによって、借地契約が終了する。

また、事業用定期借地権もあります。

定期借地権付きは低額販売になる

旧借地法では、地主側からは、いったん土地を賃貸して、建物を建てさせてしまうと、20年ないし30年という賃貸期間を定めておいても、法定更新となれば、永久に土地は返ってきません。また、新しく、賃貸した時点で、地主側に権利金が入ったものとして、不動産所得税が課せられる、という欠点がありました。

ところが、定期借地権は、一定の期間が過ぎれば、貸地の返還が受けられるし、地代も入るし、税金の面でも、保証金は預かり金ということで、有利です。

主として、建売分譲住宅の敷地、分譲マンションの敷地について、土地所有権付きよりも、販売金額を低く押さえられることができ、若い一次取得者向きの価格設定が可能です。

◆土地利用権（所有権・普通借地権・定期借地権）の比較

<table>
<tr><th rowspan="3">権利の種類</th><th rowspan="3">土地所有権
‖
底地権</th><th colspan="5">借　地　権（借地借家法）</th></tr>
<tr><th rowspan="2">普通借地権（地上権）</th><th rowspan="2">普通借地権（賃借権）</th><th colspan="3">定期借地権（賃借権）</th></tr>
<tr><th>一般</th><th>事業用</th><th>建物譲渡付き</th></tr>
<tr><td>期間</td><td>—</td><td>30年以上</td><td>30年以上</td><td>50年以上</td><td>10～50年</td><td>30年以上</td></tr>
<tr><td rowspan="3">契約更新</td><td rowspan="3">—</td><td rowspan="3">20年（2回目以降は10年）以上
→平成4年8月1日以降の契約</td><td rowspan="3">20年（2回目以降は10年）以上
→平成4年8月1日以降の契約</td><td colspan="3">更新しない</td></tr>
<tr><td colspan="2">建物の処理
→原則として建物を取り壊し、更地にして返還</td><td>建物の処理
・地主に譲渡する</td></tr>
<tr><td colspan="3">期間満了後も借地人が建物を賃借して住みつづけられる特約タイプがある</td></tr>
<tr><td>譲渡・転貸</td><td>自由</td><td>自由だが、通知義務の特約が多い</td><td>地主の承諾か裁判所の許可が必要</td><td colspan="3">地主の承諾か裁判所の許可が必要（なお、定期地上権なら、地主の承諾は原則として必要なし）</td></tr>
<tr><td rowspan="2">新築・増築・改築</td><td rowspan="2">自由</td><td>承諾を要する特約がなければ自由</td><td>承諾を要する特約がなければ自由</td><td colspan="3">承諾を要する特約がなければ自由</td></tr>
<tr><td colspan="5">地主が承諾しなくても裁判所の許可があればよいが、承諾料等の給付を命じられることがある</td></tr>
</table>

マイホームの購入 11

■建物の法規制

建物を建築する場合の法規制はこうなっている

▼民法・都市計画法・建築基準法などによる規制がある

■土地を購入して家を建てる場合には、その家の建築については、多くの法規制があります。また、分譲住宅等の購入にあたっても、法規制に合致しているかどうか、一応、確認しておく必要があります。

建物を規制する法律

〔民法による規制〕

民法では相隣関係について定めています。これには、①隣地の使用に関するもの（公道に至るための他の土地の通行権、隣地使用権）、②排水・流水に関するもの（排水権・流水利用権）、③境界に関するもの（境界標設置権、囲障設置権、境界線上の工作物の共有）、④竹木切除に関するもの、⑤境界線付近での工作物築造に関するもの（建物は境界より50cm以上離す、境界より1m離れていない窓には目隠しが必要）、などの規定が定められています。ただし、これらの規定は特別法があればそれが優先され、また慣習があればそれに従うことになる場合もあります。

〔都市計画法による規制〕

この法律は、計画的な街づくりの内容を定めたもので、適用される地域を都市計画区域といいます。建物の建築で重要な、用途地域（後述）も、この法律で定められています。

〔建築基準法による規制〕

都市計画法のもと、建築物に関する細かい規則を定めたものが建築基準法です。たとえば、建ぺい率・容積率などが定められています（後述）。

各種の建築物の規制

① 地域により建物の用途を規制

都市計画区域では13種類の地域に分けて、その用途についての規制が置かれています。たとえば、第1種低層住宅専用地域には、工場は建設することはできません。また、工業専用地域には住宅を建てることはできません。（43ページ表参照）

② 建ぺい率・容積率による制限

建ぺい率とは、敷地の面積に対する建物の建築面積の割合を指します。したがって、敷地面積が150㎡で建ぺい率が50％の地域では75㎡以下の建物面積のものしか建築することができません。ただし、壁から1m以内の庇（ひさし）やベランダは、建築面積にははいらないとされています。

容積率とは、敷地面積に対する建物の延べ床面積の割合です。2階建ての場合、1階と2階の床面積をたして、敷地の面積で割った数です。

③ 斜線制限・高度地区等の規制

第1低層住居専用地域・第2種低層住居専用地域では、都市計画の定めによっては、10〜12mの高さ制限があります。また、住居地域には、斜線制限もあり、用途地域ごとに、その内容が決められています。用途地域によっては、高度地区として高さ制限が行われる場合があります。

また、日照を確保するために「日影規制」が建築基準法や条例で定められています。日影規制の対象となる建築物は、用途地域ごとに高さや階数で定められています。

④ 接道制限

建物を建てる場合には、通常、4m幅の道路に2m以上接していなければなりません。しかし、現実には、4m未満の道路が現存していて、特定行政庁が指定した「法42条2項の道路」はみなし道路として、4m未満でもよいことになっています。

この道路幅に満たない場合には、新築や建て替えを行うときには、セットバックといって、道路幅が4mになるよう、敷地境界線から後退して建物を建てなければなりません。

⑤ 防火地域・準防火地域

都市部では、火災の対策のために、防火地域・準防火地域が指定されることがあります。防火地域・準防火地域に指定された区域では、建物に対する構造の制限がなされます。

建ぺい率・容積率による規制（下記の建ぺい率および容積率は原則です）

（%）

用途地域／内容	第1種低層住居専用地域	第2種低層住居専用地域	第1種中高層住居専用地域	第2種中高層住居専用地域	第1種住居地域	第2種住居地域	準住居地域	近隣商業地域	商業地域	準工業地域	工業地域	工業専用地域
建ぺい率（%）	30 40 50 60 ※				50 60 80			60 80	80	50 60 80	50 60	30 40 50 60 ※
容積率（%）（この他、前面道路幅による規制もある）	50 60 80 100 150 200 ※		100 150 200 ※ 300 400 500 ※						200 300 400 500 600 700 800 〜 1300 ※	100 200 300 400 500	100 200 300 400	

※この割合のうちから都市計画で定める。新追加の「田園住居地域」は、住居専用地域と同じ。

建築物の用途制限の概要

用途地域内の建築物の用途制限
○…建てられる用途
■…建てられない用途
①、②、③、④、▲面積、階数等の制限あり

※本表は、建築基準法別表第2の概要であり、全ての制限について掲載したものではありません。

区分	用途	第一種低層住居専用地域	第二種低層住居専用地域	第一種中高層住居専用地域	第二種中高層住居専用地域	第一種住居地域	第二種住居地域	準住居地域	近隣商業地域	商業地域	準工業地域	工業地域	工業専用地域	備考
住宅、共同住宅、寄宿舎、下宿		○	○	○	○	○	○	○	○	○	○	○	■	
兼用住宅で非住宅部分の床面積が50m²以下かつ延べ面積の1/2未満のもの		○	○	○	○	○	○	○	○	○	○	○	■	非住宅部分の用途制限あり
店舗等	店舗等の床面積が150m²以下のもの	■	①	②	③	○	○	○	○	○	○	○	④	①：日用品販売店舗、喫茶店、理髪店及び建具屋等のサービス業用店舗のみ。2階以下 ②：①に加えて、物品販売店舗、飲料店、損保代理店・銀行の支店・宅地建物取引業のサービス業用店舗のみ。2階以下 ③：2階以下 ④：物品販売店舗、飲料店を除く
	店舗等の床面積が150m²を超え、500m²以下のもの	■	■	②	③	○	○	○	○	○	○	○	④	
	店舗等の床面積が500m²を超え、1,500m²以下のもの	■	■	■	③	○	○	○	○	○	○	○	④	
	店舗等の床面積が1,500m²を超え、3,000m²以下のもの	■	■	■	■	○	○	○	○	○	○	○	④	
	店舗等の床面積が3,000m²を超えるもの	■	■	■	■	■	○	○	○	○	○	○	④	
	店舗等の床面積が10,000m²を超えるもの	■	■	■	■	■	■	■	○	○	○	■	■	
事務所等	事務所等の床面積が150m²以下のもの	■	■	■	▲	○	○	○	○	○	○	○	○	▲：2階以下
	事務所等の床面積が150m²を超え、500m²以下のもの	■	■	■	▲	○	○	○	○	○	○	○	○	
	事務所等の床面積が500m²を超え、1,500m²以下のもの	■	■	■	▲	○	○	○	○	○	○	○	○	
	事務所等の床面積が1,500m²を超え、3,000m²以下のもの	■	■	■	■	○	○	○	○	○	○	○	○	
	事務所等の床面積が3,000m²を超えるもの	■	■	■	■	■	○	○	○	○	○	○	○	
ホテル、旅館		■	■	■	■	▲	○	○	○	○	○	■	■	▲：3,000m²以下
遊戯・風俗施設	ボウリング場、スケート場、水泳場、ゴルフ練習場、バッティング練習場等	■	■	■	■	▲	○	○	○	○	○	○	■	▲：3,000m²以下
	カラオケボックス等	■	■	■	■	■	▲	▲	○	○	○	▲	▲	▲：10,000m²以下
	麻雀屋、パチンコ屋、射的場、勝馬・車券発売所等	■	■	■	■	■	▲	▲	○	○	○	▲	■	▲：10,000m²以下
	劇場、映画館、演劇場、観覧場	■	■	■	■	■	■	▲	○	○	○	■	■	▲：客席200m²未満
	キャバレー、ダンスホール等、個室付浴場等	■	■	■	■	■	■	■	■	○	▲	■	■	▲：個室付浴場を除く
公共施設・病院・学校等	幼稚園、小学校、中学校、高等学校	○	○	○	○	○	○	○	○	○	○	■	■	
	大学、高等専門学校、専修学校等	■	■	○	○	○	○	○	○	○	○	■	■	
	図書館等	○	○	○	○	○	○	○	○	○	○	○	■	
	巡査派出所、一定規模以下の郵便局等	○	○	○	○	○	○	○	○	○	○	○	○	
	神社、寺院、教会等	○	○	○	○	○	○	○	○	○	○	○	○	
	病院	■	■	○	○	○	○	○	○	○	○	■	■	
	公衆浴場、診療所、保育所等	○	○	○	○	○	○	○	○	○	○	○	○	
	老人ホーム、身体障害者福祉ホーム等	○	○	○	○	○	○	○	○	○	○	○	■	
	老人福祉センター、児童厚生施設等	▲	▲	○	○	○	○	○	○	○	○	○	○	▲：600m²以下
	自動車教習所	■	■	■	■	▲	○	○	○	○	○	○	○	▲：3,000m²以下
工場・倉庫等	単独車庫（附属車庫を除く）	■	■	▲	▲	▲	▲	○	○	○	○	○	○	▲：300m²以下　2階以下
	建築物附属自動車車庫 ①②③は、建築物の延べ面積の1/2以下かつ備考欄の記載制限	①	①	②	②	③	③	○	○	○	○	○	○	①：600m²　1階以下 ②：3,000m²以下　2階以下 ③：2階以下
		※一団地の敷地内について別に制限あり												
	倉庫業倉庫	■	■	■	■	■	■	○	○	○	○	○	○	
	畜舎（15m²を超えるもの）	■	■	■	■	▲	○	○	○	○	○	○	○	▲：3,000m²以下
	パン屋、米屋、豆腐屋、菓子屋、洋服店、畳屋、建具屋、自転車店等で作業場の床面積が50m²以下	■	▲	▲	▲	○	○	○	○	○	○	○	○	原動機の制限あり。▲：2階以下
	危険性や環境を悪化させるおそれが非常に少ない工場	■	■	■	■	①	①	①	②	②	○	○	○	原動機・作業内容の制限あり 作業場の床面積 ①：50m²以下　②：150m²以下
	危険性や環境を悪化させるおそれが少ない工場	■	■	■	■	■	■	■	②	②	○	○	○	
	危険性や環境を悪化させるおそれがやや多い工場	■	■	■	■	■	■	■	■	■	○	○	○	
	危険性が大きいか又は著しく環境を悪化させるおそれがある工場	■	■	■	■	■	■	■	■	■	■	○	○	
	自動車修理工場	■	■	■	■	①	①	②	③	③	○	○	○	作業場の床面積 ①：50m²以下　②：150m²以下 ③：300m²以下 原動機の制限あり
	火薬、石油類、ガスなどの危険物の貯蔵、処理の量　量が非常に少ない施設	■	■	■	①	②	○	○	○	○	○	○	○	①：1,500m²以下　2階以下 ②：3,000m²以下
	火薬、石油類、ガスなどの危険物の貯蔵、処理の量　量が少ない施設	■	■	■	■	■	■	■	○	○	○	○	○	
	火薬、石油類、ガスなどの危険物の貯蔵、処理の量　量がやや多い施設	■	■	■	■	■	■	■	■	■	○	○	○	
	火薬、石油類、ガスなどの危険物の貯蔵、処理の量　量が多い施設	■	■	■	■	■	■	■	■	■	■	○	○	
即売市場、火葬場、と畜場、汚物処理場、ごみ焼却場等		都市計画区域内においては都市計画決定が必要												

（注）本表は、すべてを掲載したものではない。新しく追加された「田園住居地域」については未掲載。

売買契約・欠陥住宅のトラブルは多い

Ｑ＆Ａによる 住宅購入のトラブルと注意点

◆不動産（マイホーム）の購入は、普通の人にとっては一生に一度の大事です。経験がないために、つい業者任せにしたりしがちですが、分からなければ分かるまで、聞いたり調べたりする努力が必要です。

■マイホームの購入でトラブルに巻き込まれるとせっかくの夢も吹き飛んでしまいます。こうしたトラブルを避けるためには、おかしいと思ったら、すぐに専門家（弁護士）や各種の相談所などで相談をするとよいでしょう。

住宅購入と契約のトラブル

不動産売買に関して、生じやすいトラブルには、以下のようなものがあります。

①代金債務の支払いの不履行
②所有権移転登記手続きの不履行
③引渡しや明渡しの不履行
④土地の公図と実測の違い
⑤家屋の構造、面積の争い
⑤隣地との境界の違い
⑥私道使用についての違い
⑦土地の抵当権を抹消する約束になっていたが抹消しない
⑧更地ということであったのに、第三者が借地権を主張
⑨家屋居住者が無権利者で、すぐに明け渡せるということだったのに借家権を主張
⑩代理人と契約したところ、本人が代理人を頼んだこともなく、その売買は無効だと主張されたとき
⑪所有権移転登記前に、売主が他の第三者に売却（二重譲渡）
⑫買ったはずの土地・家屋が、売主の債権者に差し押さえられたとき
⑬所有権移転登記や引渡し前に家屋が火災等で焼失したとき

この他にも、不動産詐欺などの犯罪となるトラブルもありますので、甘い話には乗らないようにすることも大切です。

契約トラブルの解決手段には、

①契約解除

㋑クーリング・オフによる契約解除
→売主が業者の場合
㋺買主の手付放棄と売主の倍返しに

よる契約解除→履行の着手前

ハ契約違反、契約不適合責任（瑕疵担保責任）による場合

②話合いによる契約解除

③錯誤・詐欺・脅迫の場合の契約の取り消し

などがあります。

トラブルに巻き込まれたら専門家に相談

不動産の売買は、専門家であっても、登記が完了して、実際に、買主の所有となるまでは、気が抜けないと言います。

こうしたトラブルに巻き込まれた場合、相手と話し合うことも重要ですが、一刻も早く弁護士などの専門家の意見を聞くべきです。対応が遅くなればなるほど、不利になると思ってください。

さて、ではトラブルをどう解決するかということですが、話合いがつかないとか、話合いがついても履行してくれない場合には、民事調停や訴訟によって解決するしか方法はありません。この場合、弁護士への依頼も考えてください。

その過程では、内容証明郵便で履行を勧告したり、契約を解除したりすることもあるでしょう（233ページ参照）。

いずれにしても、マイホームの購入は一生に一度か二度しかない大仕事で、金額的にも高価なものを買うことです。慎重に石橋をたたいて渡るような心構えこそが、トラブル防止の最大の予防策といえます。

弁護士費用はいくらかかるか

法律相談…30分５０００円～1万円程度（消費税別。個々の事務所の相談料は個別に決っている）

民事訴訟の弁護士費用

現在、弁護士報酬についてその統一した報酬規定はなく、各弁護士（法人）が独自に定めることとされています。ただし、概ね従前の報酬規定を基に費用は定められていますので、以下では廃止された報酬規程を記載します。

①事件の経済的利益の額が３００万円以下の部分　着手金８％　報酬金16％

②事件の経済的利益の額が３００万円超３０００万円以下の部分　着手金５％　報酬金10％

③事件の経済的利益の額が３０００万円超３億円以下の部分　着手金３％　報酬金６％

④事件の経済的利益の額が３億円を超える部分　着手金２％　報酬金４％

※

なお、以下の項では、家と土地の購入に関するのトラブルと解決例について、Ｑ＆Ａで解説します。

不動産購入のトラブル 1

Q&Aによる売買のトラブルと解決例

▼移転登記前に買った土地を売られた・だまされて不動産を売却した・権利証を紛失など

不動産の売買

不動産に限らず物の売買は、売主と買主の「売る」「買う」という意思の一致によって成立します。契約書の作成は、売買の成立要件ではありませんから、当事者（売主と買主）の口頭でのやりとりで契約は成立し、その売買契約は有効です（不動産業者が売主だったり、仲介する場合は、契約書の作成、重要事項説明などが必要です）。しかし、何か紛争が起こった場合、売買が成立したことを証明する必要があれば、契約書の存在がものをいいます。

契約書には、①代金額と支払方法、②支払時期、③登記の移転時期、④不動産の特定と引渡方法、⑤契約違反があった場合の処理など、さまざまな約束事が書かれています。

不動産売買と登記

売買は当事者の合意によって成立するといっても、売主から買主への所有権移転登記を経ていない間に、売主が条件のよい別の買主に出会って、そちらに二重に売却し、新しい買主が先に移転登記をしたらどうなるか、の問題があります。この場合、先に買った買主は、登記がないために、後から買った買主に所有権者としての権利主張ができないのが、わが国の法制です。

これを対抗要件といいます。したがって、不動産の売買には、移転登記がきわめて重要なわけです。

どんなトラブルが起きるか

不動産売買のトラブルはさまざまですが、考えられるものとして、①目的不動産を、登記簿上の面積で売買したのか、実測面積でしたのか、②手付金の性質をどう定めたのか、③申込証拠金の授受があるときのその性格、④中間金の支払いと仮登記による権利保全の要求、⑤残代金の支払いと所有権移転の時期と登記、⑥危険負担、⑦解除約款と違約金の定め、⑧その他の特約事項、⑨ローンが決定しなかったときの措置、などがあります。

トラブルが起き、また起きる恐れがある時は、できるだけ早く専門家に相談することです。

① 移転登記前に買った土地を売られたが、どうすればよいのか

Q 高校時代の友人から、借金整理のために頼まれて買った土地が、移転登記前に無断で第三者に売られ、先に登記をされてしまいました。後から買った第三者から土地を取り戻すことができますか？

残念ですが、取り戻すことはできません。先に土地の売買契約をしていても、所有権の移転登記をしていないと、あなたより後に買って、所有権の移転登記を受けた買主がいると、その人にあなたは所有権を主張できないのです。これを不動産の対抗要件（民法177条）といいます。

この場合、あなたに土地を売った友人は、あなたに対し移転登記をする義務を怠った債務不履行がありますから、あなたは友人に対し、損害賠償の請求をすることができます。

以上が不動産売買における売買の効力と対抗力問題の基本原則ですが、第三者があなたが買ったことを知っており、そのうえあなたがその土地に事業計画をしていることを知っているのに、あなたに対する妨害の意図で、友人から買ったという背信的な悪意が認められる場合には、あなたは第三者に対し、登記がなくとも所有権を主張することが許されます。

なお、二重売買の売主は、横領罪で処罰されることがあります。

② だまされて不動産を売却したが、取り戻すことはできないのか

Q 私が所有している駐車場の土地300㎡の隣接地が、戦前陸軍病院があった跡地で、最近、そこから人骨が大量に埋められているとのウワサがたち、買主から私の所有地にも及んでおり、今のうちだからといわれて、安値で売却しましたが、その話は根拠のない話とわかりました。売買契約は取り消すことができますか？

売買契約による不動産の取引は、売主と買主の意思表示（合意）で有効に成立します。

しかし、買主が、病院の跡地に埋めた人骨があったというウワサを利用して、あなたに誤った判断の材料を与えて、それによる売買契約を成立させたとすると、その契約の意思表示は、詐欺に基づく意思表示となって、取り消すことができると思われます（民法96条）。

取り消す方法は、買主に対し口頭

でしても有効ですが、後に証拠を残す意味においても、内容証明郵便がよいでしょう。

　なお、ご質問のような状況で、人骨があなたの土地にも埋められていると誤解した上での契約だとすると、表示された動機の錯誤による意思表示として、取り消すもできると思います（同法95条）。難しい問題ですので専門家に相談してください。

3 登記済証を紛失したが、土地を売ることはできないのか

Q 田舎にある父から相続した土地を、こんど売却することになりましたが、いくら探しても権利証が見当たりません。おおかた紛失したものと思います。この場合、どのような方法をとればよいでしょうか？

　不動産売買による所有権移転の登記は、物件の新所有者（登記権利者）と前所有者（登記義務者）が、共同で申請します（書面またはインターネットによる。不動産登記法60条）。その場合、申請書には原則として、売買契約書（または登記原因証明情報）、登記義務者の印鑑証明書、権利に関する登記済証（または登記識別情報）、登記権利者の住民票抄本、土地の評価証明書などの添付が必要です。なお、平成17年3月施行の新不動産登記法で導入したオンライン申請は、現在ではすべての法務局でできます。登記権利者には、従来の登記済証（一般的には権利証という）の代わりに偽造のできない登記識別情報（パスワード）が交付されます。ただし、従来の登記済証が使えなくなるということではありません。

　ところで、登記済証を紛失（物理的滅失も含む）した場合、従来は、当該不動産を管轄する法務局（登記所）に不動産を登記したことのある成年者2人以上によって保証書（売主などの登記義務者に間違いないことを証明する）を作成してもらい、それを権利済証の代わりに登記申請書に添付しました。

　しかし、新不動産登記法では保証書の制度は廃止され、代わって新しく、登記所による事前通知制度（登記申請後一定期間内に登記義務者から当該申請が適法である旨の申出があって始めて登記所が登記手続きをとる）、登記官による本人確認（弁護士や司法書士など資格者代理人から登記義務者が本人に間違いない旨の情報が提供され、登記官がそれを相当と認めた場合に、登記手続きが取られる）、そして公証人による認証という3つの制度が設けられたのです。なお、管轄登記所から交付された登記識別情報を紛失（または滅失）した場合も同じです。

４ 原野商法で土地を買ったが、家が建たないので困っているが…

Q **バブル全盛期に、北海道の山林が大量に売られ、買ったが家も建たないといわれた土地を、こんどは造成をして売れるものにしたから、将来のために買ってはと勧められました。現地を見て業者の説明を受けて、安心して売買契約を結んだのですが、買わされた土地と見た土地は別の土地でした。どうしたらよいのでしょうか？**

契約は取り消すべきです。かつて、無価値な北海道の山林を投資に適すると、老人等善良な一般人をだまして買わせたものに原野商法がありますが、今度は、それらの土地を売れるものにしたと称し、再び他の土地を見せて買わせる新商法（商法とはいえませんが）で、あなたをだまして売買契約を結ばせたものですから、詐欺に基づく意思表示として、契約を解除することができます。

右の契約解除だけでなく、一般人のこの種の知識に乏しいところを利用しての土地売買ですから、刑法上の詐欺罪（刑法２４６条）にも該当します。同じように被害にあっている人がいれば、その人たちと一緒に、警察当局に対し、詐欺罪で業者を告訴すべきだと思います。

このような原野商法をやる者は、会社などを作って買主たちを信用させていますが、危険が迫れば、真の首謀者はいちはやく逃げだしますから、責任逃れをさせないように、早く手を打つことが肝要です。

５ 契約の際の土地面積と実測面積が違うが…

Q **家を建てるため、郊外の住宅地に135平方メートル（登記簿上の面積）の土地を買うことにして売買契約を締結しましたが、後で土地家屋調査士に測ってもらったところ、130平方メートルしかありませんでした。その差の5平方メートル分の代金を返してもらえますか？**

問題は、契約にあたってどのような約束をしていたかです。また、それが契約書に書いてあるかどうかです。たとえば、「本契約書に記載してある土地面積と登記簿上の面積との間に差異が発見されても、売主買主双方は互いに売買代金の増減等請求をしないものとする」とある場合、たとえ１３０平方メートルが実測面積だとしても、足りない５平方メートル分の代金の返還を求めることは、原則として、できません。

こうした紛争を防止するためには、右のような約束を文章にしておくことが重要です。

もし、実測面積によって売買代金を定めようとする場合には、「売買代金は1平方メートルあたり金○○円とし、後日実測した面積と本契約書上の面積とが相違したときは、上記平方メートル単価に基づいて精算するものとする」などと表示します。このような記載がない場合には、契約の当時、売主と買主はどんな意思表示をして契約したかによって、決定することになります。

6 業者のセールストークで買わされた家を解約したい

Q **ポストに、「格安」「新駅決定」という建売住宅のチラシが入っていました。家を買いたいと考えていたので、さっそく物件を見に行きました。いまある駅からは歩いて30分近くかかりますが、新駅ができれば徒歩5分ほどです。売主の不動産業者が新駅は3年後にできることが決まったと言うので、2600万円の一戸建てを買うことにし、業者と売買契約をしました。頭金は、100万円です。ところが、新駅の計画などないとわかり、解約したいと思います。業者は、頭金は手付けだから返さないと言いますが……。**

結論から言うと、100万円が頭金でも手付けでも、不動産業者には虚偽広告という違約（不法行為）があるわけですから、買主は契約を解除し、業者に100万円の返還も請求できます。なお、新駅決定のニセ情報が業者の故意や重大な過失によるものでない場合でも、買主は消費者契約法で、契約を解除すればいいでしょう。

このようなケースでは、従来は、民法の錯誤の規定で契約無効の主張をしていましたが、消費者契約法の方が便利です。業者の不適切な行為（不実の告知、断定的判断の提供、不利益事実の不告知、不退去や監禁など）で契約した場合、消費者は、そのことを知った時から1年間（契約締結から5年間）は無条件で契約を取り消せます（法4条、7条）。業者側は、「買主の都合で契約を解除するのだから、手付金として受け取った頭金は返さない」と、いわゆる解約手付（民法557条）の規定を持ち出したのでしょう。

しかし、これは相手に違約がなくても、契約の履行までは、手付金を放棄（売主の場合は倍返し）すれば無条件に解約できるという主旨です。

相手に債務不履行や不法行為があった場合まで、この放棄や倍返しをしなければ契約を解除できないというわけではありません。

また、買主が物件の引渡しを受け、実際に引っ越してしまったという場合も原則解約ができ、売買代金のほか、引越し費用や登記費用も請求できると思います。ただし、このような業者は、自分が不利になると意図的に会社を潰し、返金を免れようとするところも少なくありません。おかしいと思ったら、すぐに弁護士などの専門家に相談し、早々に返還請求手続きを取る必要があります。

なお、虚偽広告は、宅地建物取引業法や景品表示法、業界の表示規約（不動産の表示に関する公正競争規約）などに違反しますので、不誠実な業者は告訴・告発するなどして、交渉の場に出させるようにすることも必要です。

7 買おうとしている物件に借家人がいるが…

Q 一軒家を探していると話したら、知り合いが中古で良ければ、自分の持ち家を買ってくれないかと言ってきました。いま現在は賃貸ししているが、借家人は来月末で立ち退くことになっていると言います。その物件が気に入ったので、ぜひ買いたいと思いますが、どんなことに注意したらいいですか?

借家人は、賃借物件の所有者（賃貸人）が代わっても、定期借家契約で契約期間が終了した場合などを除けば、引き続き、借家に住む権利があります（借地借家法31条）。新しい所有者（買主）から立退きを迫られても、原則として借家を明け渡す必要はありません。言いかえれば、借家人が立ち退かない限り、買主は購入した物件を自分で使うことができないということです。賃貸物件を買う場合、まず賃貸借契約書を確認してください。定期借家であっても契約の期間中は立退きを要求できませんし、また定期借家でなければ正当な事由がない限り、借家人を立ち退かせることはできません。

また、「借家人は立退きを了承している」という売主の言葉を鵜呑みにしてはいけません。借家人に直接、その意思を確認してください。借家人にその意思がないと、買主は借家人に対し、改めて賃貸借契約の解除と明渡しを求めるしかなく、正当な事由がなければ借家人を立ち退かすことはできません。

この場合、買主は購入目的を達成できないのですから、売主との売買契約を解除し、代金の返還を要求できますが、売主が代金を費消していればどうにもならない場合もあります。

なお、借家人が立退きを了承している場合には、「何月何日までに立ち退く」などという内容の念書をもらっておくといいでしょう。後々トラブルが起きた場合、買主に有利な証拠となります。

しかし、空き家を買う場合と比べ、現に借家人が住む物件を購入するのは、何かとリスクがつきまといます。借家人が立ち退いてくれるかどうかも問題ですが、立ち退く借家人から買主に、敷金返還や造作物買取を求めてくることもあるからです。

借家人のいる物件を、居住目的で購入する場合、できる限り借家人に立ち退いてもらってから、売買契約を締結した方が安心でしょう。また、やむなく借家人の立退き前に契約する場合には、「代金支払いは借家人立退き後とする」などという特約を付けるといいと思います。

8 中古マンションを買ったら、売主が滞納した負担金を払えと

Q 友人から、築20年のマンションを1200万円で買いましたが、管理組合から彼が滞納した修繕積立金1年分計25万円を請求されたのです。払わないといけませんか。また、2年後に各戸200万円ずつ負担して大修繕という話しも初めて聞きました。修繕積立金や大修繕の費用を、いまから値引きさせて取り戻せません。

マンションの住人は、建物の維持や管理のため管理費などを負担する義務を負っています。将来の修繕費を、住人の議決により、事前に徴収し積み立てる修繕積立金もその1つです。住人が、それを滞納したまま区分所有権を売り払った場合、その義務は新しい買主が負うことになります。あなたは友人が滞納した25万円を払わなければなりません。

もちろん、知らずに契約したのであれば、売主に25万円を支払うよう求償できます。支払いを拒んだら、少額訴訟を起こすのもよいでしょう。

ただし、その分を考慮して売買価格を決めている場合もあるので、念のため、契約書を見直してください。たとえば、負担金の未払い分も買主が負担する旨の特約があれば、買主が払うしかありません。

次に、大修繕の件ですが、売主は業者ではなさそうなので、この取引には宅地建物取引業法も消費者契約法も適用されません。民法の錯誤を主張する余地はありますが、売主が大修繕の情報を教えなかったことを理由に、買主が改めて値引きを要求するのは難しいと思います。

不動産購入のトラブル 2

Q&Aによる欠陥住宅のトラブルと解決例

▼買った建物が雨漏り・地盤が軟弱で家が傾いた・手抜き工事を発見など

欠陥住宅と対処方法

欠陥住宅とは、住宅としての機能を果たさない、本来の契約に反する瑕疵（キズ）のある住宅をいいます。しかし、消費者が入居（引渡し）前に瑕疵の有無に気づくのは容易ではありません。

民法には、欠陥住宅とは知らずに購入した消費者が売主に対し、キズの修理や損害賠償、契約解除などを請求できる「売主の瑕疵担保責任」の規定はあります。ただし、引渡し後に瑕疵が見つかった場合、売主が誠実に対応してくれるという保証はありません。消費者にも、欠陥住宅を見抜く知恵、またトラブル対処法などの知識が求められています。

瑕疵判定の基準

建築物の瑕疵とは、①建築基準法等の法規違反がある（違反した設計や施行がされているなど）、②売買・請負契約に反している（使用材料や取付器具が契約どおりでない、契約どおりの仕様がされていないなど）、③通常の品質・性能に比して劣っている（仕様どおりの性能が期待できない、部品の品質が仕様書どおりでない、納品商品にキズがあるなど）、④経済的交換価値が損われている（外観が見苦しい、安全性が損われている、使い勝手がよくない、維持保守に過大な経費がかかるなど）などです。以上の判定基準に従い当該建築物を点検し、瑕疵があれば速やかに対処する必要があります。

なお、民法改正で、売買規定から「瑕疵」という用語が消え、売主は「契約の内容に適合しない」場合、担保責任を負うと変わっています。

1 買った建物が雨漏りするが、業者に修理義務はないのか

Q 中古住宅を買ったところ、雨漏りがします。仲介業者は、契約書に「現状有姿のまま」とあるから文句は言えないと言いますが、納得いきません。

売買契約において、売主が買主に、種類違い、品質不良、数量不足など契約の内容に適合しない品物を引き渡した場合には、法律は売主に契約不適合責任を負わせています（民法562条）。買主は、契約の目的物に隠れた瑕疵がある場合、その修理や代金減額請求、損害賠償や契約解除ができるということです（令和2年3月以前は瑕疵担保責任という）。

おたずねの場合、売買の目的物である中古住宅の雨漏りは、瑕疵になるかどうかです。というのは、中古であることは、なにか不都合が含まれている可能性があり、それを承知して買うという一面があるからです。だからといって、中古住宅について「瑕疵」はないというのは極論でしょう。

雨漏りは、あってはじめて発見されるものですが、中古住宅では、多少の雨漏りは通常あり得るものと考えられ、住宅としての機能を果たしえないようなひどい欠陥でないかぎり、ある程度は予想されるものと思いますから、中古住宅の売買にあっては、「隠れた瑕疵」とは認められないことが多いでしょう。

なお、新築住宅（請負・建売とも）は、この逆です。とくに、床下の基礎、柱、壁、梁、床など構造耐力上の主要な部分と、屋根や雨どいなど雨水の漏れを防止する部分（総称して、建物の基本構造部分という）については、建築工事の請負人および売主に引渡しから10年間の瑕疵担保責任を負わせています（住宅の品質確保の促進等に関する法律94条、95条）。注文者や買主は、この期間内なら業者に対して、無料で欠陥部分を修繕させたり、損害賠償を請求でき、また建売の場合は契約そのものの解除をできる場合もあるのです（修繕できない場合のみ）。もし、買ったのが新築なら、当然業者側に雨漏りしないよう屋根などの修繕を要求できます。

2 地盤が軟弱で、建売住宅の家が傾いてしまったが…

Q 不動産会社が売り出した戸建ての建売住宅を買って1年半ほどで、壁にヒビがはいって傾きはじめました。驚いて知人の建築士に見てもらったところ、むかし、蓮池であったところを造成したところで、地盤が軟弱なため家が傾いたことがわかりました。どのようにしたらよいでしょうか?

建売住宅を販売した不動産会社が、その敷地を造成したのであれば、造成の責任は、その不動産会社が負わなければなりません。たとえ、その会社が直接に造成工事をせずに、造成業者に請け負わせた場合でも同様です。宅地の造成は、宅地造成等規制法という行政法規に基づいて、災害の防止のため必要な規制を行っており、違反には罰則があります。

地盤の軟弱は昔、蓮池であったところを造成したためで、これが消費者に容易に発見できない「隠れたキズ（瑕疵）」に当たると考えられるとすると、売主の担保責任が認められます。買主は売主に対し、修繕などの追完請求（民法562条）や代金減額請求ができます（563条）。

なお、壁にヒビが入ったことについての瑕疵は、構造耐久上の主要な部分にあたり、その担保期間は引渡しから10年間です。買主は売主に、損害賠償や契約解除（修繕できない場合のみ）を請求できます。

地盤についての瑕疵は、地盤を補強するための工事を行うにしても、物理的に困難ですから、むしろ契約を解除し、建売住宅を買うために支出した費用を回収すべきと思います。地震により液状化現象が起きた場合などにも起こり得る問題です。

3 注文住宅で明らかな手抜き工事が発見されたが…

Q 念願の戸建て注文住宅を建てましたが、1年ほど住んで壁に亀裂が走って傾いてきました。別の建築会社に検分してもらったところ、明らかに工事は手抜きであったことが判明しました。請け負った業者にどのように対応したらよいでしょうか？

請負のなかでも、もっとも一般的で重要な請負は、建物の請負です。請負の規定の解釈をめぐる判例・学説もほとんどが建物の請負についてです。

建物の建築について、その構造設備等に関する最低基準を定めているのが建築基準法です。手抜き工事かどうかも、まず建築基準法に照らして考えなければなりません。完成した建物に瑕疵があれば、請負業者は担保責任を負います（注文者は原則、瑕疵を知ったときから1年以内に請負業者に通知が必要）。この場合の瑕疵は「隠れたキズ」に限りません。

注文者は、まず請負人に対し、相当の期間を定めて瑕疵の修繕を求めることができ、これとともに損害賠償の請求もできます。注意すべきは、瑕疵があるため建てた意味をなさない場合でも、契約の解除はできないということです。

なお、壁は構造耐力上の主要な部分であり、その瑕疵担保期間は10年間です。しかし、壁の亀裂が誰が見ても簡単に見つけられるなど、いわゆる「隠れたキズ（瑕疵）」でなくなった場合には、注文者は修繕や損害賠償を請求できる期間に注意をする必要があります。請負契約書の担保期間などを確認し、早めに手を打つべきです。

4 買ったマンションの耐震強度が足りないとわかったが…

Q 新築マンションを買い、住んでいますが、まだ3か月経たないのに壁やベランダに大きな亀裂が走り始めました。業者はコンクリの乾き具合の問題で強度には何の心配もないと言いますが、専門家に耐震強度のチェックをしてもらうと、法定の6割程度の強度しかないことがわかったのです。大地震が来たらと不安ですが、業者に何らかの責任をとらせることはできませんか。

住宅品質確保促進法では、建物の基本構造部分について、「新築住宅の売主は引渡しから10年間、瑕疵担保責任を負う」と定めています。耐震強度不足は、この瑕疵に該当すると考えられ、買主は契約を解除して、売主に代金全額の返金を求めることができます（補修が可能の場合には、原則耐震強度の補修請求のみ）。この場合、売主は無過失責任です。

また、買主は売主に対し、引越し費用や代替の住居確保の費用も請求できます。ただし、基本構造部分の瑕疵担保責任は10年ですが、買主が瑕疵を知った時からは1年間しか請求できません。欠陥に気づいたら早めに対処してください。もっとも、耐震強度が不足した欠陥マンションでは、住人が補修による居住継続を望んでも、行政から使用禁止命令が出ることもあります。

平成17年に発覚して大きな社会問題にもなった一連の耐震偽装マンションでは、基準の2分の1以上か以下かで、補強か建直しか、結論が異なりました。何ら非のない買手がやっと手に入れたマイホームに住むことを禁じられ、しかも業者の倒産で十分な補償を受けられなかったのです。耐震強度のトラブルをめぐっては、平成27年にも傾斜マンションのニュースが世間を騒がせました。

マンションの傾斜は、基礎の杭が支持層の岩盤まで届いていなかったのが原因でした。今回の売主は耐震強度に問題はないと説明しましたが、買主の不安を除くため、マンション建替えと慰謝料などの支払いを提示したそうです。

耐震強度は住人全員の問題ですから、売主への交渉も個別ではなく全員で当たるといいでしょう。なお相手はプロですから、買主は不利な示談内容で丸め込まれないよう弁護士など専門家を頼むか、アドバイスを受けながら交渉してください。

PART 2

住宅（マイホーム）の購入とローン

―上手に借り・上手に返す―

◆マイホームの購入などでは、ほとんどの人が住宅ローンを利用します。住宅ローンがあるから、若くても年収がそこそこにあれば、家を持てるのが実情でしょう。しかし、住宅ローンの借入れは高額であり、返済期間も長期に及ぶことから、破綻のない返済計画を立てておくことが重要です。

◆住宅ローンは低金利でかつ固定金利のものがベターです。金融機関の住宅ローンは、多種多様のものがありますので十分な検討を要します。

◆現在は、マイナス金利の時代、住宅ローンの金利も超低金利になっています。いろいろと検討してベストのローンを選んでください。

マイホーム購入・建て替えなどを決意したら…

住宅ローンを組む前に知っておきたい基礎知識

◆不動産の購入等では、多額の購入資金が必要な上に、税金のことも心配しなければなりません。とくに不動産取得税については、高額となりますので、事前に資金計画に入れて検討しておく必要があります。

●住宅を取得する資金計画・ガイド

〈どんな順序で〉	〈必要なことがら〉	〈ポイント〉
何のための資金計画かを明確に	・住宅の新築 ・建売住宅の購入 ・マンションの購入 ・改築など	・家族で話し合って決めること ・なんとなくでは計画は具体的にならない
目的物件の希望価格を出してみる	・資料を取り寄せる ・インターネットや雑誌も参考に ・住宅見学は最終段階で	・地域性、環境、便利さを中心に考える ・家族の意見集約が難航しがち
自己資金としていくら必要かを出してみる	・購入資金(手持資金)は1～3割は必要となる ・住宅金融支援機構調査(令和４年度)ではマンション約８４４万円 建売約５９４万円	・購入資金以外にも諸費用が必要 ・取得できるかどうかは自己資金がポイント ・親などの援助が得られないか?
住宅ローンの利用計画を立てる	・住宅金融支援機構のフラット35を中心に計画を組立て、次いで財形融資を ・金利、返済条件など有利なものから選ぶ	・勤務先に住宅融資制度はないか? ・自治体融資は利用できないか? ・銀行などの民間ローンは最後に
返済計画を同時に立てる	・ライフサイクルに合った返済方法を ・手取額の25～30%以内に ・ボーナス返済の場合は慎重に ・まさかの場合の対策も	・繰り上げ返済も視野に入れて

■まず、いつ買うかを決めること

若いカップルが住宅展示場を覗いて、気に入った物件があったので、その場で契約したという話を聞くことがあります。

もちろん、それでなんの問題も起こらなければいいのですが、このような安易な判断はどこかで齟齬を来しがちです。何千万円もの買い物をするわけですから、それも何十年にもわたって、何千万円もの借金を返済していくわけですから、慎重の上に慎重に計画を立てて臨むことが不可欠です。

誰でも、年齢を取ると共に、就職、結婚、子どもの出生、進学、定年退職というように人生のライフサイクルがあります。

その中で、どの段階でマイホームを取得するかを、真剣に考えてください。高額な住宅ローンを抱え込んでしまったために、自分が不幸になったり、家族を不幸にするようなことでは、何のためのマイホームの取得かということになります。

■マイホームの取得は資金計画から

マイホームを取得しようと考えたら、どのような物件を、いつ頃取得するかを考えてください。その上で、取得時には必要経費も含めて、どれくらい必要かを、まず算出してみましょう。

そして、その資金はどのようにして作るか＝これがマイホーム取得の資金計画です。同時に、調達した資金の返済計画も立てなければなりません。返済計画で大事なことは、余裕をもった、無理のない返済であるかどうかです。

そのためには、自己資金をできるだけ増やし、住宅ローンで借りる金額をできるだけ少なくすることです。

住宅金融支援機構利用者フラット35利用調査報告（令和4年度）によると、たとえばマンション購入者の平均像は下の図のとおりです。

◆マンション融資利用者の平均像（フラット35）

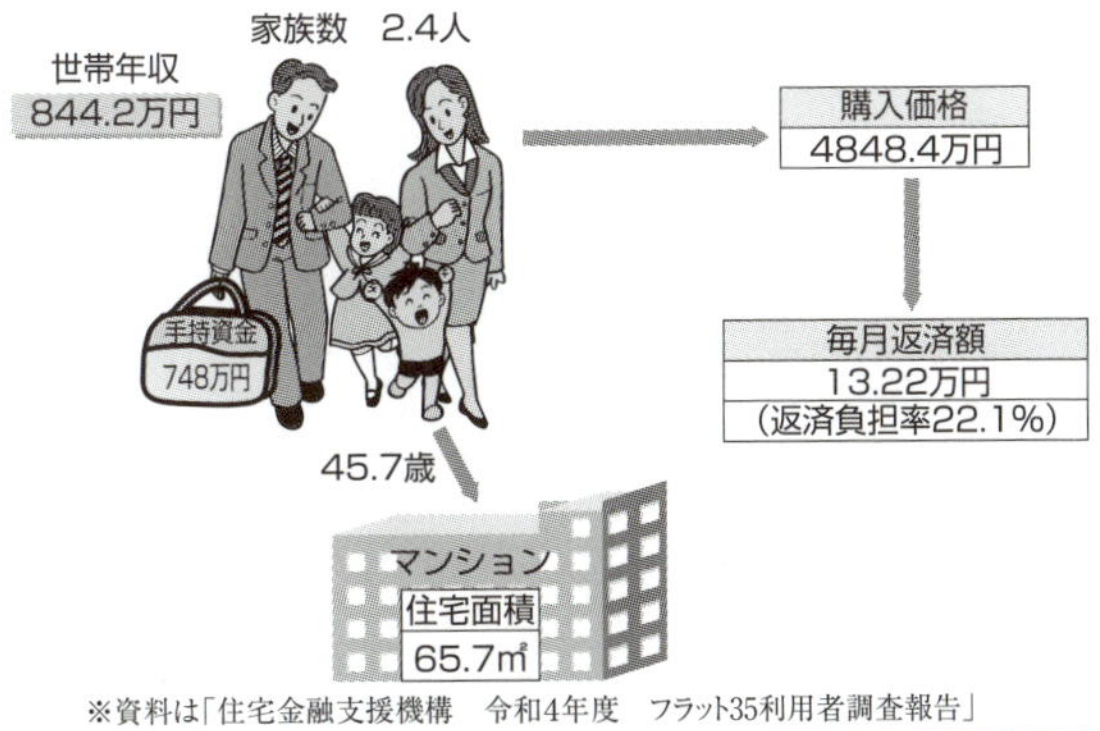

※資料は「住宅金融支援機構　令和4年度　フラット35利用者調査報告」

平均像から学ぶべきことは、自己資金が2割以上用意されていること、返済負担率が2割程度に押さえられていることです。

これなら、余裕を持った資金計画だと評価できます。

住宅ローンの組み方 1

■不動産購入と住宅ローン

住宅ローン計画は返済計画を立てることだ

▼返済計画が不安定なものだとマイホームを手放す羽目にも

■買いたい物件も決まった、頭金のメドも立った、いよいよ住宅ローン計画だと、どこから、いくら借りるか考えます。それはそれで楽しいプラン作りですが、忘れてならないのはローンは借金だということです。借金はキチンと返済しなければなりません。いくら借りられるかではなく、いくらなら今の生活を維持しながら返せるかに重点を置いて計画を立ててください。

破綻を来さない計画を立てるには

土地の値上がりも一段落、金利も下がり始めた時期こそ住宅ローンは借り時だ、という人がいます。しかし、この考え方は危険です。

景気の回復が遅れ、中々不況から抜け出せないため、金利は低くなっているのかもしれません。また今後、ボーナスや残業代のカット、リストラ、ひいては会社の倒産することがないとは断言できないでしょう。

それだけではありません。病気、転職、災害など、一生のうちにはどんな事故や災難が起こるかも知れません。それでも、ローンは払い続けなければならないのです。

そのためにこそ、破綻を来さない返済計画を立てることが肝要なわけです。

原則的なことから言いますと、まず、支払能力に余裕のある資金計画を立てることが肝心です。

ちなみに従来の住宅金融公庫融資では毎月の返済額の5倍以上の月収（年収を12で割ったもの）が条件となっていましたし、財形融資でも返済額の4倍以上の月収が条件となっています（ただし、住宅金融公庫以外にも借入れのある場合は、総返済負担率による審査も行われます）。

すなわち、毎月の返済額は月収の20～25％以下に押さえられるかどうかを基本としてください。

また、ボーナス払いを併用する場合にも、ボーナスは何かあった場合の拠り所となるものですし、また会社の景気により増減しがちなものですから、余裕を持ったボーナス返済にすべきです。

あくまでも、現在の生活を踏まえた上で、可能な限りの将来の予測の上に立って、実行可能な計画を立ててください。

ライフサイクルを考慮した計画を

私にも経験のあることだから言えるのですが、住宅ローン計画を立てる場合、このローンとあのローンを組み合わせるといくらまで借りられる、そうすればこれだけの物件が買えると夢は膨らみます。しかし、これは危険な徴候です。

こうなると、返済のことなど、目に入らなくなります。何度も言いますが、ローン計画とは返済計画なのです。

それも将来の自分のライフサイクルを見据えた計画でなければなりません。そうでない計画は破綻を来します。

たとえば、夫婦共稼ぎであれば、夫婦の収入を合算すれば、借入限度額はアップします。

しかし、夫婦共稼ぎは何年できるでしょうか。また、子どもが生まれれば出産にいくらかかるか、子育てはどうするか、ということも考慮する必要があります。

また、子どもが私立の小中高に通うようになれば、教育費だけで年100万円を超えるでしょう。また、高校を卒業しても、予備校に通う、あるいは専門学校へ通う、短大や大学に入るとなると、どれだけ教育費がかかるか分かりません。家元を離れて下宿などすると、学費はさらにかかります。

何年後に、子どもが幼稚園や学校に通うようになるかはわかります。また、老親がいれば扶養に金がかかるかもしれません。

かつては経済は右肩上がりでした。その結果、給与は毎年上がり、子どもの教育費のことなどは心配する必要などなかったのです。しかし、今日では事情が異なります。確実に毎年収入が上がることは期待できません。そのためにも、しっかりした返済計画を立てることが必要になってくるのです。

ローン計画の要は実行可能な返済計画

ローン計画の眼目は、どこから、いくら借りるかの計画ではありません。借りたものは返さなければなりません。返済に行き詰まると、せっかく手に入れたマイホームを手放さなければならなくなります。「住宅資金計画は返済計画である」と言われるゆえんです。

もちろん、ローン計画ですから、どこの、どんなローンを組むかを選択しなければなりません。

ローンを組むターゲットが決まったら、ローンで借りた金額を、自分あるいは自分達の収入で、どのように返済していくか、それが果たして可能かどうかをチェックしてみましょう。

無理がある場合には、潔くあきらめて自己資金を増やす努力をして再チャレンジする覚悟も必要です。

その上で、自分達の生活を犠牲にすることなく返済していくためには、返済期間を何年のローンにするか、どんな返済方法にするか（通常の償還方法にするか、ボーナス併用にするか）、などを決めなければなりません。

もちろん、ローンの貸出しをする側でも、返済をしてもらわないと困るわけですから、事前に年収によるチェックをします。たとえば、財形融資では月収の30％以下の返済額を要求しています。

また、ある民間の金融機関では、他の融資を含めて年間返済額を、税込み年収25％（年収が２００万円から３００万円の人）、30％（年収が３００万円から４００万円の人）、35パーセント（年収が４００万円以上の人）と決めています。

また、『フラット35』では、令和4年4月1日現在、年収の占めるすべての借入金の年間合計返済額の割合を、年収４００万円未満は30％以下、４００万円以上は35％と決めています。

一般的な言い方をすれば、返済比率は全体のローンを合わせて、25％以内に押さえるのが望ましく、もしこれを超えるようなことがあっても絶対に35％を超さないようにすべきです。

以上のことを踏まえて、無理のない返済ができ、また必ず達成できる資金計画を立ててください。

★望ましい住宅ローン資金計画

住宅ローンは、長期の高額な借金をすることであり、返済をしていくことです。それだけに住宅ローンの資金計画は、慎重に、かつ吟味を重ねた上で立てることが必要です。

旧住宅金融公庫の『住宅ローンに関する顧客アンケート調査』（平成17年度）によると、住宅ローンを利用しようとしている人が、どんなことを考えて資金計画を立てているかが読み取れます。

1位は、無理のない資金計画をたてること（65％）、次いで住宅取得に伴う税金や諸費用に関する事項（29％）、住宅取得や資金計画に関する要望のとりまとめ（27％）の順。

無理のない資金計画を基本に融資条件や要望をまとめ、自分に適した組み方を考えていることがわかります。

利用者のアンケートでは、1位は、住宅ローンの商品性をよく理解し、十分検討しておくこと、です。

◆借入金100万円あたりの返済額の目安

■元利均等返済での返済額の目安

利率（%）	毎月返済額（借入額100万円あたり）					ボーナス時加算額（借入額100万円あたり）				
	15年	20年	25年	30年	35年	15年	20年	25年	30年	35年
2.00	6,435	5,058	4,238	3,696	3,312	38,748	30,455	25,512	22,244	19,932
2.20	6,527	5,154	4,336	3,797	3,416	39,316	31,037	26,108	22,855	20,559
2.40	6,620	5,250	4,435	3,899	3,521	39,890	31,625	26,712	23,476	21,196
2.60	6,715	5,347	4,536	4,003	3,628	40,468	32,219	27,324	24,106	21,844
2.80	6,810	5,446	4,638	4,108	3,737	41,051	32,820	27,944	24,745	22,503
3.00	6,905	5,545	4,742	4,216	3,848	41,639	33,427	28,571	25,393	23,172
3.20	7,002	5,646	4,846	4,324	3,960	42,231	34,040	29,206	26,050	23,851
3.40	7,099	5,748	4,952	4,434	4,075	42,829	34,659	29,849	26,716	24,540
3.60	7,198	5,851	5,060	4,546	4,191	43,431	35,285	30,500	27,391	25,240
3.80	7,297	5,954	5,168	4,659	4,308	44,038	35,917	31,157	28,075	25,949
4.00	7,396	6,059	5,278	4,774	4,427	44,649	36,555	31,823	28,767	26,667

■元金均等返済での初回返済額の目安

利率（%）	初回月返済額（借入額100万円あたり）					初回ボーナス時加算額（借入額100万円あたり）				
	15年	20年	25年	30年	35年	15年	20年	25年	30年	35年
2.00	7,221	5,832	4,999	4,443	4,046	43,333	35,000	30,000	26,666	24,285
2.20	7,388	5,999	5,166	4,610	4,213	44,333	36,000	31,000	27,666	25,285
2.40	7,555	6,166	5,333	4,777	4,380	45,333	37,000	32,000	28,666	26,285
2.60	7,721	6,332	5,499	4,943	4,546	46,333	38,000	33,000	29,666	27,285
2.80	7,888	6,499	5,666	5,110	4,713	47,333	39,000	34,000	30,666	28,285
3.00	8,055	6,666	5,833	5,277	4,880	48,333	40,000	35,000	31,666	29,285
3.20	8,221	6,832	5,999	5,443	5,046	49,333	41,000	36,000	32,666	30,285
3.40	8,388	6,999	6,166	5,610	5,213	50,333	42,000	37,000	33,666	31,285
3.60	8,555	7,166	6,333	5,777	5,380	51,333	43,000	38,000	34,666	32,285
3.80	8,721	7,332	6,499	5,943	5,546	52,333	44,000	39,000	35,666	33,285
4.00	8,888	7,499	6,666	6,110	5,713	53,333	45,000	40,000	36,666	34,285

住宅ローンの組み方 2

■不動産購入と住宅ローン

取得価額以外にローン手続きなどの費用がこんなにかかる

▼つい見逃しがちな費用がこんなにもある

■ようやく住宅ローンの申込手続きまで漕ぎつけた人が、びっくりするのが手続きにかかる費用です。融資手数料、保証料、団体信用生命保険特約料、特約火災保険料などの他、印紙税、登録免許税、登記手数料など軽く100万円をオーバーしています。これも計画に入れておくことが必要です。

必ずかかる税金や登記手続費用に注意

マイホーム取得を考えている人の目は、ついつい物件本体の価格の方に向いてしまいがちです。ようやく手当てのメドも立って、住宅ローンの申込みをする段階になって、申込書に記載されているいろいろな費用の項目を見て、びっくりします。そこまでは手を回していないのが普通だからです。

では、どんな費用が実際にかかるのでしょうか。

不動産の売買契約や建築請負契約を結ぶ場合には、契約書に印紙を貼らなければなりません。たとえば、4000万円の住宅を購入すると、売買契約書に貼らなければならない印紙税は6万円です（令和6年3月31日までに作成した契約書は3万円に軽減。203ページ参照）また、住宅ローンを組む際の金銭消費貸借契約書にも印紙税がかかります。

マンションを購入したり、家を新築したときは、それが自分の家であることを明確にするため登記をしなければなりません。所有権の移転登記や保存登記で、これには登録免許税がかかります。

なお、住宅ローンを組む場合には抵当権の設定登記をしますが、この場合にも登録免許税がかかります。この登記手続きを司法書士に頼むと、所定の報酬が必要になります。

また、マイホームを取得したときには、都道府県から納税通知書が届きます。不動産取得税です。不動産取得税の税率は4％ですが、平成20年4月1日から令和6年3月31日までの間の土地家屋（住宅）は3％の軽減措置がとられています（205ページ参照）。

住宅ローン手続きにかかる費用は

住宅ローンを利用する場合には、どこから融資を受けても「融資手数料」がかかります。その額は、金融機関により異なるので、事前に確認するといいでしょう。

なお、「フラット35」の場合も、窓口になる民間金融機関により手数料の額は異なります。概ね、①3万3000円～5万5000円程度、または②融資額の～2・2％程度のいずれかです。

住宅ローンは長期にわたる債務を負担するわけですから保証人が必要ですが、それが困難なことから保証会社の保証を頼むのが一般的です。『フラット35』の場合には保証料は不要ですが、民間の金融機関の場合には、保証会社に一括して支払う方式と保証料相当部分を融資金利に上乗せして支払う方式のどちらかを選択します。

住宅ローンの利用者が、事故や病気、あるいは死亡した場合などに、ローンの返済を肩代わりをするのが団体信用生命保険です。

民間金融機関の住宅ローン（「フラット35」除く）では団体信用生命保険加入が条件（保険料は金融機関が負担）ですが、「フラット35」では、加入は任意ですが、住宅金融支援機構の団体信用生命保険の加入が認められています（保険料は次ページ参照）。

なお、民間融資では保険料を負担してくれます。

また、民間融資の場合には、火災保険への加入が義務づけられています。建物が火災によって被害を被った場合に下りる保険です。

『フラット35』の場合には、一般の火災保険料に加入することが必要です。

その他こんな費用も忘れずに

その他に必ずかかるものに、引越し費用があります。これも引越し先までの距離、荷物の量などに応じて料金は決まります。

引越し業者に連絡をすれば見積もりをしてくれます。

また、引越しに際して、粗大ゴミなどを処分する場合には、処分する費用がかかります。テレビ、エアコン、洗濯機、冷蔵庫についてはリサイクル料（1000円～4800円程度）の他に処分処理場までの運搬料がかかります。

中古住宅や中古マンションを買う、あるいは買い換えの場合で、不動産仲介業者に依頼したときには、仲介手数料がかかります。費用は、物件価格の3％＋6万円（400万円以上の物件の場合）が上限の仲介手数料です。

建物を新築する場合であれば、設計費用も馬鹿にはなりません。設計事務所に設計・監理を依頼する場合には、本体工事費用の10％程度が必要です。

また、建て替えの場合には、仮住まいの費用も必要です。買い換えで、つなぎ融資を受ける場合は、この手続き費用もかかります。

この他にも、新しい家に住むとなれば、新しい家具などが欲しくなるものです。これにも相当お金がかかります。それらの費用も考えておかなければなりません。

マイホームを取得した後の費用

また、マイホームを取得した後の費用も考えておきましょう。

税金は不動産取得税（前述しました）と固定資産税・都市計画税がかかります。

固定資産税は、土地、建物の評価額の1・4％です（市町村により最高2・1％まで変わります。また一定の場合は税の軽減額規定があります）。

都市計画税は、土地、建物の評価額の0・3％程度です（市町村によって変わる）。

また、マンション購入の場合には、マンション管理費用と修繕積立金がかかります。管理費用は、マンションを購入する際に表示されていますのでわかりますが、修繕積立金が表示されていない場合は、業者に問い合わせてください。

ここに挙げたのは、諸費用の全部ではありません。あらかじめ資金計画を立てるときに、本体価格の5～10％はかかるものと考えておいてください。

●団体信用生命保険料

機構の団体信用生命保険料の計算方法（目安）

※借入金額1000万円当り。金利は、返済済期間20年は1.23%、返済期間25～35年は1.29%で試算

返済期間（金利）	各年の特約料（目安）								
	1年目	5年目	10年目	15年目	20年目	25年目	30年目	35年目	総支給額
20年（1.23%）	34,800	28,300	19,800	10,700	1,100	—			371,000
25年（1.29%）	34,800	29,900	23,400	16,400	8,900	900	—		468,500
30年（1.29%）	34,800	31,000	25,700	20,100	14,100	7,600	800	—	567,400
35年（1.29%）	34,800	31,700	27,400	22,700	17,700	12,400	6,700	700	668,100

※住宅金融支援機構ホームページ「特約料支援額シュミレーション」より算出。

住宅ローンの組み方 3

■不動産購入と住宅ローン

どこの住宅ローンを選ぶか＆組み方は

▼「公的融資」「フラット35」か「民間融資」か…

■かつては、まず公庫融資から住宅資金を借りて、不足する場合に財形貯蓄や銀行など民間の金融機関から借りるというのが、一番多いパターンでした。

しかし、国民に愛されてきた住宅金融公庫も平成19年3月31日をもって廃止されました。

住宅金融公庫が廃止されても、これまで利用している人は従来通りで何ら変わりはありません。公庫融資の「つみたてくん」〈住宅債券〉は従来通り利用できます。

公庫融資に代わるのが、『フラット35』という住宅金融支援機構（旧・住宅金融公庫）の証券化ローンです。

これと民間の金融機関の住宅ローンを徹底比較してみました。

公的融資は廃止されるのか

公的融資の代表格である住宅金融公庫は平成19年3月31日で廃止されたのは前述した通りです。また、公庫融資の補完として利用されていた年金融資も、すでに平成17年1月31日で借り入れを終了しています。

しかし、財形貯蓄をしている人に対する財形住宅融資は、これまで通りで、財形を1年以上継続して行い、財形貯蓄の残高が50万円以上あれば、貯蓄残高の10倍、最高４０００万円を限度に融資が行われるのは変わりません。夫婦共稼ぎで、それぞれが財形貯蓄をしていて条件を満たせば、８０００万円まで借りることができます。

また、すべての市町村に必ずしもある訳ではありませんが、自治体融資も一種の公的融資です。同じ居住地域内での住宅取得や改良に際して、直接融資または利子補給をしてくれます。

民間融資はどうなっているか

住宅金融公庫の廃止が決まって以来、民間の金融機関も競って個人の住宅ローンの分野に力を入れてきました。

民間の金融機関のローンには、販売する住宅物件に対して業者を通して融資する提携ローンと、業者が指定されない非提携ローンとがあります。

また、民間と機構が提携する『フラット35』にも力を入れています。これも民間の金融機関とモーゲージバンク等のノンバンクとに分かれています。

『フラット35』とは、前述したように、民間の金融機関等が融資した住宅ローンについて住宅金融支援機構がその債権を買い取り、信託銀行等に信託し、それを担保として資産担保証券（ＭＢＳ）を発行して、投資家から債券発行代金を受け取るという仕組みです。

住宅金融支援機構も、『フラット35』の利用を促進しており、今後も住宅ローンの主流になることは間違いありません。

財形住宅融資と民間資金の損得比較

財形融資の場合は、あらかじめ融資対象物件の条件や限定を明示しており、融資資格に適合していれば必ず借りられます。また、対象物件が機構の定める技術基準をみたしている場合に融資が行われます。

なお、財形融資を住宅支援機構から借りる場合は、取扱金融機関等が決められていますので問い合わせてください。

民間金融機関等の住宅ローンでは、特に対象物件に対する条件はなく、建築基準法等に適合し、地方公共団体の建築主事の確認申請を受けた物件なら融資を受けられます。

なお、『フラット35』の場合には、住宅の種別に従って機構と協定している検査機関に物件検査の申請をし、合格したことを証する「適合証明書」を添付することにより融資が受けられます。

『フラット35』は、機構との提携の下に行われる住宅ローンですから、融資条件等はかつての公庫の基準に従います。また、長期固定金利で、低利なことから、これまでの公庫融資に代わって利用者の軸になると思われます。

どこの住宅ローンが利用しやすいかという観点から見れば、財形貯蓄のある人は財形住宅融資を、財形貯蓄をしていない人は『フラット35』を中心に考え、不足する部分を自治体融資や民間の金融機関で補完するのがベターと考えます。

ややもすると、住宅ローンを選ぶ際には金利の安さに目を奪われがちですが、民間ローンの変動金利や2年・3年の固定型は、いずれ金利が上昇するでしょう。長い返済期間を考えると固定金利の『フラット35』が安全だといえます。

◆民間住宅ローンと『フラット35』の融資条件の比較

		民間住宅ローン	フラット35
資金の使途		住宅の新築・購入・リフォーム	住宅の新築・購入
融資の対象となる住宅		建築基準法に適合するもの	機構が定めた技術基準を満たし 適合証明書を提出したもの 取得価格1億円以内
対象住宅	床面積		戸建ては70m^2以上 共同住宅は30m^2以上
	敷地面積	問わない	
	物件検査	なし	あり
収入基準		金融機関により異なるが 年収負担率の上限は40%以内	年間総返済の年収負担率は 年収400万円未満は30%以内、 400万円超は35%以内
融資限度額		最高1億円以内など	全国一律8,000万円が上限
	融資率	取得資金の80%（原則、これ以上可）	取得資金の90%以内
融資期間		35年以内	15年以上35年以内
	完済時	金融機関により異なる	完済時の年齢が80歳未満
金利タイプ		変動・固定金利選択型	長期固定金利
	金利決定	各金融機関が毎月初めに決定	
担保		原則として金融機関、保証会社が 第1順位の抵当権設定	機構を第1順位とする抵当権設定
保証人		保証委託	不要
保証料		一括前払いか分割払い	不要
団信加入		加入が条件 費用負担なし	加入は任意 加入なら年1回負担
火災保険		一般か融資住宅専用の火災保険	一般の火災保険
融資手数料		金融機関により異なる	
繰上返済手数料		金融機関により異なる	不要

住宅ローンの組み方 4

不動産購入と住宅ローン

「フラット35」「フラット50」の利用の仕方は

▼フラット35などの内容と利用手続きを徹底分析

今日、住宅ローンの主役は、住宅金融支援機構の『フラット35』と言われています。すでに提携した多くの金融機関で利用されています。

「フラット35」とは何か

最大の特色は、提携する民間金融機関やノンバンクからの融資なのに、長期固定金利で金利が安いことです。『フラット35』の金利は、返済期間15年～20年が年1・320％（最頻）～年2・880％、期間21年～35年が年1・800％（最頻）～年3・360％となっています（令和5年9月現在。大手金融機関の10年固定型の住宅ローン金利は年3・44％～3・77％）。そして、安定収入があればよく、民間ローンでは断られがちな自営業者でも利用できます。

また、利用者の年収に応じて融資金額が決められることもありません（年間返済額に対する年収の占める割合についての基準はある）。

なお、『フラット35』は居住地域により融資金額が変わることはなく、全国一律100万円以上8000万円以下となっています。

『フラット35』を利用したい場合は、どこの金融機関に申し込んでもよいのですが、金融機関で金利が異なります。また、融資手数料も金融機関で異なるので注意してください。

なお、リフォーム資金やローンの借換えには利用できません。

●「フラット35」を利用要件

フラット35のローンを利用できる人は、

① 申込時の年齢が70歳未満の人。親子リレー返済をする場合は70歳以上も可で安定した収入のある人。

② 日本国籍または永住許可などを受けている外国人、または特別永住者

③ この住宅ローンとその他の借入金（他の住宅ローン、自動車ローン教育ローン、カードローンなど）の年間返済額が年収の占める割合について、次の基準を満たしている人

・400万円未満　30%以下
・400万円以上　35%以下

融資資金の用途は、申込本人または親族が住むための住宅の購入資金または建設資金であること（中古も可）です。

以下、順を追って要件を述べます。

① 対象となる住宅は、建設費または購入価額が1億円以下で、一戸建て住宅の場合は床面積が70㎡以上、マンションの場合は30㎡以上

② 融資金額は、100万円以上8000万円以下で、購入費等・建設費の100%まで利用可

③ 融資期間は、15年以上または35年以内（申込時60歳以上の場合は借入期間の下限は10年）か、完済時の年齢が80歳となるまでの年数のうちいずれか短い方

④ 融資金利は、固定金利で融資実行時の金利（金融機関で異なる）

⑤ 返済方法は元利均等返済毎月払いまたは元金均等毎月払い（6か月毎のボーナス払いの併用も可、融資金額の40%以内）

⑥ 担保として、対象となる建物・敷地に住宅金融支援機構を抵当権者とする第1順位の抵当権設定

⑦ 保証人は必要なく、保証料も不要

⑧ 団体生命保険に加入（住宅金融支援機構の団体信用生命保険に加入も可）。

⑨ 対象となる住宅に一般の火災保険は必ず付ける

●「フラット35」の申込み手続きは

住宅金融支援機構との間に『フラット35』の取り扱いをすることを決めてある金融機関等であれば、どこの金融機関等でもかまいません。

『フラット35』を利用するに当たっては、まず取扱金融機関から『借入申込書』を取り寄せて記入します。これには年収の2年分を記入することになっています。この申込みから1〜2週間で、金融機関などから審査の結果が通知されます。

金融機関等の住宅ローンを取り扱う窓口で住宅取得（リフォームは対象外です）の申請をしますが、その際に住宅の耐久性などについて住宅金融支援機構の定めた技術基準に適合する住宅であることを証明する書類「適合証明書」を提出します。

この適合証明書を提出することによって融資の契約が成立します。

なお、融資手数料は金融機関等によって異なりますが、一般に3万円〜5万円台となっています。

●『フラット35』利用の提出書類は

『フラット35』を申し込むには、申込先の金融機関の定める「申込書」のほかに、次に掲げた書類の提出が必要です。

誰もが提出しなければならない書類は以下のとおりです。

① 公的収入証明書

これは本人・連帯債務者とも2年分の提出が必要。

給与所得者の場合には、市区町村

の発行する「公的収入証明書」、給与所得者以外は「住民税の課税証明書」または「納税証明書」（市区町村、税務署が発行）および確定申告書（写し）等。

② 本人確認資料の写し

本人であることを確認するための資料で、運転免許証、パスポート、健康保険証などのコピーが必要です。なお、連帯債務者の場合も同様のものが必要です。

③ 物件・資金使途に関する書類

土地登記事項証明書、建物登記事項証明書の原本。なお、この登記事項証明書は申込日前2か月以内に発行されたものを提出します。

土地売買契約書（融資対象が土地取得費の場合）、売買契約書（戸建て住宅およびマンションの場合）、工事請負契約書（住宅建築資金の場合）。いずれも原本と写しが必要です。

新築マンションの場合は、募集パンフレットおよび価格表。

建物が竣工している場合は、適合証明書の原本と検査済証の原本および写しが必要。

その他、借地に建築する場合は、地主の承諾書、農地の場合は農地転用許可証、親子リレー返済の場合や将来親が同居予定の場合には、将来同居に関する念書が必要です。

『フラット35』の保証型とは

前項まで述べてきた『フラット35』は、住宅金融支援機構が金融機関等から住宅ローン債権を買い取る買取型でした。

平成19年1月から、新しいタイプである『フラット35』保証型がスタートしました。保証型の買取型との最大の相違点は、金融機関等が住宅ローン債権を住宅金融支援機構に売却しないで、金融機関等が独自に証券化し、住宅金融支援機構がローン債権の元利金の支払いを保証する点です。金融機関が独自に商品化できるわけですから、金融機関の独自のカラーを出しやすいといえます。

利用する上での相違点は、

① 保証型では融資額は8000万円で同じですが、買取型の90％以内が100％以内となっています。

② 保証型では民間の住宅ローンと同様、借り換えが利用できます。

③ 団体信用生命保険については、買取型では住宅金融支援機構に加入しますが、保証型では金融機関の提携する団体信用生命保険に加入します。

その他、若干の相違点がありますが、あなた自身でどちら選択するか決めてください。

融資金利が軽減される『フラット35Ｓ』とは

フラット35Ｓは、所定の技術基準

◆フラット35の概要

	フラット35
融資の主体	※民間金融機関から融資を受けた人の住宅ローンは、融資後にその債権を住宅金融支援機構が買い取りますが、融資を受けた人は申込みした金融機関を窓口として返済を行っていくことになります。
資金の使いみち	本人または親族が住むための住宅の建設、新築住宅の購入または中古住宅の購入
融資金利	融資時（資金の受取り時）に決定　※融資金利は各金融機関で決定します。
現在の金利水準	※融資金利は、各金融機関により異なります。
融資限度額	全国一律100万円以上8,000万円以下
融資金額	建設費または購入価格の90％以内 ※土地の取得費用は、建設費等に含められます。ただし、前々年度の4月1日以降取得したものに限ります。
敷地面積	敷地の面積は問いません。
住宅の規模	一戸建て住宅等の場合：70㎡以上 共同住宅（マンションなど）の場合：30㎡以上 （住宅面積の上限はありません）
返済期間	15年～35年（ただし、申込時の年齢が60歳以上の方の場合は、10年以上）
保証料	不要
申込み時期	1年を通じて申込みが可能です。
物件の検査	新築住宅：検査機関による設計・現場検査 中古住宅：検査機関または適合証明技術者による物件調査
物件の検査の手数料	検査機関または適合証明技術者によって異なります。 ※主要な検査機関の手数料：建設される地域・戸建て住宅かマンションかによっても異なりますが、市街地に建設される場合おおむね2万円台～3万円台
火災保険	一般の火災保険の付保が条件
融資手数料	各金融機関により異なります。　※主要な金融機関の手数料：3万円台～5万円台
繰上返済手数料	不要

★「フラット35S」の利用でさらに金利が優遇される

住宅ローンを借りる場合に、一番気になるのが金利です。『フラット35』が多く利用されている理由は、35年の固定金利も、その一つでしょう。

もっとも、適用される実際の金利は、フラット35を申し込んだ金融機関が決めることになっています。金融機関が決めた金利を、さらに優遇しようというのが『フラット35S』です。

対象の住宅が、長期優良住宅、省エネルギー性、耐震性など一定の質の高い住宅であると認められた場合に利用でき、技術基準のレベルが高い順に、フラット35S（ZEH）、フラット35S（金利Aプラン）、フラット35S（金利Bプラン）などがあります。ZEHの場合、当初5年間フラット35の金利より0・5％、6年目から10年目まで0・25％、引下げになります（必要な技術基準、Aプラン、Bプランの金利は次ページ参照）。なお、貸出予定額に達すると、受付終了です。

を満たした物件に対して、フラット35の金利をさらに一定期間優遇する住宅ローンです。ただし、借り換えはできないという欠点もあります。フラット35Sの対象となる住宅や対象者はフラット35の場合と同じです。

ただし、フラット35Sを利用するためには、住宅金融支援機構が定めた技術基準を満たし、検査を受けた物件であること、建築基準法に基づく検査済証を受けることが必要です。

〔要求される技術基準〕
①省エネルギー性に優れた住宅
②バリアフリー性に優れた住宅
③耐震性に優れた住宅
④耐久性・可変性に優れた住宅

これについては、さらに詳細な基準が定められており、クリアした基準により、金利Aプラン（当初10年間0・25％の金利引下げ）と金利Bプラン（当初5年間0・25％の金利引下げ）とに分かれています。

この技術基準は「住宅の品質確保の促進に関する法律」に基づく住宅性能表示制度の基準です（なお、技術基準の詳細は、担当部署に問い合わせでください）。

この適用を受けるには、検査期間に対し物件調査の申請を行って「適合証明書」の交付を受けて、この制度を取り扱う金融期間に提出することが必要です。

『フラット35』を利用する有利な組み合わせは

●財形住宅融資との組み合わせ

『フラット35』と財形住宅融資を、同一の金融機関を通じて申し込むと、次のようなメリットがあります。

① 長期固定の『フラット35』と低利な5年固定の財形住宅融資を組み合わせることで、当初5年間の返済額を軽減できます。

② 両方の住宅融資を組み合わせることで、取得価額1億円まで、融資率100％まで借りることができるようになります。

③ 保証料は両方とも無料で、財形住宅融資では融資手数料・抵当権設定登記の登録免許税は非課税です。

●民間住宅ローンとの組み合わせ

最近では、「フラット35パッケージ」などの名称で、『フラット35』と金融機関の住宅ローンとの組み合わせによる商品が売り出されています。同一金融機関で申し込めば次のようなメリットがあります。

① 長期固定金利型の『フラット35』と低利な変動金利型か短期固定金利型とを組み合わせることで、当初の返済額の軽減が図れます。

② 万一返済が困難になったとき、住宅金融支援機構と金融機関が協調して返済条件を変更するなどの相談が受けられます。

③ 『フラット35』では、住宅を取得して抵当権を設定した後に融資は実行されますが、併用する金融機関

の住宅ローンでは担保権評価額の範囲内での先行融資や分割融資などが利用できます。

新しくできた『フラット50』とは

●ローン償還期間が50年

『フラット35』は、最長返済期間が35年の長期固定金利の住宅ローンです。

平成21年6月4日以降から運用を開始したのが、ローンの償還期間を50年間とする『フラット50』です。『フラット50』の適用対象となるのは、長期優良住宅（長期優良住宅認定通知書等が必要）または住宅の耐久性などについて住宅金融支援機構が定めた技術基準に適合している住宅（適合証明書が必要）です。

●フラット50の利用条件

『フラット50』を利用できる人は、以下の要件を満たす人です。

① 申込時の年齢が44歳未満で、完済時の年齢が満80歳未満（親子リレー返済の場合は44歳以上も可）

② 日本国籍を持つ人、永住許可を受けている人、特別永住者の人

③ 年収に占めるこの住宅ローンを含めた全ての借入金の年間返済額の割合（総返済負担率）が次の基準を満たしていること

・年収400万円未満　30％以下
・年収400万円以上　35％以下

対象となるのは、申込者またはその親族が住むための新築住宅の建設・購入資金、セカンドハウスの建設資金、または中古住宅の購入資金（リフォームや借換は不可）

借りられる金額は、建設費または購入価額の9割以内（1000万円以上8000万円以下）です。

借入期間は、①36年以上50年以下、②80歳から申込時の年齢を引いた年数、のうち短い方の年数です。

金利は全期間固定金利ですが、実際の金利は取り扱う金融機関により異なります。また、融資手数料についても同様です。

返済方法は、元利均等毎月払い、または元金均等毎月払いのいずれかです（ボーナス支払いも可）。

保証人は必要ありませんが、借入れの対象の建物および敷地に、住宅金融支援機構の第一順位の抵当権を設定しなければなりません。

なお、対象となる住宅には、火災保険の加入が義務づけられています。また、団体信用生命保険については、機構団体信用生命保険特約制度に加入できます。

この制度は、『フラット35』を取り扱っている金融機関すべてで扱っているわけではありません。

この他、住宅金融支援機構では、60歳からの住宅の住み替え、建て替え、リフォームに必要な住宅ローン制度『リ・バース60』もあり、利用できます（投資用物件は不可）。

住宅ローンの組み方 5

■不動産の購入と住宅ローン

財形住宅融資・地方自治体融資はどうなっているか

▼財形融資は住宅金融支援機構の「フラット35」などと併せて利用する場合が多い

■財形融資は財形貯蓄あるいは、財形年金貯蓄・財形住宅貯蓄を1年以上続け、その残高が50万円以上あることが必要です。

また、自治体融資は、都道府県や市区町村が融資条件を独自に定めていますので、在住の自治体に問い合わせてください。

財形住宅融資の利用の仕方

財形住宅融資は、財形貯蓄を行っている人に対する融資で、購入住宅の価格制限がなく、借入限度額も最高4000万円まで、物件の借入条件が緩やかです（購入価格の90％を限度とします）。

他の金融機関からの借入れをする場合は、すべての合計額が90％以内であることが必要です。

金利は当初5年間固定金利ですが、5年後に見直しが行われます。現在の金利は、年1・34％と低い金利です（令和5年9月末日現在）。

■申込み方法

① 財形転貸融資制度…雇用・能力開発機構が事業主（勤務先）を通じて、そこに勤めている勤労者に対して融資する（勤務先が窓口となる）制度です。

② 財形直接住宅融資制度（公庫財形住宅融資）…住宅金融支援機構が窓口となります。勤務先に転貸融資制度がないか、あっても退職間近で長期返済ができない場合等。なお、機構財形は、機構融資「フラット35」を受けなくても利用できます。

■融資を受ける条件

① 財形貯蓄か、財形年金貯蓄あるいは財形住宅貯蓄を1年以上続けており、その残高が50万円以上であること。

② 自分で所有および住むための住宅建設、購入、増改築等。

③ 勤務先から5年以上にわたって毎年、融資額の1％に相当する額（300万円を超える場合は3万円）の援助を利子補給、低利融資、住宅手当などの方法で負担軽減措置が受けられること（住宅を改良

する場合は必要ありません。）

④　融資を受けるには、財形住宅融資以外の住宅ローン、自動車ローン、教育ローン、カードローンなどの年間合計返済額が、年収400万円未満の場合は30％以下、年収400万円以上の場合は35％以下という条件を満たすことが必要です。

⑤　財形住宅融資の借入申込日現在の年齢が70歳未満であること。ただし、親子リレー返済を利用する場合には70歳以上でも申し込めます。

⑥　原則として、団体信用生命保険に加入できる人

地方自治体融資の利用の仕方

地方自治体融資の特徴

都道府県や市町村が申込み窓口になる融資です。どこの自治体でも行っているわけではないので、住宅融資制度があるか調べることです。

また、融資条件は　自治体の住宅政策によって独自に取り決めていますが、その地域に、一定期間以上居住、または勤務していること、利用者の収入に一定の上限を定めているケースが多いようです。

以前は多くの自治体で取り扱っていましたが、最近は廃止する自治体が増えています。

助成方法は大きく、次の3つに分けられます。

①　直接融資…自治体が年度予算から利用者に直接融資するもの。

②　融資斡旋…指定の金融機関を斡旋し、自治体がその金利の一部を負担するもの。

③　利子補給…指定の金融機関を利用すれば金利の一定割合を半年単位などで利用者に補給するもの。

詳しい融資内容については、各自治体に問い合わせてください。

★自治体融資あれこれ

都道府県に住んでいる住民に対して行う住宅融資が「自治体融資」です。従前は、多くの自治体が自治体融資を行っていましたが、最近では制度自体をなくしてしまう自治体も多く、また、融資も利子補給のみという自治体が増加しています。

この自治体融資は、自営業者とって大いに役立っていました。というのは、自営業者には財形融資は使えませんし、また民間融資も自営業者に対しては審査が厳しいという背景がありました。自治体融資は、自営業者もサラリーマンも区別なく扱っていますので、自営業者にとっては有力な選択肢でもあるわけです。

自治体融資の特徴は、各自治体の行う住宅政策に従って行われていますから融資の内容も、各自治体によ り異なります。自治体融資の利用を考える場合には、都道府県の担当部署に直接問い合わせるか、自治体の広報誌をチェックすることです。

◆財形住宅融資の利用する場合の条件

融資の種類	内　容	融資条件
マイホーム新築	マイホームを新築する場合。敷地面積の制限はない。車庫・門・塀などの付帯工事にも利用できる。 土地資金も住宅資金と併せて利用できる。	・住宅床面積：70㎡以上280㎡以下のもの ・住宅金融支援機構の技術基準にあてはまる住宅 ※申込年度の2年前の4月1日以降に取得されたものまたは取得予定のもの(借地も含まれる)。
新築住宅の購入	新築住宅（一戸建て・マンション）を購入する場合。購入価格・地域・敷地面積の制限はない。	〔住宅〕 2年以内に竣工したものまたは申込後竣工予定のもので、建築基準法その他の建築関係法令に適合し、以下に該当する住宅 ①居住室(食事室を含む)が2以上で、台所、トイレ、浴室があること。 ②住宅部分の床面積が以下に該当すること。 ・マンションの床面積　40㎡以上 280㎡以下のもの ・一戸建て・連続建て等の床面積 70㎡以上 280㎡以下のもの ③建築後、人が住んだことのない住宅・など 〔土地〕 購入する住宅と併せて取得する土地
リ・ユース住宅の購入	中古住宅（一戸建て・マンション）を購入する場合。購入価格・地域・敷地面積の制限はない。	〔住宅〕 建築基準法その他の建築関係法令に適合するもので、以下に該当する住宅 ①「適合証明書」により財形住宅のリ・ユース住宅のタイプのいずれかに適合すると証明されている住宅。 ②居住室（食事室を含む）が2以上で、台所、トイレ、浴室がある住宅で、店舗などの併用でない住宅。 ③今までに人が住んだことのある住宅または建築後2年を超えた住宅 ④新築の経過年数は問わない ⑤敷地の権利が所有権または借地権である住宅 ⑥床面積が40㎡以上 280㎡以下のもの
住宅のリフォーム		リフォーム後の床面積が40㎡以上となる場合で、次の工事 ①増改築・修繕・リフォーム ②門・塀・植樹・造園・車庫・キッチンシステム・洗面化粧台・断熱構造化工事・など

融資額	融資限度額●借入申込日時点の財形貯蓄残高の10倍に相当する額(ただし、4000万円を限度とする。)また、その限度額が、住宅の建設、購入などに必要な額(所要額)の90%を超える場合は、受けられる融資額は所要額の90%が限度となります。 融　資　額●100万円以上10万円単位
金利	●5年固定金利制 年1.34%(令和5年9月末日現在)
返済期間	新築 マンション 建売住宅：●耐火・準耐火・木造(耐久性) ―― 35年以内／●木造(一般)・性能耐火(耐久性なし) ―― 25年以内　※リフォームの場合は20年
	リ・コース住宅：●リ・ユースプラスマンション／リ・ユースプラス住宅 ―― 35年以内／●リ・ユースマンション／リ・ユース住宅 ―― 25年以内
	年齢による最長返済期間　80歳－申込本人の申込時の年齢(1歳未満は切上げ)

※上記数字は、令和5年9月末日現在のものです。

住宅ローンの組み方 6

■不動産購入と住宅ローン

購入物件の種類別・住宅ローンの利用の仕方

▼『フラット35』の利用の仕方、財形住宅融資の利用の仕方

◆一戸建てを買う場合

■建売住宅を購入する場合、情報は新聞広告やチラシ、ネット広告などで入手できます。購入資金は住宅ローンを利用する人が多いようです。

「フラット35」を利用する場合

新築の一戸建てを購入する場合、資金計画は『フラット35』または民間住宅ローンの利用が中心になるでしょう。従来の公庫融資と比べてどんな点が違うかを見てみましょう。

一番の違いは、『フラット35』では敷地面積について要件がないため（民間住宅ローンも同様ですが）新築の一戸建て（ただし1億円未満の住宅）を希望するほとんどの人が利用できると思います。

一戸建て購入に対する融資金額は、全国一律8000万円まで（従来の公庫融資では住宅の種別、地域、規模などにより異なりましたが）、融資率は所要資金の90％です。

融資に対する金利は、公庫が全国一律の統一金利なのに対して、『フラット35』ではこれを扱う各金融機関が決定します。融資を受ける金融機関に問い合わせてください。

融資を受けるには、火災保険は必ず付けることが必要ですが、『フラット35』の場合には一般の火災保険の利用となります。

一戸建てを購入する際に『フラット35』の申込をするには、申込先の金融機関へ、住宅金融支援機構の定めた住宅の耐久性などについての技術基準に適合する住宅であることを証明する書類「適合証明書」を提出することによって融資契約が結ばれることになっています。

なお、『フラット35』のメリットとしては、①物件価額の最高100％まで借りられ、自己資金が少なくてすむこと、②低利の固定金利型ローン

であること、③保証料の負担がないこと、④最長35年の長期固定金利が利用できること、⑤完済時の年齢が満80歳であることなどです。

『フラット35』を利用する場合、融資を受けるに当たっての収入基準が、『フラット35』では平成19年10月の申込みより、年収に占める借入金の年間合計額が年収400万円未満が30％以内、400万円超が35％以内と改定されました。年25％となっていたためです。

しかし、住宅ローンを返済しながらの生活を考えれば、他のローン（自動車ローンや教育ローンなど）と合算して年収の30～35％以内に返済額を抑えることは必要ですから、これを超えるような返済の場合には、住宅の取得を再考すべきです。

財形住宅融資を利用する場合は

財形融資では購入する住宅と併せて取得する土地についての融資が受けられます（敷地面積の制限はありません）。また、財形融資では複数の人が融資を受けることが可能です。夫婦共に財形をやっていれば、それぞれが貯蓄残高の10倍の金額の融資が受けられます。

融資金額は、申込人の財形貯蓄残高の10倍（最高4000万円まで）か、住宅購入に必要な金額の80％の額、のいずれか低い金額です。

融資金利は、現在は融資金額に係わらず、当初5年間は1・34％です（令和5年9月末日現在）。金利は5年後に見直されます。

返済期間は10年以上35年以内です。

財形住宅融資が利用できない場合は、民間の住宅ローンを利用することになりますが、この場合も提携ローンがあると思われますので、建設業者または販売業者に問い合わせてください。

★住宅性能表示制度

欠陥住宅発生を防止する目的で、「住宅品質確保法」が平成12年4月に施行されました。この法律には3本の柱があり、①10年保証の義務づけ、②性能表示制度、③紛争処理体制、で構成されています。

このうちの住宅性能表示制度は、平成12年10月3日からスタートしました。

住宅性能表示制度は、新築住宅を対象に、国土交通省が定めた日本住宅性能表示基準に沿って、住宅の性能をチェックするものです。この基準には、「構造の安定」「防火、耐火性能」「防音性能」「高齢者への配慮」などの9項目が定められ、各項目についてそれぞれ「耐震等級」「耐火等級」「省エネルギー対策等級」など28項目が設けられ、「等級1」とか「等級2」というように表示されます。

評価を行うのは、国土交通大臣の指定した住宅性能評価機関（各都道府県の建築住宅センターなど）が行いますが、法的に義務づけられていない点が不満な点です。

◆マンションを買う場合

■マンションを買うというのは、コンクリート造りの建物の一区画を買うこと、すなわち「区分所有」の方法で買うことで、一戸建ての場合と異なる点に注意が必要です。これを規定する法律は「区分所有法」です。

「フラット35」を利用する場合

マンションを購入する場合、『フラット35』は条件もゆるやかですし、利用しやすいと言えます。

融資限度額も『フラット35』では全国一律に8000万円（融資率90%以内）まで融資が受けられることになっています。

また、融資対象物件の床面積は、『フラット35』の場合には30㎡以上です。

ただし、『フラット35』では、マンション取得の際に、住宅の耐久性などについて住宅金融支援機構の定めた技術水準に適合する旨の「適合証明書」を提出しないと融資は受けられません。

融資期間は15年以上35年以内ですが、60歳以上の場合は10年以内となっています。

また、金利は『フラット35』では申込時には決定されず、融資決定時になっています。

金利は金融機関で異なりますので問い合わせてください。

財形融資を利用する場合

新築マンションを購入する場合は、物件の専有面積が40㎡～280㎡であることが必要です。

財形融資の場合は、令和5年9月末日現在で融資を申し込んだ場合に

★フラット35登録マンション

平成17年8月より、安心して良質なマンションが選べるよう『フラット35登録マンション』がスタートしました。

この『フラット35登録マンション』とは、事業者が技術基準の「適合証明書」を団地単位で取得するマンションとして住宅金融支援機構に登録されたものです。購入者は収入基準等の融資条件を満たしていれば、必然的に『フラット35』融資の利用が可能となり、住宅の質と資金計画の両面から安心してマンション購入ができることになります。

購入したいマンションがこれに該当するかどうかは、新聞の折り込み広告等に『フラット35登録マンション』と表示されていますので、チェックしてみてください。

は、当初5年間は融資額にかかわらず年1・34％です（5年経過ごとに見直されます）。

融資金額は４０００万円以下（10万円単位）、融資率は90％以内です。

返済期間は、10年以上最長35年です。

なお、複数の公的融資を利用する場合は、融資基準の厳しい方の条件が適用されますので、注意してください。

民間融資については、マンションの販売の場合には、ほとんど提携ローンを利用していますので、公的融資を受けられる場合は、まずこれを利用し、不足する部分を民間融資で補うなど上手な組み合わせを考えてください。

◆建物を新築する場合

■土地を入手し、注文建築を建てる場合には、住宅ローンは借りやすいなどの点から、住宅金融支援機構の『フラット35』の利用が中心になるようです。

また、二世帯住宅を新築する場合には、同居方式（親世帯と子世帯が内部で行き来できるもの）であれば、収入合算、親子リレー返済など、申込は一口でできます。

「フラット35」を利用する場合

マイホームを新築する場合には、土地を取得して家を建てるというのが一般的です。『フラット35』でも、

① 住宅の新築に付随して購入した土地であること

② 土地の取得時期が申込日の前々年度4月1日以降であること

③ 建物建設日に対する融資と併せて申込みをすること

を条件に融資が受けられ、土地の取得にかかった費用も含めて住宅融資を受けることができます。

ただ、『フラット35』と住宅金融支援機構融資の住宅債券（「つみたてくん」の積立者）で異なる点は、『フラット35』が全国一律８０００万円であるのに対して、機構の住宅債券融資では住宅種別、地域、規模などにより変わること、土地の面積要件（原則として１００㎡以上）があるのに『フラット35』ではないことなどの点があげられます。

金利については、住宅金融支援機構融資は申込をした時点での金利が適用されますが、『フラット35』では申込をした金融機関等により異なります。

なお、新築の場合の『フラット35』の融資を受けるには、適合証明機関による設計、現場検査が必要です。

手数料の額は、建設する地域や建設形式により異なりますが、市街地では2～3万円台です。

リフォーム融資には『フラット35（リノベ）』が利用できます（購入した中古住宅をリフォームする場合とリフォーム済みの中古住宅を業者から購入する場合がある）。

財形住宅融資を利用する場合

財形融資の対象となる住宅についての条件は、住宅金融支援機構融資の場合とほぼ同じですが、敷地についての制限がないこと、別途工事費用や付帯工事費用の90％が認められていることが異なる点です。

融資が受けられる金額は、財形積立残高の10倍（最高４０００万円まで）、もしくは土地取得費と建設費との合計額の90％のうち、どちらか低い金額です。

融資金利は、「5年固定金利」とされています。実質的には5年毎に適用金利と返済額が見直される「変動金利5年もの」といえるものです。

なお、民間金融機関の固定金利選択型ローンの5年ものの通常金利と比べると財形融資の方が割安な水準といえます。

なお、返済期間は住宅金融支援機構の『フラット35』とほぼ同じです。

また、財形住宅融資では、一つの物件に対して、複数の融資が受けられるのもメリットの一つです。

これらの財形住宅融資を使っても資金が不足する場合、あるいは財形住宅融資が使えない場合には、「フラット35」あるいは民間の住宅ローンを利用することになります。

◆中古物件の購入と住宅ローン

中古建売住宅の借入可能額は、土地と建物の担保価値の範囲内で実際の査定価額の7割前後といわれています。

この建物が旧住宅金融公庫の融資物件であれば、建築基準に合格していますので融資は受けられます。

フラット35の場合は物件検査機関の「適合証明書」の提出が必要です。融資額は８０００万円までです。

中古マンションの場合には、中古建売住宅に比べて検査も厳しくありませんので、購入しやすいといえます。

中古マンションについては、特に注意しておくことがあります。

その一つは、維持管理基準としての管理規約で、所定の事項を定めているかどうかです。次に、マンションについて長期の修繕計画があるかどうかです。事前にチェックしてください。

住宅ローンの組み方 7

■不動産購入と住宅ローン

二世帯住宅の資金づくりと親子リレーローン

▼二世帯住宅融資、親子リレー返済のメリット・デメリット

■高齢化社会が非常な早さで進行しています。老後の生活を考え、現在住んでいる建物を取り壊して立て替えたり、新たに二世帯住宅を購入するなどのケースが多く見られるようになりました。

同居住宅か別居住宅かで異なる

二世帯住宅は一つの建物に二世帯の家族が、同居の形をとるのか別居の形をとるのかで、資金計画が変わってきます。

たとえ一棟の建物でも、界壁によりそれぞれが独立した住宅として認められ、家屋番号が付けられ、登記も別ということになれば、これは二世帯別居住宅です。

『フラット35』では、二世帯別居住宅について、次のように定義しています。

①二世帯別居住宅として、それぞれが別々の申込みをすること

親世帯の住宅部分と子世帯の住宅部分とを界壁で区画すること、登記は別々に行うことが要件となっています。

ただし、木造住宅での上下重ね建ては対象になりません。

②二世帯同居住宅として、一口で申込みをすること

親世帯の住宅部分と子世帯の住宅部分で内部が行き来ができるような住宅で、一戸建てとして登記ができる場合です。

いずれも、それぞれが物件検査を受けて、「適合証明書」を提出すれば『フラット35』のローンが利用できます。

融資の面から見れば、二世帯同居住宅では後に述べる要件を満たせば、次ページに述べるような親子リレー返済ができます。

また、世帯の当事者が本人の直系親族、配偶者、婚約者などで、申込みのときの年齢が70歳未満、申込本人と同居し連帯債務者となるなどの条件を満たせば、収入合算が認められます。

親子リレー返済のメリットとデメリット

親子リレー返済とは、申込人である親のローンを、子が後継者となって引き継ぐことをいいます。

『フラット35』では、親子リレー返済の後継者の要件を次のように定めています。

① 申込本人の子または配偶者で、定期的収入のあること。

② 借り入れ申し込み時の年齢が70歳未満であること。

③ 連帯債務者になれること。

なお、従前は、融資を受けた住宅に申込本人と同居すること、が要件の一つでしたが、平成20年4月以降はこの要件はなくなりました。

民間の金融機関でも親子リレーローンがありますが、融資を受けられる条件もほぼ同じです。

メリットの一つとして、申込本人が高齢であっても、後継者の借り入れ申込時の年齢を基に最長返済期間を選ぶことができます。

たとえば、申込人である親の年齢が60歳だと返済期間は19年となりますが、後継者である子の年齢が34歳であれば35年返済を選ぶことができます。

いくら二世帯住宅だからといって親子間にトラブルが発生したり、亀裂が生じたりするのでは、二世帯住宅にする意味が薄れてきます。

そのためには、次に述べるような点をはっきりさせておくことが必要です。

① 二世帯住宅の所有権の持分は、どちらがいくら負担するのかを明確にし、負担割合に従って共有持分を決めることが大切です。

② 団体信用生命保険の加入者は『フラット35』の親子リレー返済の場合には、住宅金融支援機構の団体信用生命保険に加入できます。親子のどちらかの加入が必要ですが、親子二世帯型の場合には2分の1ずつを親と子で契約する例も認められています。

この点についてもはっきりさせておきましょう。

③ 親子リレー返済では、後継者の子は連帯債務者となることが義務づけられています。

この後継者である子が新たにマイホームを購入又は建築したいときは、『フラット35』を利用することはできません。

二世帯住宅では、これまで述べてきたように収入の合算ができるため、多くの融資金額が借りられ、また返済期間を最長のものを選択できるわけですが、二世帯住宅にする前に親子の間でよく話し合って計画を立てないとトラブルの原因になることがあります。

お互いが十分納得した上で利用してください。

住宅ローンの組み方 8

■不動産購入と住宅ローン

住宅ローンの繰り上げ返済と借り換えは

▼繰り上げは全額でも一部でも。借り換え時の注意

■住宅ローンも借金であることに変わりはありません。借金を少なくしたいと誰しも思うものです。その方法が、繰り上げ返済と借り換えです。

繰り上げ返済には2つの方法がある

長期間の住宅ローン返済生活を送っている間には、まとまった収入があったり、運良く相続財産が入ってきたりということもあります。その場合、預貯金や株式投資などの運用を考える前に、まず住宅ローンの繰り上げ返済を検討してみてください。繰り上げ返済は大きな負担軽減につながります。

一番多く利用されている元利均等返済の住宅ローンで見てみますと、返済期間が長いと初めのうちは返済額の多くは利息分にあてられ、元金は一向に減りません。

そこで繰り上げ返済です。通常の返済とは別に、一定程度のまとまった金額を元金分として返済するのが「繰り上げ返済」です。繰り上げ返済をすると、元金分にかかるはずであった利息分が不要となり、本来返済すべきであった返済額が軽減されることになります。

繰り上げ返済には、大きく分けて二つの方法があります。

一つは**毎回の返済額はそのママで返済期間を短縮する**ものです。もう一つは、**返済期間はそのままで毎回の返済額を減らす**ものです。

繰り上げ返済する金額は、民間住宅ローンの場合は自由ですが、『フラット35』と財形住宅融資の場合には毎月の返済額のほか、100万円以上となっています。

繰り上げ返済をしようとする場合は、一定の手続きが必要です。原則として、繰り上げをする1か月以上前までに金融機関に「繰り上げ返済の申込み」をします。その際、一部繰り上げ返済か、それとも全額返す繰り上げ完済か、また一部繰り上げ返済の場合は、返済額の軽減か完済期間を短縮するのかなどを、窓口で相談し、実際の返済がいくらになるか（いくら用意すればいいか）計算

を依頼します。

なお、『フラット35』の場合は、繰り上げ返済の手数料は無料ですが、民間の金融機関の住宅ローンの場合には、それぞれの金融機関で定められた事務手数料が必要です。

金利が、変動金利か固定金利か、繰り上げ返済の金額などによって、手数料の額は異なりますので、個々の金融機関に確認してください。

では、期間短縮型と返済額軽減型とではどちらが有利になるか、ですが、軽減される利息の総額で比較すると、期間短縮型のほうが利息軽減効果が大きくなります。しかし、これは見かけ上の話であって、同じ金利の同じ住宅ローンですから、実質的な効果に変わりはありません。

どんな住宅ローンでも借り換えはできるのか

住宅ローンの借り換えというのは、金利が高いときに住宅ローンを借りた人が、低金利になった現在、低金利の別のローンを新たに借り現在の高金利の住宅ローンを一括して返済するというものです。

ただ、どんな住宅ローンでも借り換えを認めているわけではありません。マイホーム取得を目的として借りた財形住宅融資では借り換えを認めていません。また、『フラット35』買取型でも『フラット35』保証型と同様、平成21年6月4日より借り換えを利用できます。

また、借り換えは認められていても諸費用の点から必ずしも得にならない場合もあります。

民間の住宅ローンでは、借り換え専用の商品が用意されています。ただし、変動金利か短期の固定金利選択型の利用です。専用商品がなくても相談のうえ利用できるでしょう。

また、借り換えには、すでに借りている住宅ローンを借りてから3年以上正常に返済していること、といった条件をつけている例もあります。

住宅ローンを借り換える場合、民間ローンなどは新規に契約するわけですから、いろいろな費用がかかります。同時に、現在の借り入れ先に一括返済するわけですから、抵当権を抹消する費用もかかります。

借り換えのメリットは現在借りている高金利の借入金を返済し、現在借りられる低い金利のものに移しかえることです。ですから、金利差が十分あればメリットを活かせます。

借り換えには、諸費用がかかりますので、事前に問い合わせて諸費用の金額を知っておくことが必要です。一般には、金利差が1％以上とか残存期間が15年以上ないと借り換えのメリットはないといわれています。

金融機関では、個人のローンを拡大したいため、あるいは他行のローンを事項に移しかえしたいために積極的に認めるケースもあります。

住宅ローンの組み方
9

■不動産の購入と住宅ローン

返済が遅れたり不可能になったときは

▼抵当権が実行される前に事情を話し相談を

■住宅ローンの返済は、20年、30年というように長期間に及びます。その間に。病気、火災、会社倒産など、どんな不測の事態が起こらないとも限りません。では、万一、住宅ローンの返済ができなくなった場合には、どのようにすればよいでしょうか。

延滞が続くとどうなるのか

住宅ローンの毎月の返済期日は決まっており、その日に返済がない場合には、金融機関から電話あるいは文書、メールなどにより支払の督促があります。それでも支払いがなされず、所定の期間（一般には3か月以上）を過ぎると内容証明郵便による督促がきます。

さらに延滞が6か月にも及ぶと、金融機関は期限の利益を失わせて、ローンの残額の一括請求を求めてきます。毎月の支払いさえできないのに、全額を一度に支払えと言われても支払えるわけはありません。

そこで金融機関は、住宅ローンの保証協会や保証会社に対して肩代わりを求めます。

この手続きが取られると、その後の交渉は、金融機関ではなく、保証協会や保証会社を相手に行うことになります。

もし、本人に返済を続けていく見込みがあれば、保証会社も対応を考えてくれるかもしれませんが、実際問題として、この段階にまでくると任意売却が行われるか、あるいは抵当権が実行されて競売となるのがほとんどです。せっかく手に入れたマイホームも手放さなければならなくなります。

返済できないときどんな対応をするか

返済が困難になった場合、それでも返済しようとして、さらに高利の借金をする人がいますが、これだけはやってはいけません。

返済できない事態に至ったときには、金融機関に対して早めに事情説明をして、実現可能な今後の方針を説明し相談すべきです。

金融機関で構成している各地の銀行協会では「銀行とりひき相談所」を設けており、消費者の相談に応じています。東京では、住宅ローン等に関して、返済が困難となった人を対象にカウンセリングサービスが行われています。

しかし、決め手となるのは実際に融資を受けた金融機関の窓口ですので、そこで相談をするのがよいでしょう。金融機関の側も、最後の手段である抵当権の実行などの手段を取るよりは、話合いの結果、返済が可能な手段があれば、話に応じる方を選ぶはずです。

病気などの不測の事態に備えるには

住宅ローンの利用者が加入する団体信用生命保険は、ローンの利用者が死亡または後遺障害がある場合に、残債に充てられるものです。病気やケガ等で入院するというケースでは役には立ちません。まさかの場合に備えるには、次の4つ対処の仕方があります。

① 債務返済支援保険特約

住宅ローンの利用者が、30日を超えて病気やケガで入院または自宅療養（医師の指示による）をし、その期間が免責期間30日を超えて継続した場合に、ローン返済額の100％をカバーしてくれます。特約料はローンの金利に0・2％程度の上乗せとなります。（金融機関や商品により異なる。以下同じ）

② 失業信用費用保険特約

住宅ローンの利用者が、勤務先の倒産・廃業・会社理由による解雇・応募退職の募集・退職勧奨など非自発的事由により1か月を超えて再就職できない場合に、1回の失業につき最長1年、毎月のローンの返済額に充当するための保険金が支払われる特約です。特約料はローン金利に0・2％程度の上乗せです。

③ 疾病保障付住宅ローン

団体信用生命保険の死亡・高度障害保障に特約として付けられる「三大疾病保障」（がん・急性心筋梗塞・脳卒中）のほか、「八大しっぺい保障」（前記の三例のほかに、糖尿病・高血圧性疾患・慢性腎不全・肝疾患・慢性膵炎）が特約としてつけられる住宅ローンがあります。

特約料はローン金利に0・2％程度の上乗せが一般的です。

『フラット35』でも住宅金融支援機構による団体信用生命保険の加入のほか、三大疾病の特約に加入できます。

④ 損害保険会社の所得補償保険

金融機関に①～③の保障制度が無い場合には、損害保険会社で「所得補償保険」に加入すれば、収入が無い場合に対処できます。

住宅ローン・タブー集

❶ 限度額まで目一杯借りるな

住宅ローン破産を起こす最大の原因は、住宅取得のための資金計画に無理があるからで、少しでもいい物件をと、目一杯の資金計画を立てることになるからです。

現実に借りられる限度まで借りるのではなく、あくまでも普通の生活を送りながら住宅ローンが返済できる範囲に留めるべきです。そのためには、今の購入をあきらめて、自己資金を増やすための貯蓄を始めるとか、財形貯蓄をするとかして、将来の購入の準備をすることも重要です。

❷ 頭金を作るために無理な借金をするな

頭金は、通常、貯蓄から捻出することになります。しかし、貯蓄の全額を頭金にすることは危険です。貯蓄の一部は生活で何が起こるかも知れませんので、そうした場合のために残しておくべきです。それに、不動産の購入では、諸費用もかかります。

論外なのは、頭金の部分を借金することです。頭金の不足分を銀行や消費者金融からの借金でまかなうとすれば、失敗の危険性が大と言えます。

❸ ボーナス返済を多くするな

毎月の返済額を減らすためにはボーナス併用払いを利用することになります。ボーナスによる返済額は融資分の2分の1までにすべきです。

ボーナスはサラリーマンの家庭にとっては、借金の穴埋めをしたり、高額の商品を購入したり、まとまった貯蓄をする資金となっています。また、イザというときに頼りになるのもボーナスです。

こうしたボーナスを住宅ローンの返済に多く回せば、ボーナスの機能をしなくなり、家庭の経済が破綻する危険がでてきます。

それでなくても、不況の現在、ボーナスは景気に左右され、減額されたり、支給が停止されたりすることもあります。

ボーナスによる住宅ローンは可能なかぎり少なくし、その結果、ボーナス部分が貯金に回せるようでしたら、その分を繰上返済に回すのが賢明でしょう。

❹ 夫婦合算収入を返済の基準にするな

住宅ローンは同居者の収入を合算することにより多くの住宅ローンを組むことができます。実際、夫婦の収入を合算して住宅ローンを借り入れている人も多くいます。

しかし、ここには危険もあります。夫婦の場合、妻が出産によって、子育てのために会社を退職し収入がなくなることもあるのです。

収入合算をする場合、将来の返済計画をより厳密に検討しておくことが必要です。

❺ ローンを支払えなくなったら早めの相談を

会社の倒産、リストラ、あるいは病気などにより、住宅ローンの支払を滞納するケースも起こりがちです。焦って消費者金融に走ったり、その場凌ぎは禁物です。

返済が困難になった場合には、住宅ローンを取り扱っている金融機関に相談に行けば何らかの対策を考えてくれます。

最悪の場合でも、個人版民事再生法を利用する手段もあります。せっかく手に入れたマイホームを守りたいという気持ちはわかりますが、何はともあれ住宅ローンを扱っている金融機関に早めに相談することが大事です。

PART 3

家や土地を所有し上手に管理・活用する

隣近所や住環境など不動産の管理・維持と活用法

◆不動産を維持･管理するのは、結構、大変なことです。放っておけば、隣の住人が境界線を侵すかもしれませんし、高層住宅が隣に建ち日照権が侵害されないとも限りません。

◆不動産は、自分が居住するなどで使用するだけでなく、賃貸したり、担保に入れてお金を借りたりすることもできます。こうした場合は、専門的知識が必要です。

不動産は常に管理が必要で隣近所や住環境の問題が多い

家と土地の管理（隣近所や住環境・登記・担保）の法律と注意点

- Ｑ＆Ａによる隣近所や住環境のトラブルと解決例
- Ｑ＆Ａによる不動産登記のトラブルと解決例
- Ｑ＆Ａによる不動産担保のトラブルと解決例

●不動産を管理する

1 土地を管理する

土地の管理で最も重要なことは、他人（第三者）に勝手に土地を売られたりすることがないように注意することです。地面師と呼ばれる者は、勝手に権利書を偽造・変造したりして売却し代金を取得します。もちろん、こうしたことは犯罪で、所有権が買手に移ることはありませんが、トラブルに巻き込まれると、大変です。

なお、他人が占有している場合には時効（民法162条）に気をつけてください。

2 家を管理する

建物を修繕をすることは、個人の私的な問題です。ただし、新築にしたり、増改築をする場合には法律の規制があります。新築では、都市計画法や建築基準法に違反した建物を作ることはできません。また、増改築では手抜き工事や安くリフォームするといっておきながらなんだかんだと理由をつけて法外な費用を要求するなどの悪質商法（見本工事商法など）があることに気をつけてください。

地震の多い日本では、マイホームの耐震診断をすることも考えましょう。

3 隣近所や環境の問題もある

隣近所の問題は相隣関係と言われ、境界や公道に至るための他の土地（囲繞地）の通行権などについては、民法に規定があります。

また、日照権や騒音などの環境の問題もあります。こうした場合、損害賠償や工事差止めなどの法的手段がありますが、まず役所などで相談するのがよいでしょう。

★不動産の管理と法律

■住宅は購入後もさまざまな管理のことで気を配らなければなりません。

土地の草刈りや建物の補修などの私的なこともありますが、法律問題としては、境界や道路・通行権などの相隣関係（民法２０９条〜２３８条）もあります。

◆隣地隣家と民法の定め

〈相隣関係(民法209条〜238条)〉

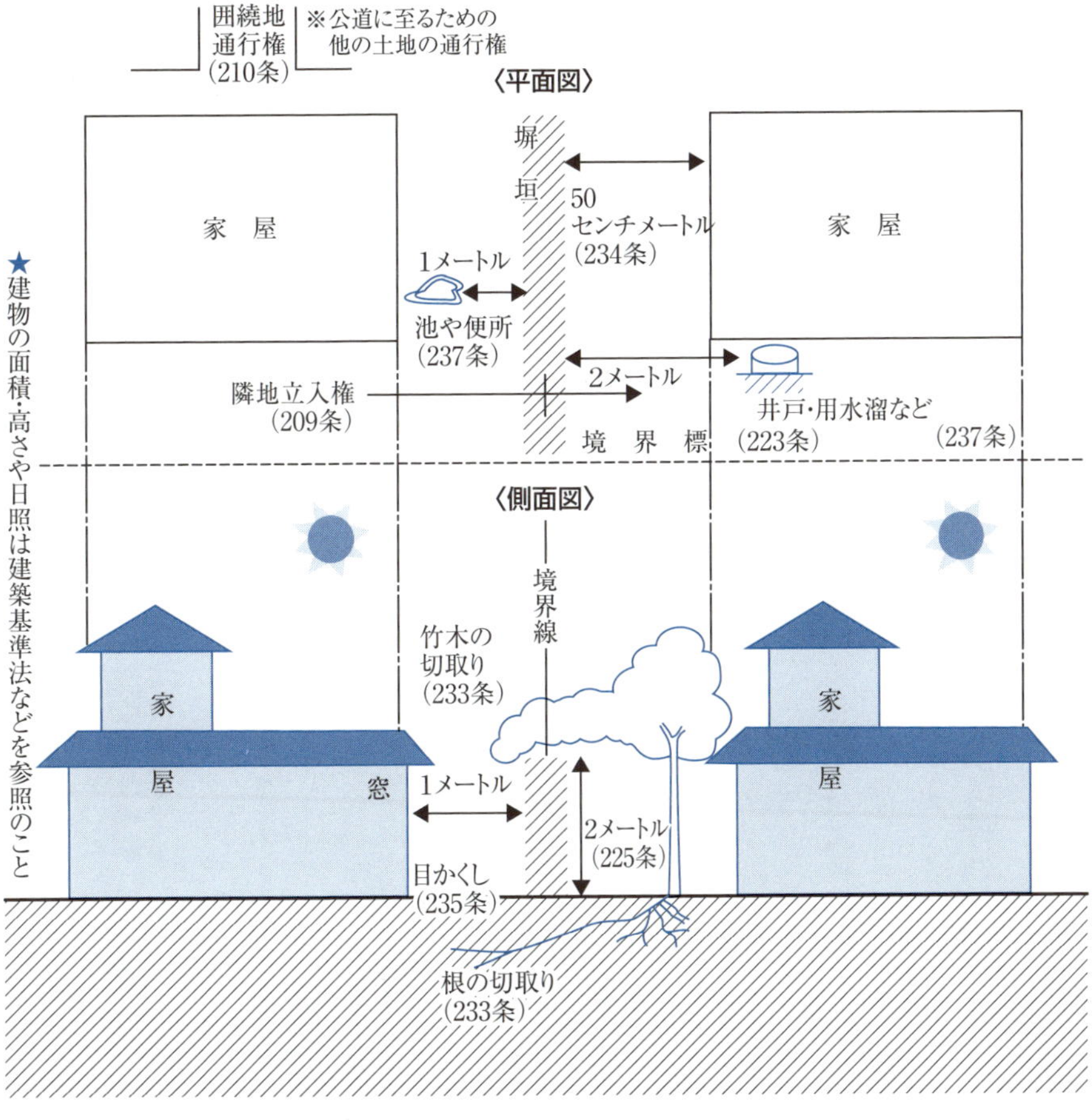

●**相隣関係**とは、隣接する不動産の所有者が、その不動産を円滑かつ完全に利用するために相互の利用関係を調整し、各々の所有権の機能を最大限に発揮させるものである。

●**民法が相隣関係として定めるのは、**①隣地の使用に関するもの（隣地使用権、公道に至るための他の土地の通行権）、②排水・流水に関するもの（排水権、流水利用権）、③境界に関するもの（境界標設置権、囲障設置権、境界線上の工作物の共有）、④竹木切除に関するもの、⑤境界線付近での工作物築造に関するもの（距離の制限、目隠し設置義務）、である。ただし、これらは任意規定であり、また慣習があれば原則としてそれに従う。

不動産の管理 1

■不動産と隣近所の問題

隣近所のトラブルで法律はどうなっているか

▼守るべきルールは多い

■民法は相隣関係として209条から238条において、境界や建物の築造に関する規定（前ページ参照）を設けています。この他にも、建築物に関する都市計画法や建築基準法による規定もあります。

民法が規定する相隣関係

土地の所有者は、その土地をいかに利用しようと、また他人をいかに排除しようと自由のはずですが、隣接している土地建物との関係では、一定の制約、あるいは一定の権利が付与されます。これを相隣関係といい、以下のものがあります。

① 隣地使用権（209条）

これは、土地の所有者は、境界またはその付近において障塀（垣根・壁）または建物の築造・修繕のために必要な範囲で隣の土地を使用し、または隣の人の承諾があれば隣の家に立ち入ることができる、というものです。

② 公道に至るための他の土地の通行権（囲繞地通行権、210条～213条）

これは、ある土地が他の土地に囲まれていたり、池や崖などに接していて、公道に通じることができないときには、公道に至るための土地の通行権が認められます。

▽道路の問題⇓96ページ参照

③ 自然水流に関する規定（214条～222条）

これには、承水義務などの規定があります。承水義務とは、雨水・泉水、地下水などの自然水が、高地から低地に自然に流れてくる場合、低地の所有者はこれを妨害することはできない、とする規定です。

なお、台所などの余水については、余水を受ける者は、余水を流入させないように求めることができます。ただし、その土地が公の水流または下水道に接していない場合には、そこに至るまでの低地に水を通過させなければなりません。

④ 境界に関する規定（223条～232条）

これには、境界標の設置、囲障の設置などの規定があります。境界標の設置については、隣地所有者と共同の費用（折半）で設置ができる、としています。また、囲障（塀）設置権は、二棟の建物が別々の所有者に属し、その建物の間に空間がある場合には、各所有者は相手方と共同して境界線上に塀を設けることができるというものです。塀は、双方の協議で決めることになりますが、協議が調わないときには、板塀・竹垣・これに類する材料のもので、高さ２m以下のものでなければなりません。費用は、原則、双方の折半です。

▽境界の問題⇓103・104ページ参照

⑤ 竹木に関する規定（２３３条）

隣地の竹木の枝や根が、境界線を越えてきた場合の規定です。枝は、竹木の所有者に切るよう請求でき、相手が応じない場合には、訴訟なしで切り取れるよう民法が改正されています。なお、根は越境された側が、自分で切り取ることができます。

⑥ 境界付近の建築の制限（２３４条～２３８条）

これは、建物を建築するにあたり境界付近について規定したものです。まず、民法２３４条では、建物を建築するには、境界線から50cm以上の距離を置かなければならない、としています（距離保持義務）。ただし、異なる慣習がある場合はその慣習により、また建築基準法65条の要件（防火地域または準防火地域内の建築物で、外壁が耐火構造のもの）については外壁を境界線に密接させる建築ができます。

また、境界線から1メートル未満の距離において他人の宅地を見通すことができる窓または縁側（ベランダ含む）には、目隠しを付けなければなりません（２３５条）。

この他、井戸は境界線から２m以上、池は１m以上隔てて作らなければなりません。

相隣関係の法律に違反したとき

相隣関係の法律に違反すると、建築の廃止・変更請求など、一定の制裁を受けることになります。

例えば、隣人が境界線から50cm以上の距離を置かないで建物を建築しようとしていることが明らかな場合には、隣地の所有者はその建築の廃止または変更させることができます。ただし、建築着手の時から1年を経過し、1年を経過していなくてもその建物が完成した後には、建築の廃止・変更を請求することはできません。損害賠償の請求はできます。

建築が進めば進む程、廃止・変更の請求は認められにくくなりますので、裁判所に工事禁止の仮処分の申請をして、建築をストップさせてから、その変更の廃止または変更を請求するとよいでしょう。

不動産の管理
2

■道路のトラブル

道路の問題はどう解決するのか

▼道路が狭いと建築できないなどの問題である

■不動産の所有者にとって、道路の問題は重要です。このトラブルは、結構、多くあります。以下では、起きがちな道路のトラブルを中心に解決法を解説します。

道路のトラブルと解決法

都市計画区域内で建物を建てるには、建築基準法上の道路に、原則として2m以上接していなければならず（接道義務）、また道幅は原則、4m以上とされています。この要件に該当しないと、建物を建てることができません（建築確認が下りない）。

道路に関する主な問題には、以下のものがあります。

① 囲繞地(袋地)で道路がなく、建物が建てられない

公道に通じる道がない土地を囲繞地（あるいは袋地）と言いますが、この囲繞地の場合には、公道に至るための他の土地の通行権が認められています。

この他の土地の通行権の内容は、通行権を有する者のために必要があり、かつ他の土地にとって最も損害の少ない場所および方法においての通行、とされています。道路幅は通行権者の土地が宅地であれば、建築基準法の趣旨から、建物が建てられる道路幅（4m、場合によっては2m）のものを請求できるようです。

② いきなり私道を廃止すると言われたが…

私道を設置している人が、その私道を廃止することは自由です。しかし、その私道が位置指定道路の場合、建築基準法45条は、私道を廃止することで、その道路によって接道義務を満たしている第三者の建築物の敷地がある場合は、私道の変更や廃止を禁止したり、制限したりすることができる(原則)としています。廃止の要件は法律で一律に決まっているわけではなく、各行政で基準を定めているのです。

※位置指定道路…土地を建物の敷地として利用するために、道路法等の公法によらない政令で定めた

基準に適合する道で、特定行政庁が利害関係人の申請に基づき位置を指定した幅員が4m以上の私道のことです。

③ 道路拡張で土地がとられそうだが、どうなるのか

道路拡張に伴う土地の収用では、まず、地方自治体等が主体となって、土地所有者に対して用地買収の交渉が行われます。

買収に当たっては、用地取得の買収代金の支払いだけでなく、土地上の建物や庭木等の移転補償、残った土地が使い勝手が悪くなり使用が制限される場合の残地補償などがなされます。

こうした交渉で、土地買収の合意が成立しない場合には、収用手続きに移行します。収用手続きでは、例えば国道の場合、国道の拡張という事業の認定が行われ、収用委員会で権利取得裁決（決定）が出されると、道路用地の所有権は国に移転します。

不服の場合、補償の変更や事業の認定の取消しを求めて裁判所に提訴することもできます。

④ 道路幅が2mしかないので、再築することができない

家を建て替えようとした場合、建築業者から、「私道が2m幅しかなく、これでは建築確認が下りませんよ」と言われることがあります。これは、新築当時は2m幅の私道があればよかったのが、今日では4m幅の道路が必要となっていることからくる問題です。

このような旧市街地の4mに満たない道路を「二項道路」（建築基準法42条2項に該当する道路）と呼んでいます。この二項道路は、道路の中心線から水平距離2mの線を道路の境界線とみなし、建築基準法上の道路として取り扱っているのです。したがって、道路の中心線から水平距離2m以上さがって、住宅などの建築ができることになります。

なお、道路の幅については、特例も存在しますので、市区町村役場の建築課などに問い合わせて確認をしてください。

◎「セットバック」

「セットバック」という用語は、不動産の販売広告などでよく目にしますが、これは二項道路などに接している敷地で、道路の境界線を後退させることをいいます。

後退した部分は道路とみなされて、その部分には建物を建築することはできません。また、建ぺい率・容積率の計算の基となる敷地面積にも入れることはできません。

※二項道路…現に建物が立ち並んでいる幅員4m未満の道で、特定行政庁の指定したものは、基準法上の道路とみなして、その中心線から水平距離2mの線を、その境界線とみなす（建築基準法42条2項）。

不動産の管理 3

■環境のトラブル

環境権が侵害される場合もある

▼日照権や騒音などが問題となる

■環境権という用語は、法律の条文にはありません。都市生活の住環境や日照権などの公害等の問題を契機に、判例により認められたもので、新しい人権の一つとし確立されつつあります。

環境が阻害されると不動産に影響がでる

環境権と言われるものには、日照、騒音、振動、悪臭、眺望阻害（リゾート地など）などがあります。その概要は以下のとおりです。

① 日照権とその阻害

環境問題の中で、日照権はよくトラブルとなる問題です。都市生活では、マンション等が次第に高層化し、その結果付近の住民の日照が奪われます。こうしたことから、住民からビル等の建築禁止の仮処分や損害賠償請求がなされることがあります。

これは、日照を阻害するビルが、建築基準法に適合したものであっても、住民に被害がでれば日照権が認められることもあります。

日照に関する規制は建築基準法にあり、①建ぺい率（53条）と容積率（52条）の制限、②建物の高さ制限です。

②の高さ制限には、㋑直接の高さに対する制限（55条1項）、㋺斜線制限（56条1項）、㋩日影による中高層建築物の高さ制限（56条の2）があります。

この「日影による中高層建築物の高さ制限」は、建築基準法別表第4に定める区分に従い、冬至日において建築物が8時から16時（北海道の区域内は9時から15時）までに発生する日影の量を制限することで建築物の形態を制限するというものです。

② 近所の工場からの騒音が激しいが何とかならないか

騒音は、家や土地の直接の問題ではありませんが、そこで暮らす人にとっては重大な問題であり、ケースによっては不動産価値の下落や引っ越しの原因となる等、不動産とは切っても切れない関係です。

騒音は環境阻害の中で最も多く、

隣家のピアノの音がうるさい、道路の車・工場の騒音がひどくノイローゼになったなど、その原因や被害はさまざまです。

騒音を規制する法律としては、騒音規制法があります。この法律は、国民の生活環境を保全し、国民の健康を保護することを目的とし、都道府県知事が指定した工場・事業場、特定建設作業、自動車騒音、深夜騒音等が規制されています。

隣近所の騒音(例えばピアノの音)については、具体的な規定はなく、話合いがつかなければ裁判で決着をつけるしかありません。裁判での請求は、ピアノを弾く行為の禁止（あるいは制限）および損害賠償となるでしょう。

③ 振動による阻害

振動では、家屋が傾くなどの被害が出ますので、被害者にとっては切実な問題です。

振動については、振動規制法があります。この法律は、都道府県知事が指定した区域内での振動を規制する内容で、規制の対象は、特定の工場・事業場振動、特定建設作業振動、道路交通振動の規制です。

振動規制法に違反する場合、改善の勧告や命令が行われ、また、被害(騒音規制法の対象外のものも含む)があれば、裁判所に対して振動の原因である作業の中止の仮処分や損害賠償の請求ができます。

環境公害と受忍限度論

人は一人で生きていくことはできず、他人と共存しながら生きています。したがって、環境権をめぐる諸権利の主張にも一定の限界がありま す。これを受忍限度といいます。

では、どこまでが受忍限度か、ということになりますが、これは類型化・基準化が極めて困難であり、したがって、一般常識・裁判例の範囲内で、個々のケースごとに、具体的に判断するしかないようです。

◎7大公害と規制・補償

環境基本法により、典型7公害が指定され、それぞれに規制法等が設けられています。

①大気汚染⇒大気汚染防止法
②水質汚濁⇒水質汚濁防止法
③土壌汚染⇒土壌汚染対策法
④騒音⇒騒音規制法
⑤振動⇒振動規制法
⑥地盤沈下⇒地下水採取規制などの条例
⑦悪臭⇒悪臭防止法

前記の各種の防止法・規制法では、公害の定義や規制対象や内容などを定め防止対策についての規定があるものもあります。

なお、被害者が公害を阻止する手段は、公害を生む原因の排除および損害賠償の請求となります。

不動産の管理 4

■登記・時効のトラブル

不動産の登記・時効などについての問題

▼登記や時効などに関連する問題もある

■不動産登記は、一定の公の帳簿に、不動産の表示や不動産についての権利に関する事項を記録または記載することを言います。

また、不動産で問題となる時効は取得時効で、一定の間他人が占有すると、その者が権利を取得し、所有者でなくなるというものです。

不動産登記と対抗要件

不動産の売買などで、「登記！、登記！」と騒ぐのはなぜかと言えば、登記は対抗要件だからです。

つまり、登記をしていれば、すでに成立した権利関係を他人に対して主張することができるからです。これを登記の対抗要件と言います。

対抗要件である登記が問題となるケースに二重譲渡（売買）があります。これは売主Aが買主Bに譲渡し、さらに買主Cにも譲渡したという場合に起きますが、先に登記をした方が対抗要件を取得し勝ちとなります。

しかし、常に登記があれば勝ちかといえばそうではありません。例えば、真の権利者Aの土地が間違いにより真の権利者でないBに登記の移転がなされ、さらにBから譲渡を受けたCが移転登記を済ませても、Bは真の権利者となれずCも保護されることはありません。

これは、わが国が不動産物権変動において、「公信の原則」を採用していないからです。

なお、住宅ローンの借入れなどでは抵当権の設定登記が行われ、登記は乙区欄（所有権以外の権利に関する事項）に記載されます。

なお、登記が書類の偽造などで変えられていないともかぎりません。疑問があれば、登記事項証明書を取り寄せて確認するとよいでしょう。

不動産の時効には要注意！

時効は時の経過によって、権利の取得（取得時効）、権利の消滅（消滅時効）をもたらすものです。

民法は、20年間、所有の意思をもって平穏に、かつ、公然と他人の物を占有した者はその所有権を取得（162条1項）し、10年間、所有の意思をもって平穏に、かつ、公然と他人の物を占有した者は、その占有の開始の時が善意であり、かつ、過失がなかったときは、その所有権を取得する（162条2項）としています。

なお、善意とは自己の自主占有が占有すべき正当な権限に基づかないことを知らなかった場合で、過失がないとは、知らなかったことに、あやまちやしくじりがない場合です。

時効による不動産取得の場合、取得者が時効であることを援用（単に告げればよい）して所有権移転登記の協力を求めてきます。応じなければ、民事調停や訴訟となります。

◉災害で起きる不動産の問題

※災害では不動産に関するさまざまな問題が噴出します。

① 境界がわからなくなったが

まず、隣接する土地の所有者同士で話し合うとよいでしょう。話し合いで解決できない場合には簡易裁判所へ調停を申し立てます。調停では公図や登記簿謄本などの資料を提出して話し合いを行うことになります。調停がまとまらなかった場合には地方裁判所に境界確認の訴えを提起します。

② 土石の取り除くのは誰か

地滑りのためブロック塀が壊れ、土砂が民家に流れ込んだという場合には、その土地の所有者が土砂を撤去します。土石を取り除く費用の負担について、関係者が複数のときには、話し合って決めます。なお、先の東日本大震災では、撤去する瓦礫の規模の広大さと莫大な費用がかかることから、国が負担することとされました。

③ 災害で土地が海や川になったら

災害によって土地が海や川の水中（公有水面下）に埋没してしまい利用することができなくなった場合には、その土地は私的所有権の対象とはならず、公有地すなわち国のものになってしまいます。

ただし、海に没したが、干潮時に水面上に現れる事例で、所有権の対象とした判例があります。

④ 区画整理事業があるそうだが

区画整理の例としては、阪神・淡路大震災等の街づくりにおいて区画整理が利用されています。

区画整理を行うのは、主に都道府県や市区町村です（地域で自主的に行う「区画整理組合」もある）。区画整理では、事業計画に従って一定地区の土地について、道路・公園などの公共施設の配置を決め、各宅地の区画を整えて換地が割り当てられます。

なお、区画整理が都道府県や市区町村などにより行われる場合には、地域住民が被る損害を補償しなければなりません（減価補償金）。

不動産所有のトラブル 1

Q&Aによる隣近所や住環境のトラブルと解決例

▼境界が違うことがわかった・公道へ出るための道がふさがれたなど

■隣近所や住宅環境の法律関係

　従来、家と土地をめぐる隣近所とのトラブルといえば、隣地との境界や境界線付近の工作物の設置、隣地通行に関するもの（相隣関係）が大半でした。しかし、近年、高層マンション建設による日照権の侵害やプライバシーの侵害、ペットの悪臭やカラオケ騒音など、住宅環境のトラブルも、また大きな問題になっています。この他、高層ビルやマンションによる電波障害や景観侵害、建築工事の振動なども紛争になることが少なくありません。

　これらの法律関係やトラブル解決手続きは、民法など様々な法令に規定があります。たとえば、隣地との境界や隣地通行権など相隣関係は、民法です（２０９条〜２３８条）。また、マンションについては建物区分所有法に定めがありますし、日照権や騒音といった住宅環境は、建築基準法や騒音規制法で規制されます。また、紛争の解決には、民事訴訟法や民事調停法、公害紛争処理法の他、裁判外紛争解決手続の利用の促進に関する法律も定められました。

■隣近所や住宅環境のトラブル解決手続き

　近隣とのトラブルが発生し、権利を侵害された場合、問題を解決するには、まず当事者間の話合いが一番です。いきなり法的手段を取る方法もありますが、互いに意見を出し合うと、意外に簡単に解決する場合があります。もっとも、相手が話合いに応じない場合や互いに妥協点が見つからない場合は裁判所に調停や訴訟を起こすしかありません。早急に工事差止めが必要な場合は、仮処分を申し立てます。なお、日照権のトラブルなど被害戸数が多い場合、加害者が建設業者など法人のときは、被害者は相手に個別に当たるのではなく、団結して加害者に当たるといいでしょう。いずれにしろ、トラブルが発生したら、市区町村の市民法律相談を利用し、弁護士など専門家に相談して、解決を図ることです。

1 境界が違うことがわかったが、相手は時効を主張している…

Q 30年前に東京都下の某市の分譲地を買って家を建てましたが、最近、ちょっとしたことから、隣家の山内さんの土地が私の土地に約7平方メートルほど侵入していることが判明し、隣家との塀を正しい境界線上に移築することを請求しましたが、応じてくれません。仮に私の主張が正しいとしても、取得時効が完成しているので、移築請求には応じられないと言っていますが。

境界の争いが起こるのは、思いがけないことがきっかけになることがあります。分譲地では、境界石を打って図面も交付してくれますから、現地にあたって確認しておくことが必要なのです。隣地の所有者は多分、先に境界線上（と思ったところ）に塀を作ってしまったのでしょう。後から家を建てたあなたは、当時、分譲業者から交付された図面と現地が一致するかどうか検証しなかったため、30数年経って発見することになったのだと思います。

ところで、隣地所有者の取得時効の主張ですが、山内さんが善意・無過失で10年間自分の土地と思って占有していれば、その部分を時効で取得でき、また、20年間、平穏・公然と占有していれば、同様に取得できます（民法１６２条）。ただ、たとえ時効でも諦めずに、調停等で話し合うことがよいでしょう。

なお、隣地との境界があいまいな場合、最終的には、「境界確定の訴」を起こして裁判所に決めてもらうしかありませんが、筆界特定制度により登記上の土地の境界（筆界）を特定する制度があります。この筆界特定の手続きは、土地の所有名義人（相続人含む）が当該土地を管轄する登記所（法務局）に単独で申し立てることができ、法務局長の指定する筆界特定登記官が当該土地の登記された時点の筆界を明らかにするものです。ただし、筆界と所有部分の境界は別です。時効取得はこのような別筆の一部についてもおこります。

ご質問の場合、この手続きで分譲当時の筆界を明らかにしてから、隣地所有者と交渉したらいいと思います。

2 公道へ出るための道がふさがれてしまったが…

Q 父から相続した宅地を兄弟3人で分けましたが、2人の兄は間もなく、第三者に売却して移転したため、私の土地は袋地にな

ってしまい、公道に出るには、元兄の所有地を通らなければなりません。兄が土地を所有していた時には問題はなかったのですが、現在の所有者は、通ってはいけないと柵を作ってしまいました。通行権は認められないのでしょうか？

結論から言うと、あなたには囲繞地通行権があります（二一三条）。他人の土地を通らなければ公道に出られない土地を「袋地」、それを囲んでいる土地を「囲繞地」といいますが、囲繞地の所有者の承諾なく、囲繞地を当然に通行する権利を法律は認めているのです。これを「公道に至るための他の土地の通行権」（囲繞地通行権）と言います（民法２１０条）。袋地の借地人や袋地上の建物の賃借人も、囲繞地を通行する権利があります。

ところで、囲繞地通行権があるとしても、具体的にどの程度の通行権が認められるかですが、①袋地の所有者は、囲んでいる土地にとってもっとも損害のない場所・方法で通行しなければならないこと。②通路の開設を請求することができること。この場合、通常、幅員は２ｍくらいです。③袋地所有者は、囲繞地の所有者に相当額の通行料（償金）を支払わねばならないこと、です。

この種の問題は、関係者の話合いで円満に解決するのが望ましいですが、慣習法による是正もあります。

3 隣地の建物が境界線いっぱいに建っているが…

Q 隣家が土地と建物を売却して他に移転し、新しい所有者が建物を取り壊して、2階建ての住居を建てはじめましたが、私の敷地との境界線いっぱいに建てています。境界から50㎝以上離さなければならないはずですが…。

民法では、建物は境界から50㎝以上離さなければならない、と定めています（民法２３４条１項）。しかし、商業地域などでは昔から隣接した建築が慣習法により認められていました。建築基準法では、防火地域・準防火地域にある建物では、外壁が耐火構造のものについては、隣地の境界線に接して建てることを認めています。

なお、建築基準法上、第一種・第二種の低層住居専用地域内での建築については、建築物の外壁、またはこれに代わる柱の面から敷地境界線までの距離が、当該地域の都市計画で定められた１・５ｍまたは１ｍの限度以上でなければならないと規定していますから、これに該当する場合にも、民法の規定に優先します。

したがって、おたずねの土地が、建築基準法上どのような条件にしたがわねばならないかを確認した上で、隣家との関係を考えねばならないでしょう。

4 日照権が阻害されるので工事の差止請求をしたいが…

Q 隣地に商業ビルの建築予定がありますが、完成すれば日照被害が生じるのは明らかです。建築工事の差止請求をしたいのですが、どのような場合に請求は認められますか?

ビルやマンションの建築では、つきもののトラブルです。この場合、日照被害が認められるためには、それが受忍限度を超えるか否かが、判断基準になります。その判断は、つぎの事項を検討します。①被害の程度、②地域性、③加害回避の可能性、④被害回避の可能性、⑤被害建物の用途、⑥加害建物の用途、⑦被害者の先住性、⑧加害建物の建築基準法違反の有無、⑨交渉の経過等の諸事情を考慮し、被害者の受忍限度を超えるか否かを判断し決定します。

右の①被害の程度は日照阻害の時間の程度で、他に採光、圧迫感などが検討されます。②地域性は、当該の地域が都市計画法上の住居地域かどうか、あるいは商工業地域か、現在および将来の高層化の程度、③低層でも採算があうかどうか、の設計の変更可能性、④も同様の視点での検討、⑤住宅か事務所や店舗あるいは工場などの場合の差、⑥加害建物が単に営利目的の建物でなく、学校・病院・庁舎など公共性のある建物であれば、被害者に受忍を強いることになるでしょう。⑦被害者が、最近、移転したものではない事情(日照の恩恵を受けていた)、⑧と⑨は加害者の行動の評価です。

5 隣家の犬の鳴き声がうるさいのでなんとかしてもらいたいが…

Q 隣家は数匹の犬を飼っていて、夜間や早朝によく吠えて安眠が妨害されています。また、小さな犬は放し飼いにされていて、私の家の庭に入ってきて糞をして汚くてしかたありませんが…。

ペットに関する法規として、「動物の愛護及び管理に関する法律」があります。その第7条に、「人に迷惑を及ぼすことのないように努める」ことが定められています。したがって、隣家の犬の飼い方は、すでにこの法規違反になります。ただ、犬の鳴き声を規制するものはありませんし、規制しても、相手は犬で、実行は難しいでしょう。だからといって放置してよいとはいえません。

民事上の救済は、人格権に基づく差止請求で、何らかの防音措置をとってもらうとか、不法行為による損害賠償を請求することです。

民法718条は、動物の占有者または保管者は、その動物の加害行為につき損害賠償責任を負うとされていますから、犬の鳴き声や糞による悪臭なども、受忍限度を超えれば、加害行為として、飼い主は被害者に賠償金の支払い、および具体的な犬の鳴き声対策を講じなければならないと思います。たとえば、規則正しい運動、ムダ吠えしないしつけ、犬小屋を離して置く、などです。

6 隣の町工場の騒音や振動で生活が妨害されているが…

Q 家の近くに町工場があって、騒音や振動がうるさくて困っています。このような工場の騒音や振動を取り締まることはできませんか。また、深夜遅くまでうるさいカラオケ店は規制できませんか?

工場の騒音や振動は、騒音規制法と振動規制法によって規制されています。

騒音規制法は、工場のうち、著しい騒音を発する施設（特定施設といいます）を設置する工場、事業所を規制します。規制の対象となる地域は、住居が集合している地域、病院または学校の周辺をはじめ、都道府県知事が指定した地域です。規制の内容は、環境大臣の定める基準に適合しなければなりません。基準では、朝、昼間、夕、夜間に時間を4区分し、第1種から第4種まで地域を4区分し、区分ごとに、40ホンから70ホンまでの間で規制しています。規制基準に適合しないとき、市町村長は改善を勧告し、さらに是正を命令することができます。命令違反には刑事罰を科すこともできます。

振動規制法も、騒音規制法とほぼ同様の規制です。おたずねの場合、都道府県または市町村の公害課に連絡し、規制の範囲内の騒音や振動か否かを調べてもらうことです。このほか、条例による規制があります。各地方公共団体の公害課に問い合わせて、その内容を知ることがまず必要でしょう。

なお、飲食店のカラオケ騒音や振動も、各都道府県の生活環境保全条例や風営法施行条例などにより、一定の規制を受けます。一般的に住居地域や近隣商業地域では、午後11時以降のカラオケは使用禁止です。カラオケ騒音で困っている場合、最寄りの警察署（または交番）か、市区町村の担当課に相談してください。

7 高層マンションの建築で別荘の眺望が悪くなるが…

Q 眺望がよいので、10年前に別荘を購入しました。分譲した不動産会社も、自社所有地内には将来にわたり眺望を害する建物は建たないことを保証してくれたのですが、突然、隣地に高層マンションが建つことになったのです。これが建つと、眺望はまったく台なしです。眺望権を主張し、差止請求はできませんか？

眺望の阻害とは、他人の土地の上部空間を通じて周囲の自然景観を眺望する環境の阻害をいいます。これを権利として認める必要があるか、との疑問もあります。しかし、裁判所は、一定の要件がそろえば、眺望阻害が被害者の受忍限度を超えるものとして、眺望の利益を保護し、差止請求を認める場合があります。

その保護の要件は、①眺望保護に値する地域であること、たとえば観光地とか別荘地とかです。②眺望被害の程度が大きいことが必要です。眺望のよい旅館として営業している場合には、財産的損害も大きいと判断されます。③加害者の眺望を阻害するやり方に、非難すべき点があることです。たとえば分譲業者が、眺望を害する建物を隣地に建てないことを約束して販売していたとか、設計変更が容易であったなどの理由がある場合などが考えられます。

なお、眺望利益とはやや異なりますが、高層マンション建設により従来の都市景観が壊されるとして、地元住民が高層階の撤去を求めた裁判（国立マンション訴訟）もあります。この裁判では、被告業者側に違法な侵害はなかったとして撤去請求を認めず、住民側敗訴が確定しましたが、裁判所は、良好な景観の恩恵を享受する利益（景観利益）は法的保護をする価値がある、との判断を示したのです（最高裁・平成18年3月30日判決）。ただし、歴史的、文化的環境を形作り、豊かな生活環境を構成する都市景観は客観的な価値があると法的保護の必要性を認めましたが、景観権そのものは認めず、景観利益の侵害と被害救済は法令違反や公序良俗違反、権利の乱用などに相当する行為があった場合と、適用の幅を狭く限定しています。

都市部や市街地では、マンションの建築に際し、住民説明会が義務づけられている場合があり、景観など生活環境が侵害される恐れがあるときは、業者に対し、設計変更などを申し入れたらいいでしょう。業者側が、誠意ある対応をしない場合、市区町村に建築確認を下ろさないよう働きかけるのも1つの方法です。

不動産所有のトラブル 2

Q&Aによる不動産登記のトラブルと解決例

▼登記の移転をしてくれない・登記が祖父の代よりそのままになっているがなど

登記簿上の記載を信じていいか

登記簿上の所有者であるAから土地建物を買ったのに、登記簿上のAの前の所有者Bから、Aに売った覚えはないから、土地建物から退去して、土地建物の所有権登記をBに返すように要求されたとします。このようなことが起きるのは、決して珍しいことではありません。

Bがデタラメを言っていれば、これは問題になりませんが、Bの言っていることが本当で、BとAとの間に所有権移転の原因になる売買契約などがなかったとすると、登記簿の記載を信じて、Aから土地建物を買った人はどうなるでしょうか。

登記には公信力はありません。この場合、Aの登記名義は虚偽のもので、Aは無権利者です。つまり、Aから土地建物を買い受けても所有権者にはなりえません。これが原則です。

では、つねにBの主張が認められ、登記簿を信用した者が保護されないのか、というと、必ずしもそうではないのです。Bがなんらかの関係で、Aへの所有権移転登記に関与している場合が考えられます。登記手続き上、書類に記名・捺印などの関与があった場合です。

たとえば、課税を逃れるため、BがAに所有権名義を移していたなどという事情があれば、Bは、民法94条2項（通謀虚偽表示）によって、権利を主張できなくなります。

権利書（登記済証）がなくなる

このような虚偽内容の登記を防ぐため、平成17年3月7日、新不動産登記法が施行されました。新法ではオンライン申請が導入されるなど、登記手続きが大きく変わっています。

まず登記申請に際し、売買契約書など登記原因証書の添付の代わりに、登記原因情報の作成が義務付けられました。

また、オンライン申請（すべての法務局でできる）の場合、登記済証（権利書）や保証書も廃止されています（従来のものは有効）。登記済証に代わるものとして登記識別情報（パスワード）が交付されます。

1 土地を買ったが登記の移転をしてくれない…

Q 2年前に会社の同僚が持っている土地を買い、代金全額を支払いましたが、同僚は所有権移転登記をしてくれません。たびたび催告しているのですが、「ちょっと待ってくれ」を繰り返しますが、実行がないのです。どうすればよいでしょうか？

土地でも建物でも、いわゆる不動産の売買において、その手続きの完結は、所有権移転登記手続きの終了です。登記手続きは、売主である不動産の所有者を登記義務者とし、買主を登記権利者とする共同申請において行います。これが原則ですから、登記義務者になんらかの障害があって登記手続きが進まないようでしたら、裁判に訴えて判決によって登記をすることになります。

その場合、売主の訴訟に対する応訴の態度にもよりますが、売買があって、観念的には土地の所有権が買主に移転していること、代金の支払いも終わっていることなどを証明（売買契約書などで）し、判決を得れば、それを添えて（判決の送達証明書、確定証明書も添える）、買主が単独で移転登記申請をすることができます。

なお、所有権移転登記に要する費用は、通常、買主の負担ですので、あなたが負担しなければならないと思います。また、この売主が第三者に土地を転売することもありますので、場合によっては事前に「処分禁止の仮処分」の手続きをした方がよいでしょう。

2 登記が祖父の代よりそのままになっているが大丈夫か

Q 地方都市の割安感ある土地を友人から買いましたが、いざ登記にはいろうとしたところ、土地の登記名義人が、友人の祖父のままになっていることを発見しました。どうすれば、所有権移転登記を受けることができるでしょうか？

売買契約を締結し、約束の代金を支払えば、売主（所有者）から買主に所有権移転登記手続きがなされます。ところが、登記名義人が先々代の祖父名義のままになっていたということのようです。しかし、これは珍しいことではありません。原因は、なんらかの理由で相続登記を経ていなかったためです。

この場合、買主が所有権の移転登記を受けるには、祖父から売主への相続による所有権の移転登記をした上で、売主から買主に土地の移転登記をするという手続きが必要です。

祖父から売主（所有者）の相続による移転登記は、祖父の死亡の事実、土地を相続人の誰が相続したかなど、順を追って、売主が相続するまでの関係書類を準備する必要があります。当然、売主以外の相続人から異議が出る場合もあります。もし、異議が出るようなら、一度契約自体を見直すことも検討してみることです。

なお、令和6年4月1日からは、不動産を相続した人は、不動産登記法の改正により、相続を知った時、かつ所有権取得を知った時から3年以内に、所有権移転登記（相続登記）をすることが義務づけられます。

3 相続人が不明のとき登記の移転はどうすればよいのか

Q 勤務先の同僚から、20年前に、父親から相続したという土地を買いました。簡単な売買契約書を作り、代金は全額支払いました。その際、同僚は、父親からの相続財産なので所有権移転登記に時間がかかるといっていましたが、彼の名義に移転した直後に交通事故で死亡しました。彼の妻と3人の子どもが相続人になりましたが、次男が行方不明です。どうすれば移転登記が受けられますか?

次男の行方不明が父親である同僚の生存中からか、同僚の死亡後のことであるかに関係なく、次男は同僚の死亡によって相続人の1人となり、相続財産に対する権利者です。

したがって、その相続財産の管理について誰かを代理人として置く必要が認められ、本人が失踪前に、自分の財産を管理する者（管理人）を定めていなければ、他の利害関係人である相続人、あるいは、父親である同僚から不動産を買ったあなたから家庭裁判所に申し立てて、財産管理人を選任してもらい（民法25条）ます。財産管理人は、裁判所の許可を得て、失踪した次男以外の相続人とともに、同僚がした売買契約による所有権移転登記を履行することができます（同法28条）。

したがって、相続人が行方不明であっても、所定の手続きを踏めば、あなたが所有権移転登記を受けることはさほど困難ではありません。

しかし、同僚に名義を移転するのと同時に、あなたとの売買契約による所有権移転をしておけば何の問題も起きなかったと思います。よくあるケースですが、代金支払いは登記と引換えにすべきです。

不動産所有のトラブル 3

Q&Aによる不動産担保のトラブルと解決例

▼ローンの返済ができず自己破産・抵当権の設定をしたビルに短期賃借権の登記がなされた・など

■抵当権の設定とトラブル

金銭債権の確保のため、不動産を担保にとる代表的なものは、抵当権の設定です。目的物の交換価値を優先的に支配して、債権の弁済にあてる制度です。

抵当権は競売の申立てをし、裁判所の開始決定があって進行しますが、競売申立てが有効であるためには、有効に抵当権が設定されたこと、担保される債権が、約束時に弁済されなかったことが要件です。

抵当権の実行などでのトラブルは、多くは被担保債権の内容（債権額が争われる）とか、担保として提供された物件の真の所有者は別にいて、所有者の同意がないなどの抗議で表面化します。

競売手続きは、申立てまでになすべき準備があります。以前は、抵当権の設定後に所有権、地上権、永小作権を取得して、その本登記か仮登記をした第三者に対する実行通知の制度がありましたが、この制度は廃止されました。こうした手続きの瑕疵を理由に紛争が起きることもあり、競売手続きの進行中に、利害関係人から異議が出ると、手続きは一時ストップすることがあります。

■短期賃貸借制度の廃止

かつては抵当権設定後に登記された短期賃貸借ほど厄介なものはありませんでした。この短期賃貸借が結ばれていると、山林以外の土地は５年、建物は3年、賃借人の権利が保護されるからです。

そのため平成15年7月の民法改正により、この短期賃貸借制度は廃止され、競売での買受けから6か月に限って、執行妨害など悪意でない抵当建物使用者のみに建物使用を認めることにしたのです（民法３９５条１項）。

なお、不動産担保のトラブルは、民事執行法の入りくんだ条文により執行され専門的で煩雑です。民法、民事保全法などもからみます。トラブルが起きたら、自分だけで解決をしようとせず、弁護士に依頼すべきジャンルでしょう。

1 ローンの返済ができず自己破産するとどうなるのか

Q **15年前に銀行でローンを組み住宅を手にいれましたが、1年前に会社のリストラで退職し、今は小さな建設会社で働いています。ところが、給料が安く消費者金融やカード会社からも借金をして、動きがとれなくなってしまいました。数日前、ローンの支払いも滞り、数日前、銀行から抵当権実行の申立てがなされ、消費者金融などからの債務も300万円になるので、自己破産をしようかと思っていますが…。**

ご質問の場合、いくら給料が安くても、安定した収入が見込める給与所得者です。すべてを清算して無産者になる自己破産より、民事再生手続き（給与所得者等再生手続き。民事再生法239条～245条）を申し立てるといいと思います。これは、借金総額5000万円以下（住宅ローンや抵当権付きの債務を除く）の給与所得者を破産させることなしに、経済生活の再生を図る制度です。

再生手続きは地方裁判所に申し立てますが、裁判所は再生計画認可の見込みがある場合、抵当権の実行手続きの中止を命令できますから、当面住宅の競売は回避できます。また、再生計画に従って債務を返済し終えれば、銀行が抵当権を実行することもなくなるのです（住宅を手放さずに済む）。

消費者金融やカード会社に計約300万円の債務があるということですが、再生手続きの場合、債務カットや返済期間の延長も行われ、滞納した住宅ローン返済額とあわせて3～5年で返済する再生計画が立てられます。ただし、再生計画認可後は、銀行に抵当権の実行を猶予してもらうため、月々の住宅ローンの返済もあわせてしなければなりません（返済期間を延長し、月々の返済額を減らすことはできる）。なお、再生計画が認可されない場合には民事再生手続きは使えず、自己破産の申立てをすることになります（自動的に移行する場合もある）。

自己破産の申立ては、地方裁判所に行います。裁判所が破産を認めると、裁判所は申立人に破産手続開始の決定（従来は破産宣告と言った）を通知し、その旨が官報などで公告されます（破産法32条）。

この場合、債務者に資産があれば破産管財人が選任され、その資産は換金されて債権者に配当されます。

いずれにしろ、ご質問の状況では、債務整理を自分ですることは難しいと思います。早急に弁護士に相談してください。

2 抵当権の設定をしたビルに他の者の短期賃借権の登記がなされたが…

Q 請負工事の残代金確保のため建築したビルに1番抵当権を設定して注文者に引き渡しましたが、間もなく暴力団関係の会社を権利者として、敷地と建物に短期賃借権が登記され、建物を占有しはじめました。債権者はどうすればよいでしょうか?

ご質問のように、抵当権設定後に登記された賃借権を短期賃貸借と言います。従来は、山林を除く土地は5年、建物は3年の期間を超えない短期賃借権は、登記されていれば抵当権者に対抗できました。そのため競売妨害と思える賃貸借契約がはびこったのです。しかし、平成15年7月の民法改正で、この短期賃貸借制度は廃止されています。もし、注文者が約束どおり残代金を払わず、債務不履行が生じた場合、債権者は抵当権に基づいて、強制執行手続きを申し立てればいいのです。

短期賃貸借が登記（建物は占有でよい）されていても、賃借人は競売で建物を買い受けた買受人に対抗できません。賃借する建物は、買受けから6か月経過するまでに買受人に引き渡す義務があるのです。

賃借人が競売を妨害したり、また買受人に対し、建物引渡しの見返りに金品などを要求した場合、最寄りの警察などに相談してください。

3 借地上の建物に抵当権を設定する場合に地主の承諾は…

Q 土地を賃借して建物を所有している者に融資をし、建物に抵当権を設定する場合、地主から「承諾書」を取っておくべきでしょうか。また、その際の注意点について教えてください。

金融実務において、借地上の建物を担保にとる場合、地主から「承諾書」を取り付けておくのが普通です。それは、地代の不払いが起こって地主から賃貸借契約を解除され、当該建物が収去されると、設定した抵当権などが無意味になるからです。なお、普通、「承諾書」には、地代の不払いが発生したときは、地主から抵当権者に通知するように、との文言が含まれています。

しかし、このような「承諾書」には、どのような法的効力が認められるのか、これまでの裁判例をみると、一応、「承諾書」は、約束文書として有効と認めながら、地主に抵当権者への通知義務（これを怠れば損害賠償義務を負う）を負担させるか否かを、具体的事実関係を検討して判断しています。

そこで、「承諾書」に完全な法的効力を発揮させるためには、地主に「承諾書」の控えを渡し、借地人が地代の支払いを怠るようになったら、必ず連絡してくれるように念を押し、地主の意思を確認しておくべきと思います。

4 抵当権の設定がある不動産を購入するときの注意点は…

Q 信用金庫を債権者とする5000万円の極度額の根抵当権が設定されている土地を買うことになりましたが、信用金庫に対する残債務は、3200万円です。この場合、一括して残債務を清算する余裕はありませんが、この物件をぜひ買いたいと思っています。どのようにしたらよいでしょうか?

通常、不動産の購入にあたって、その物件に抵当権などの担保権が設定されている場合には、債権者に残債務額を確認し、所有権移転登記手続きまでに、残債務金を支払って、抵当権などの設定登記の抹消をしてもらうということになります。この場合、当然ながら、債務清算で債権者に支払った金額は、売買代金額から控除されます。

ところが、右のように一括弁済できないような事情がある場合、抵当権がついたままで不動産を買い、所有権移転登記を受けることもできます。しかし、その場合にも債権者に連絡して、残債務額を確認し、同様の条件で新しい所有者（引受けの債務者）が支払うことを承諾してもらう手続きが必要です。これを債務の引受けといいます。

この場合においても、新所有者が負担する引受債務金は、売買代金の額を定める場合に考慮されるのは当然です。

なお、根抵当権のようですが、引受けに際し、元本を確定させることが重要です。また、右の場合、旧債務者がまったく無関係になるか否かは、債権者との協議で定まります。

いずれにしても、抵当権の付いている物件を買う場合は、必要以上の注意をすることです。というのは、物件に売主が話した以外の抵当権が設定されていたり、根抵当権の場合は、元本が確定しない限り、極度額まで債務が拡大する危険があるからです。売買に当たっては、必ず登記簿等謄本（登記事項証明書）で権利関係を確認し、他の抵当権や仮登記が付いていないかチェックすることです。また、債権者に残債務額などを確認してください。

5 抵当権の実行で借地人・借家人に対抗法はあるのか

Q 駅前の土地に、銀行から融資を受けて商業ビルを建てました。当初からテナントも埋まり、ビルの経営は順調でしたが、私は他の事業で失敗して、ここ半年間、融資金の返済も滞っています。最近になって、銀行が商業ビルに付けた抵当権を実行し、競売を申し立てました。この場合、テナントはどうなるのでしょうか？

抵当権が実行されても、抵当権設定前に契約した借家人は、抵当権者や競売の買受人に、それぞれの借家権を対抗できます。しかし、抵当権設定後（登記後）の賃借権契約の場合、たとえ登記（建物については占有でよい）があっても、抵当権者等に対抗できません。ただ買受けの時から6か月経過するまで、買受人に建物の引渡しを拒めるだけです（民法395条1項）。テナント契約は、通常建物完成後にするのが普通ですから、ご質問の場合、入居中のテナントはすべて銀行の抵当権の登記後に契約したものと考えられます。とすると、もし新しい買受人から明渡しを迫られると、テナントは引渡しを余儀なくされ、借家権を保護されません。

従来の短期賃貸借制度なら、建物（借室）の賃借期間が3年間を超えなければ、その期間は借家人の賃借権は保護されました。しかし、悪質な占有者を排除するために短期賃貸借制度を廃止した今日、一方で、このような善良なテナントが法律の保護を得られないという結果も生じているのです。

★抵当家屋が焼失した場合は火災保険金を差し押さえる

抵当権が付いた建物が焼失しても、担保権者（債権者）は担保権を失うわけではありません。債務者が建物に火災保険を付けていれば、債権者は債務者の保険会社に対する保険金請求権の上に抵当権を実行し、その保険金を取ることができます（民法304条、372条）。

ただし、保険金が債務者や他の債権者に払われてしまうと、その金銭に対して抵当権を実行することはできません。保険会社から支払われる前に、請求権を差押えなければならないのです(または仮差押えをする)。

そこで、貸金の担保として、土地建物に抵当権を付ける場合、建物に付保された火災保険金に質権を設定しておくべきだと思います。具体的には、債務者との間で交わした金銭消費貸借契約書上に公証役場の確定日付を受けておけばいいでしょう。

不動産を保有し活用する

不動産の活用の仕方と注意点

●アパート・マンションで賃貸する場合
●駐車場・その他の不動産運用法と注意点・など

●不動産を資産活用する

1 アパート・賃貸マンションを建てる

一頃、建築業者や銀行などが、しきりとアパート等の資産活用を地主に勧めました。

こうした不動産収入で生活をしている人もいますが、入居者がなかなか見つからないことから、ローンの返済が大変な人もいます。

アパート経営をしようとする場合、業者等のうまい話をうのみにしないで、自分で採算がとれるかどうかの検討をすることが大切です。

2 借地として貸す

土地を借地として貸すことは、戦後はほとんど行われていません。

というのは、いったん貸してしまうと、借地法により地主の側に正当事由がなければ、借主から返してもらうことができないからです。

そこで、契約期間の満了により契約は終了して土地を返還しなければならない定期借地権の制度が設けられましたが、騒がれた割には活用されてはいないようです。

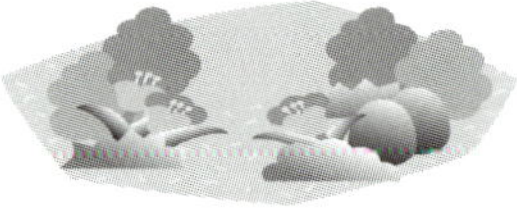

3 駐車場として貸す

土地の資産運用としては、最もリスクの少ない活用の仕方です。しかし、どこでも駐車場にすればもうかるというのでもありません。車の所有者の住居に近い、あるいは駅の近くであるなど、駐車場のニーズがなければなりません。

露天駐車場の場合、管理は特に必要はありませんが、車を傷つけられたなどの借主とのトラブルが起きる可能性はあります。

また、車を放置したまま借主が行方不明になり、処分することもできないケースも増えてきています。

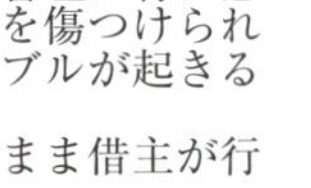

★不動産の資産活用と法律

資産活用にはアパート・駐車場の設置などがありますが、事前に採算面だけでなく、入居者等との契約や法律による建築の規制、トラブルが起きたときの対処法なども検討しておくことが重要です。

アパートなどの資産活用では、業者に経営を委託することが行われているようですが、ただ任せっきりにするのではなくオーナーとして法律知識は必要です。

◆不動産の活用と法律上の ポイント

1 土地の賃貸	●建物を建てる目的で土地を賃貸すると、借地借家法の適用があり、通常の賃貸借の場合、正当事由がなければ、返してもらえない。 ●定期借地権契約により賃貸した場合には、契約期間が終わった段階で、土地を返してもらえる。
2 家屋の賃貸	●家屋の賃貸には、借地借家法が適用され、通常の賃貸の場合には、家主の側に正当事由がなければ、返してもらえない。 ●期間経過後に必ず明け渡す定期借家権制度が平成12年3月1日から施行された。また、取壊予定の建物の賃貸借では、建物の取壊時に契約が終了する旨を契約で定めることができる。
3 アパート・マンションを建てて賃貸	●アパート・マンションについては、法律上は借家として扱われる。入居者に立ち退いてもらうには正当事由が必要。定期借家契約では不要。 ●更新料・立ち退きの際の敷金の返還などのトラブルが多くなっているので、入居の際に契約書でキチンとしておくことが必要。
4 信託方式でアパート・マンションを賃貸	●土地所有者から土地の信託を受けた信託銀行が、資金を調達してその土地に建物を建築し、その後の管理・運営をいっさい請け負い、その収益を配当として土地所有者に支払うシステム。不動産事業のノウハウのない土地所有者に代わって、信託銀行等が土地の有効活用をするというもの。
5 業者の一括借上・等価交換システム	●一括借上システムとは、建築を請け負った業者に、その賃貸物件を借り上げてもらい、その業者が入居者を探すというもの。管理・運営も業者が行う。ただし、業者が倒産した場合などには問題が残る。 ●等価交換システムとは、土地所有者が土地の一部を業者に提供し、業者が建築費を負担するというもので、土地所有者としては、自己資金がゼロでも建築できるメリットがある。この方式では、通常、土地・建物を土所有者と業者が共有することになる場合が多い。
6 土地を駐車場として賃貸・その他	●駐車場は最も、手間とお金のかからない不動産の活用法である。ただし、ニーズがあるかどうかの判断が重要。なお、法律的には、土地の賃貸にあたるが、借地借家法の適用はなく、契約に従い返還してもらえる。 ●節税対策として、公園として、公共機関に貸すなどの方法もある。

不動産活用の仕方 1

■借家による資産運用

アパート・マンションを建てて賃貸する

▼採算がとれるかどうかを十分に検討する

■アパート・マンションを経営するに当たっては、まず、そのニーズがあるかを考えなければなりません。ただし現状でも空室も多く、、バラ色の設計は描けません。綿密な計画が必要です。

アパート・マンション経営で考えておくこと

●賃貸マンション・アパートの投資

アパート等への不動産投資はかつては、相続税対策でアパートを建てる人が多かったのですが、今日では老後の収入のため、これに最近では若い人のマンション投資も加わり、供給が徐々に多くなっており、空家率は徐々に上昇しています。

一方では、アパート・マンションに対する需要の中身に変化が生じています。つまり、立地条件（交通の便・周辺施設の状況など）がよいことや、きれいで機能的に使える部屋であることなどの、借り手の要望が強くなっているからです。

成功するには、より入居者のニーズを考えた経営戦略が必要です。

採算がとれるか検討する

不動産を所有し、なにも使用しなければ、税金がかかるだけです。そこでなんとかこの不動産を活用したいと思った場合、思いつくのがアパート経営と駐車場の経営でしょう。

この中で、駐車場はやはりアパートに比べて通常、利益が少ないことから、アパートやマンションを建てて貸すことを考える人が多いでしょう。しかし、立地によっては、空家も多く、その採算については十分に検討する必要があります。失敗すれば元も子もありません。

●検討事項としては

①アパート・マンション建築の費用をどうするか？
②どういう建物をたてるか？
③賃料はいくらに設定するか？
④管理はどのようにするか？
⑤貸室のリフォームをどうするか？

などがあります。

まず①のアパート・マンション建築の費用は、自己資金によるか、借入金にした方がよいかという問題です。定年退職者などでアパート・マンションの賃貸収入によって今後の生活を維持していこうとする人は別として、通常は他の所得もあることから、借入金を組み合わせた方が税務上、得策といえます。

なお、省エネ・サービス付き高齢者向け賃貸住宅は、住宅金融支援機構の融資を受けることができます。

②のどういう建物を建てるかは、①の建築費用とも絡んできます。住居も一種の流行があります。ニーズに応えるアパート・マンション建築をするには、業者との話合いや自分で他のアパートやマンションを見て回るといった努力が必要でしょう。

③の賃料をいくらに設定するかは難しい問題です。まず、仲介を頼む不動産業者にあたって、その地域の相場がどうなっているかを検討しておきます。その上で、採算を考慮して賃料を決定するといいでしょう。ただし、今日の状況では、満室の状態で計算するのは危険で、1～2割程度の空き室が出ることを前提に計算しましょう。

④の管理ですが、管理にはコストがかかるものです。管理費をいくらに設定するかは、これも、近隣の相場等の状況に応じて設定するしかありません。

アパート・マンションの最近の問題

バブル崩壊後にアパート・マンションをめぐっていくつかの問題が生じています。

①　相続税対策ということで、アパート・マンションを建てたが、借金が返せない。

②　①とも関連しますが、賃料の下落、あるいは空室が多いため当初の予定がくるい、採算がとれない。場合によっては、賃料の減額請求をされる。

こうした状況下では、家主もお金にシビアにならざるをえず、勢い金銭トラブルが発生してきます。賃料、更新料のトラブルや敷金返還に関するトラブルは、こうした状況の延長線上にあると思われます。

確かに、かつてはアパート・マンションの運営は片手間でやれるような状況にありましたが、現在は経営として考える必要があり、法律知識を含めて、そのノウハウを学ぶ必要があります。

業者のノウハウを活用して、資産の運用を図ることも考えられますが、これについては別項（124ページ）を参照してください。

なお、アパート・マンションの賃貸借の問題については、PART4（125ページ以下）を参照してください。

◆賃貸アパート・マンション契約のポイント

不動産賃貸借契約書

借　主
・形や広さ・雑費はどうなっているか等も確かめる

貸　主
・借主の人柄などを確かめる(断ることもできる)

契約の内容

①賃料と目的物(範囲)についての条項
②使用目的についての条項
③賃貸期間・更新についての条項
④転貸借の禁止についての条項
⑤模様替えや造作についての条項
⑥敷金や更新料などについての条項
⑦契約違反した場合についての条項
⑧修繕についての条項
⑨保証人についての条項
⑩その他・特約条項

賃貸借契約書(例)

住　所
賃貸人(氏名)　　　　　　　(以下甲という)
住　所
賃借人(氏名)　　　　　　　(以下乙という)

上記当事者間で下記の建物について賃貸借契約を締結した。

第１条　甲はその所有に係る下記建物を乙に賃貸した。
一、都道府県○市○町○番地○号
一、木造瓦葺２階建１棟
床面積□□平方メートル
２階□□平方メートル

第２条　甲は、敷金として金□□円を乙から受け取った。

第３条　甲は第１条記載の建物に関する租税その他の公課および大小修繕を負担する。

第４条　賃料は１か月金□□円とし前月末日までに、甲の指定する銀行口座に振り込んで支払うこと。

第５条　乙はその責に帰すべき事由によって賃借物件を毀損した場合は、その賠償の責に任ずる。

第６条　乙が前２条の賃料または賠償金の支払を怠ったときは、甲は敷金をもってこの弁済に充当することができる。

第７条　甲は本件建物の明渡完了のときは敷金を乙に返還する。前条の規定によって弁済に充当した敷金の剰余があるときも同じである。

第８条　乙は明渡完了のときには本件建物を原状に復さねばならない。ただし甲の承諾を得て造作建具等を取付けた場合は、甲が時価によって造作、建具等を買上げるものとする。

第９条　乙は本件建物を自身および家族の住居に使用し、他の用途に使用したり、他人を居住させることはできない。乙がこれに違反したときは、賃貸人は契約を解除することができる。

第10条　乙は甲の承諾を得なければ、建物または造作の模様替えをすることができない。

第11条　本件賃貸借契約の期間は、令和□年□月□日以降２年間(あるいは□年□月□日まで)とする。

※〔期間を定めないときの書き方〕
各当事者はいつでも賃貸借の解約を申入れることができる。なおこの場合には、乙は解約の申入があった後６か月以内に、本件建物を明渡すべきこと。前項の場合の賃料は明渡しの日まで日割で計算する。

上記契約を証するため本証書２通を作り、各署名捺印して、各１通を保存する。

令和□年□□月□□日

賃貸人(氏名)　㊞
賃借人(氏名)　㊞

不動産活用の仕方 2

■駐車場による資産運用

駐車場として貸す場合の方法と注意点

▼駐車場としての賃貸借には借地借家法の適用はない

■駐車場経営は投資も少なく比較的簡単に行うことができます。建物を建てる目的で賃貸するのではありませんから、借地借家法の適用はなく、契約の終了によって返してもらえます。また、当面の更地の活用としても有効です。

駐車場を作るときの注意点

●駐車場をつくるには一定の基準がある

〔露天の駐車場の場合〕

露天の駐車場については、自動車点検基準（昭和26年運輸省令）6条に「自動車車庫の基準」というものがあり、これによると車庫の面積は自動車の日常点検および清掃、調整が実施できる十分な広さを有することとされています。なお、平成2年の改正で車庫証明を出す広さは自動車の全体を収容できる面積があればよいとされました。

〔屋内車庫の場合〕

建築安全上の規制が定められています。東京都建築安全条例では、

①自動車車庫等の用途に供する特殊建築物で、その用途に供する部分の床面積の合計が300㎡（平屋建て600㎡）を超えるものは、耐火建築物としなければならない（原則）

②耐火建築物としなければならない建築物は、自動車車庫等の用途に供する部分とその他の部分とを耐火構造の床もしくは壁または特定防火設備で区分けしなければならない

などを定めています。この他、出入り口に関する規制など、細かい規定が多くあります。

〔ビル内駐車場の場合〕

この場合には、さらにきびしい制約がありますが、これらは建築業者がやることですから、業者に十分調査させることです。条例でどうなっているかは役所で確認してください。

駐車場契約を結ぶときの注意点

●駐車場契約の内容

駐車場契約にも、その契約の内容

に応じて種々のものがあります。たとえば、①土地200㎡をまるまる1つの会社に駐車場として貸す場合、②土地200㎡を10区画に分けてその1区画ずつを貸す場合、また、③土地に駐車場用の屋根（建物ではない）を借主が作ることを認める場合、④駐車場ビルを作ってそのなかに何10区画も作って各区画を貸す場合等、その形態は多くあります。

　なお、以前は駐車場の契約書というものを作成しないところも多かったのですが、今日では借主が警察の車庫証明書をとるために契約書の提出が必要なために、駐車場契約書の知識は不可欠のものとなっています。

◉1つの土地を1人の人に貸す場合

　この場合は、一般の土地賃貸借契約と同じですが、契約書の初めに「本契約は本件土地を駐車場として使用するため賃貸するものである」とか、「本件土地賃貸借契約の目的は本件土地を専ら駐車場として使用するためのものであり、それ以外の目的に使用しない」とか、「本契約は本件土地を駐車場として使用するため賃貸するものであり、本件土地上に建物その他の構築物を絶対に作らないこととする」等、目的をはっきり書いておきます。

　というのは、土地賃貸借契約においては賃貸の目的は、たいへん重要なことなのです。この点は十分留意してください。よく、「いったん土地を貸したら永久に返ってこない」といわれていますが、それは、建物所有を目的とした土地賃貸借の場合です。つまり、土地を借りた人がその土地上に建物を建築するとか建物を所有するという場合のことです。この場合には、借地借家法の適用があり、借地人が厚く保護されます。

　このように借地借家法は建物の所有を目的（建物を建てる）とする場合の規定ですから、土地を運動場用とかテニスコート用に貸すときは借地借家法は適用がなく民法が適用され、民法のときは比較的容易に土地を返してもらえるのです。

　したがって、駐車場として貸すときも、地上に建物がなければ民法の適用となります。ですから、「駐車場として使用するために土地を賃貸する」という使用目的を明確にすることが大切なのです。そのためには、念を押す意味で、「建物を絶対に作らないこと」と契約書に入れておいた方がよいのです。

　なお、市販の土地賃貸借契約書（駐車場契約書でない場合）では、「建物所有のため」という文言が記載されていると思われますので、この部分は必ず抹消して、駐車場のためと記入することが大切です。

駐車場のトラブルと予防法

① 駐車場内での車の損傷や盗難

駐車場をめぐるトラブルとしては、駐車中の車の損傷や盗難が一番多いようです。露天の駐車場の場合、土地の貸主に責任はないとみられていますが、それでも契約書のなかに駐車場が責任を負う場合を列記し、その他はなしと明記しておくべきです。

② 賠償金額の上限を決めておく

仮に駐車場側が責任を負う場合でも、賠償金額の上限として駐車場利用料金月額の□倍までというように賠償金額の上限を予定しておくことがよいと思われます。この予定額があまり安くても無効とされてしまうおそれがあるので、50倍から100倍が妥当かと思われます。

③ 損害保険をかけておく

駐車台数の多いところでは、駐車場内の事故につき損害保険をかけておくべきです。

④ 放置自動車のトラブル

自動車を放置されることは駐車場側から大いに迷惑です。かといって他人の所有物を勝手に処分することはできません。そこで、契約書に、「契約後○か月以上使用料の支払いなく放置されている車はその所有権を放棄したものとみなし、経営者が処分することができる」という条項を入れておくと、直ちに撤去できるわけではありませんが、一定の抑止にはなるでしょう。

★土地活用のアイデア

立地条件が恵まれている所はいいのですが、そうでない場合には、アイデアを出す必要があります。なお、分譲マンションのケースですが、託児所付、介護サービス付、ペット可などの付加価値のある物件が売れているようです。

◆土地の一区画を貸す場合の駐車場使用契約書

駐車場使用契約書

貸主　　　　　を甲とし、借主　　　　　を乙として次のとおり駐車場使用契約をする。

第1条（乙の駐車する場所）
○市○町○番地、宅地○○平方メートル（通称○○駐車場）のうち、○番と表示した部分約5平方メートル

第2条（駐車する乙の車の車種）
小型普通乗用車、品川○○○○番

第3条（使用料）
月額金○万円とし、毎月末日までにその翌月分を甲が指定する銀行口座に振り込んで支払う。

第4条（期間）
令和□年□月□日から令和□年□月□日までの1年間とする。

第5条（契約解除）
甲は乙に対し次の事由のあったときは無催告で本契約を解除し、駐車場所の使用を禁止する。
① 使用料の支払いを1回分でも遅滞したとき。
② 乙が第2条の車種以外の車を駐車させたとき。
③ 乙が本駐車場の使用規則に違反したとき。

第6条　本駐車場にて乙の車に盗難、損傷等いかなる事故があっても甲は一切責任を負わない。

令和□年□□月□□日

（借主）住所
氏名　　　　　㊞
（貸主）住所
氏名　　　　　㊞

〔注〕この契約書は「露天駐車場」を想定したものです。

◆パートナーを活用する資産運用法

●土地信託方式

土地信託は信託銀行に土地運用の事業を委託して、そのノウハウにより、地主は利益を受けるというシステムです。

この土地信託のメリットは、専門家のノウハウで土地資産の運用がなされることから、長期的に安定収入を得たいと思う人にとっては安心でき、また、一切の管理運営は信託銀行が行いますから手間もかかりません。ただし、利益については、委託した信託銀行の力量次第ということになります。

なお、この土地信託は比較的大きい土地の場合で、断られるケースもあります。

●事業受託

この方式は、ハウスメーカーやデベロッパーが、地主と契約して賃貸マンションなどを建築・運営まで行うというものです。地主は建築費を負担し、賃料を得るというものです。また、建てた借家を一括借上げする方式や家賃保証制度などがあり、事業受託の内容は種々の選択肢があります。

地主としては、土地や建物を所有したままで専門家のノウハウにより、安定した収入を得ることができるというメットがあります。ただし、建築代金や管理の委託料は地主が負担することから、賃料が低下したりすると利益は少なくなります。

●等価交換方式

これは、地主が土地を提供し、その上に業者が建築費を負担して賃貸マンションなどを建築し、運営するシステムです。等価交換方式といわれるのは、地主の土地代と業者の建築費の割合に応じて、建築物（マンションなど）の床面積で分けるのが通常で、地主側からすれば、土地の一部と建物の一部を等価で交換したのと同じことになるからです。

このシステムのメリットは、資金がゼロでも資産の運用ができますが、その反面、土地の所有権の一部を手放さなければならない（業者と共有）という負担があります。

●定期借地権設定方式

これは、地方公共団体などに土地を貸し（定期借地権の設定など）、地主はその賃料を得るというものです。通常の借地と異なり、期間満了時には返却されることが保証されています。

公社等の定期借地権制度を例にとると、地主が公社などに土地を貸し、この土地に公社等が賃貸あるいは分譲住宅を建設し運営するというものです。これには「地代払い賃借権方式」と「権利金払い地上権方式」とがあります。

また、公社等において定期借地権付の住宅が売り出されています。

詳細については、各地の公社等に問い合わせてください。

PART 4

土地や家（アパート・マンション）を賃貸借する

借地・借家の問題とトラブル解決法

◆借地や借家（アパート・賃貸マンションなど）に関する法律は借地借家法です。以前の法律では、地主や家主の側に正当事由がなければ借地や借家を返してもらえませんでしたが、定期借地権・定期借家権の導入により、この契約では期間が満了すれば返還してもらえます。

◆バブル崩壊後は、資産運用もいまひとつのようですが、安全・確実な不動産の運用を考えれば、長期的に安定収入を得ることができます。

土地の賃貸借には普通借地権と定期借地権がある

土地を賃貸借する場合の法律と問題点

- 借地の法律はどうなっているか
- 借地として貸す場合の方法と問題点
- 借地のトラブルと解決例

●借地の法律のポイント

現行の借地借家法は、平成４年に旧借地法、旧借家法、建物保護法を合わせて制定・試行された新法です。以下の図解は借地借家法によりますが、平成４年７月31日以前の契約についてはおおむね旧借地法の規定が通用されます。

●借地借家法では、更新を認めない定期借地権を新設するなど、地主の権利にも配慮を加えています。

●旧法以来借地人の保護を中心として法が整備されていますが、平成４年の新設の借地借家法でもその精神は維持されています。

●定期借地は、契約期間の満了により契約が終了する更新のない契約です。

●普通借地権の存続期間は、30年以上です。もし、30年未満の期間を定めた場合は無効となり、30年の期間に法定されます。

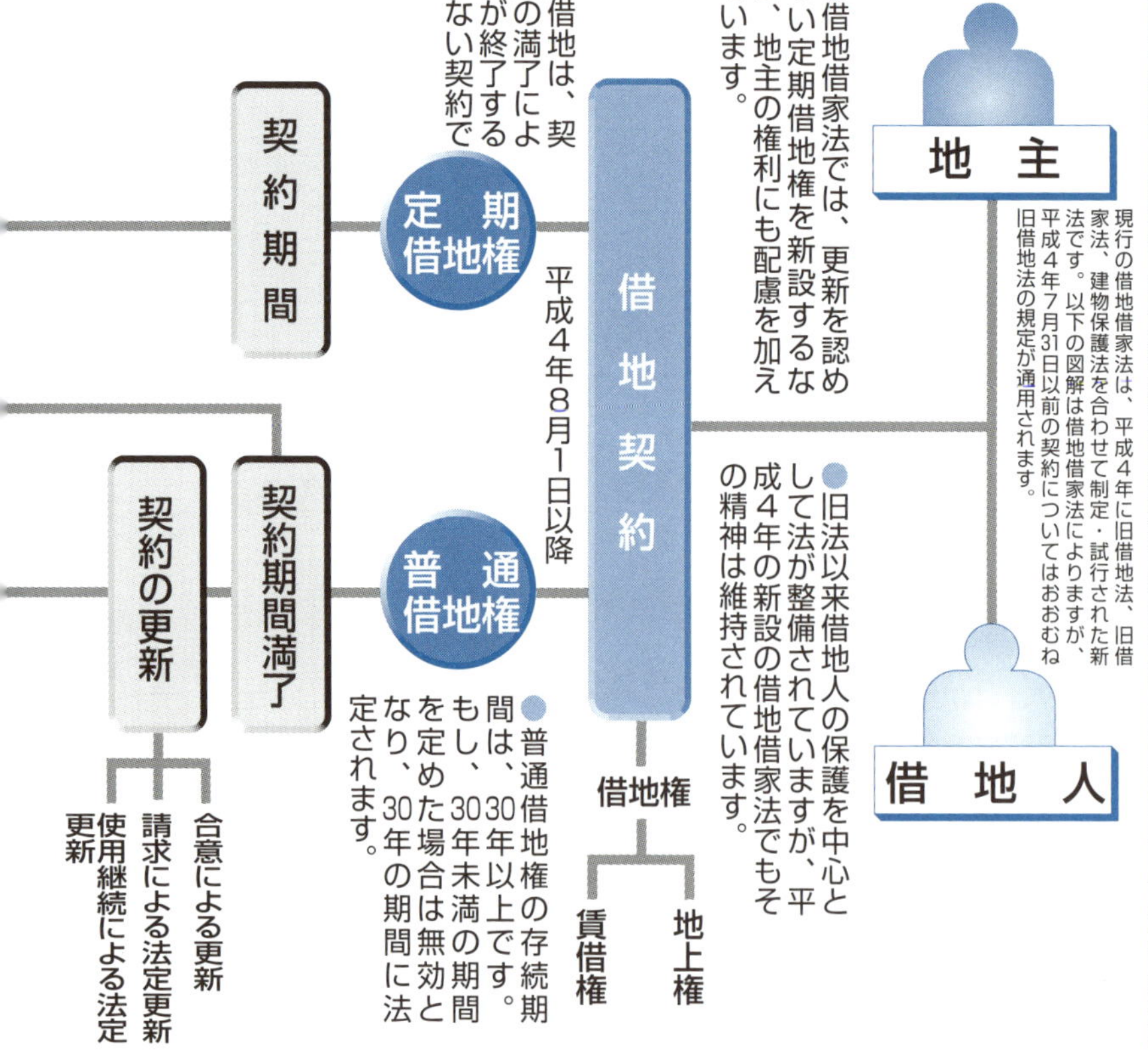

■借地と法律

借地には、地上権と賃借権とがあります。

地上権は工作物や竹木を所有するために他人の土地を使用する権利です。民法265条～269条の規定があり、建物を建てるための地上権であれば、借地借家法が適用されます。

また、賃借権の場合もあり、建物を建てるための土地の賃借権については、地上権と同様に借地借家法の適用があります。

■借地借家と更新の問題

借地（借家の場合も同じ）をめぐるトラブルとして、もっとも大きな問題は、契約期間が満了した場合の契約更新でしょう。期間満了により、賃借人（借地人や借家人）に物件から立ち退いてもらいたくても、賃借人が引き続き借りたいといえば、賃貸人は正当事由がない限り、原則として、賃貸借契約の更新を拒絶できません（借地借家法6条、28条）。

ただし、最初から契約更新をしない定期借地契約や定期借家契約をした場合は、更新の拒絶が可能です。

なお、賃貸人が更新を拒絶できる正当な事由は、賃貸人側に自己使用の必要性がある場合などで、借地借家法にそれぞれ列挙されていますが、立退料の支払いも正当事由を補完するものとして認められています。

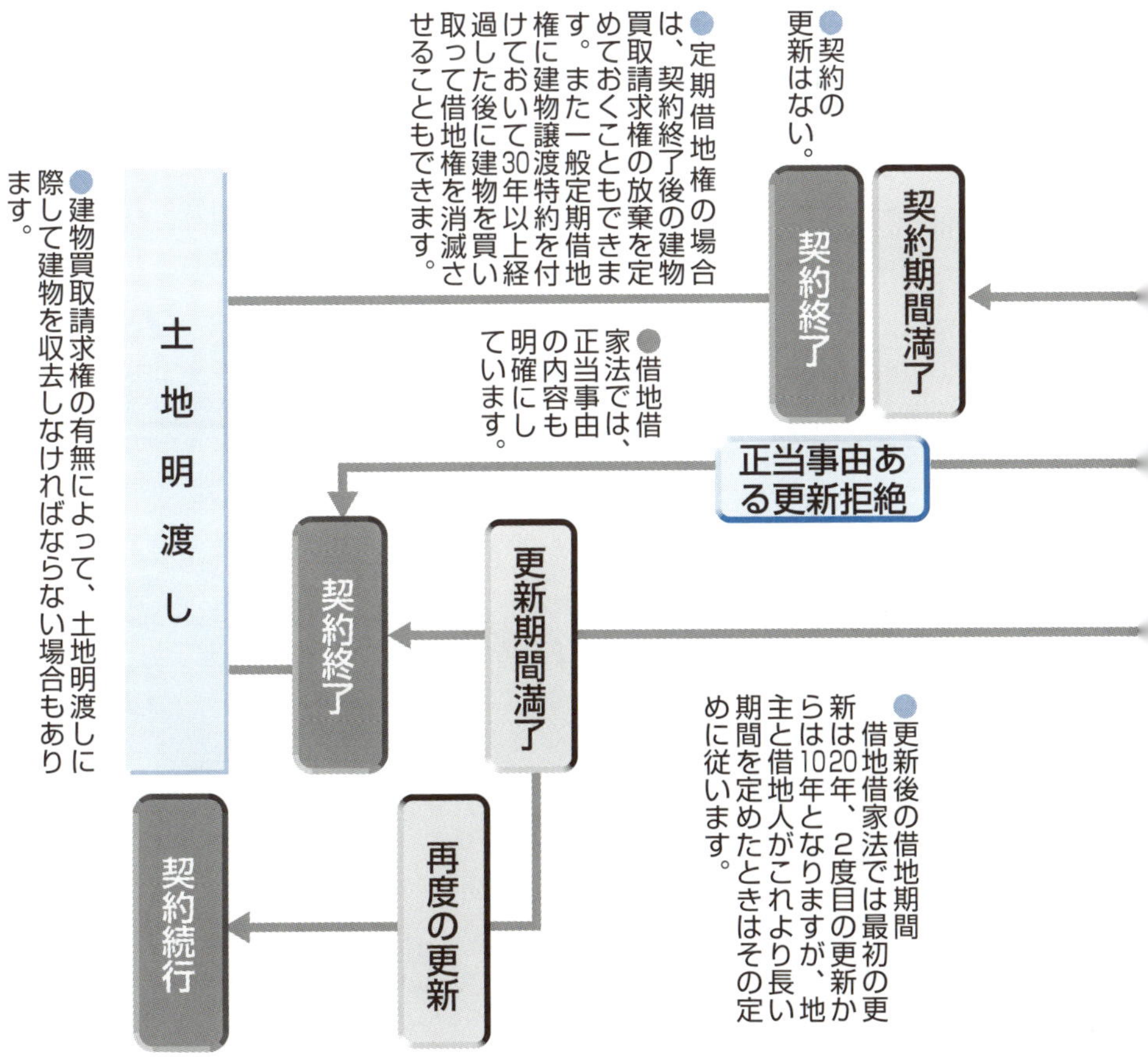
契約期間満了
●契約の更新はない。
契約終了
●定期借地権の場合は、契約終了後の建物買取請求権の放棄を定めておくこともできます。また一般定期借地権に建物譲渡特約を付けておいて30年以上経過した後に建物を買い取って借地権を消滅させることもできます。
正当事由ある更新拒絶
●借地借家法では、正当事由の内容も明確にしています。
更新期間満了
契約終了
●更新後の借地期間
借地借家法では最初の更新は20年、2度目の更新からは10年となりますが、地主と借地人がこれより長い期間を定めたときはその定めに従います。
再度の更新
契約続行
土地明渡し
●建物買取請求権の有無によって、土地明渡しに際して建物を収去しなければならない場合もあります。

借地の法律と問題点
1

借地の法律はどうなっているか

▼借地には普通借地と定期借地とがあり、地主には定期借地が有利

■土地の賃貸借

■土地を建物所有を目的で貸す場合（借り手が建物を建てる）には、賃借権（建物の登記をする）または地上権（地上権の設定登記）が設定されることになります。

この権利を借地権と呼び、借地借家法が適用されます。

土地を貸した場合の法律

以前は宅地用に土地を貸す場合、旧借地法（大正10年制定、平成4年廃止）の適用があり、いったん貸してしまうと、余程の事情がないかぎり、法定更新されてしまい戻ってこないとの理由から、貸し手は皆無に近い状況でした。

この反省から、平成4年に施行された借地借家法では、契約の期間満了時には戻ってくるという定期借地権の制度が新設されました。とはいうものの、旧借地法下で契約がなされた（平成4年7月31日以前）借地契約については、旧借地法が依然として適用され、従前のままの状態です。

なお、借地借家法（または旧借地法）が適用になるのは、あくまで建物所有の目的で貸す場合であり、建物を建てない資材置場や、駐車場として車の駐車のために貸す場合などには、借地借家法（または旧借地法）の適用はありません。

また、使用貸借（タダで貸した場合）は借地借家法の適用はありません。一時使用の場合も借地借家法の適用はありますが、存続期間や更新などの重要な部分の適用がありませんので、通常、土地は返してもらえます。

普通借地権

①借地権の存続期間は30年で、更新後の存続期間は原則10年（1回目の更新時のみ20年）です。ただし、旧借地法が継続適用になる平成4年7月31日以前に結ばれた契約の場合には、堅固な建物を建てる場

合は30年（更新後も30年、契約の定めがなければ60年）、非堅固な建物を建てる場合は20年（更新後も20年、契約の定めがなければ30年）というものです。

②この借地権の存続期間が満了するとき、地主に正当事由がない場合には、建物があり借地人が使用の継続を望むときには法定更新されます。

※正当事由の有無は、借地人が土地の使用を必要とする事情のほか、借地に関する従前の経過および土地の利用状況、土地明渡しに伴う地主の条件の提示の内容（金銭の給付）などを、総合的に裁判官が判断して決めます。

なお、ほとんどの場合、地主が更新を拒絶しても借地人が更新を望めば、契約が更新されるのが実情です。

③また、借地権の存続期間が満了して、契約の更新がない場合には、借地人は地主に対して、建物その他の付属物の買取を時価で請求できるとしています。ただし、契約の終了が、借地人の借地料の滞納などの契約違反に基づく場合には、この買取請求は認められません。

④地代等が不相当となったときは当事者の双方が増減額の請求ができるものとし、話がつかなければ、相当の額を供託し、まず調停による紛争解決を図る（調停前置主義）ことが定めています。

⑤借地権が賃借権の場合には、借地上の建物を他人に譲渡するときは、借地権の譲渡・転貸にあたり、地主の承諾または裁判所の許可が必要です。

普通借地は前記、正当事由がなかなか認められないことなどから、新たな契約はなされていないようです。

定期借地権

借地借家法で新設された定期借地権は、ここまで解説した一般の借地権と違い、一定期間後に必ず土地を返還してもらえるというものです。その分、普通借地権よりも、賃料は通常、安く設定されます（詳細は次項を参照のこと）。

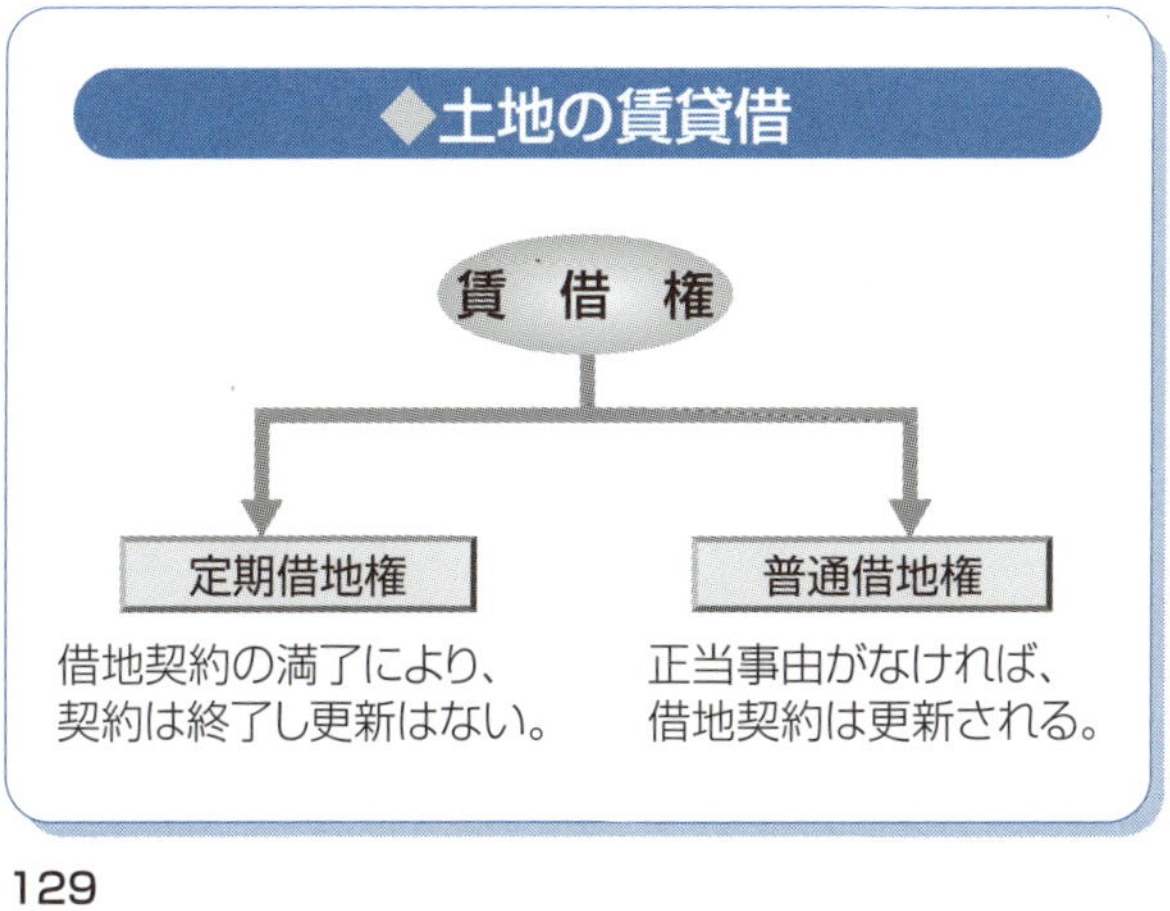
◆土地の賃貸借
賃借権
定期借地権
借地契約の満了により、
契約は終了し更新はない。
普通借地権
正当事由がなければ、
借地契約は更新される。

◆居宅の所有を目的とする土地賃貸借契約書（簡略体）

宅地賃貸借契約書

貸主甲野太郎（以下甲という）と借主乙野次郎（以下乙という）どのあいだにおいて、甲所有の下記土地につき、以下の条項により賃貸借を約す。

土地の表示

□県□市□町□番地

宅地□平方メートル（登記簿上）

このうち、

東南部分○○○平方メートル

別紙図面のとおり（省略）

第１条（目的物の用法）借地の使用目的は、木造２階建の居宅の所有とする。

第２条（賃料）賃料は１カ月金□円とし、毎月末日限りその翌月分を甲指定の銀行口座に振り込むものとする。

第３条（期間）期間は本契約締結の日から向こう30年間とする。

第４条（地上建物の増改築の制限）第１条の用法の範囲内といえども、乙が地上建物の増築、または改築を行なうときは、あらかじめ、甲の承諾を得なければならない。

第５条（用法の変更等の制限）乙が地上建物を居住以外の目的に使用するとき、またはこれを空家とするときは、あらかじめ甲と協議の上、甲の同意を得なければならない。

第６条（賃借権の譲渡等の制限）乙が借地権を譲渡し、または借地権を転貸するときは、あらかじめ甲の承諾を得なほればならない。

第７条（契約の解除）乙がこの契約の各約定に違反したときは、甲は催告なくしてこの契約を解除することができる。

但し、賃料については６カ月以上延滞したときに限り催告なく解除することができるものとし、６カ月分に達しないときは催告の上、解除できる。

以上のとおり契約したので、これを証するため本契約書２通を作成し、当事者各１通を保有する。

令和□年□月□日

都道府県市区町村番地

貸主（甲）甲野太郎　㊞

都道府県市区町村番地

借主（乙）乙野次郎　㊞

借地の法律と問題点 2

■土地の賃貸借

定期借地権による土地の賃貸借と注意点

▼定期借地権には3つのタイプがある

■平成4年8月に施行された借地借家法では、更新のない（契約期間の満了時には返してもらえる）定期借地権の制度が導入されました。

定期借地権とはなにか

定期借地権とは、契約期間満了時に土地を返してもらえる、更新のない借地権のことです。これは、いったん貸してしまったら余程の事情がないかぎり返してもらえないという旧借地法下の現実に配慮したものです。

〔定期借地権のタイプ〕

①一般定期借地権――存続期間を50年以上、という長期にする場合には、契約の更新や、建物の築造による存続期間の延長がなく、また、建物の買取り請求もしないという約束で、期限により消滅が確実な借地権を設定することができます。ただし、この場合の契約は、公正証書などの「書面」によってしなければなりません。

②建物譲渡特約付き借地権――これも、更新なしの借地権です。契約で借地権の設定後30年以上を経過した日に、借地上の建物を地主に譲渡するということを定めることができます。借地権は当然に消滅し、したがって借地の更新はありません。この建物については、建物を使用していた者は地主に対し、建物の買取りを請求す

◆定期借地権の3つのタイプとその特色

タイプ	一般定期借地権	建物譲渡特約付き借地権	事業用借地権
存続期間	50年以上	30年以上	10年以上50年未満
使用目的	制限なし	制限なし	事業用建物の所有
契約方法	公正証書などの書面（電磁的記録含む）による	書面でなくてもいいが公正証書が望ましい	公正証書に限る
特約の内容	①更新できない ②建物の買取請求ができないこと	①更新できない ②30年経過後に地主が建物を時価で譲り受けること	①更新できない ②建物の買取請求ができないこと

ることができます。

③**事業用借地権**―更新がない借地権の3番目として、もっぱら事業の用に供する建物所有のための借地権があります（居住の用に供するものは、事業のためのものでも適用はありません）。この場合は、存続期間は10年以上50年未満（平成20年1月1日改正法施行）でなければならず、借地権の設定契約は公正証書でなければ効力はありません。

定期借地権の活用の実情

定期借地権の制度は、個人の土地所有者が利用するというよりは、現在のところ建設会社やディベロッパーがこの制度を活用しているようです。つまり、こうした業者が土地所有者と交渉して、借地権付き分譲住宅として販売したり、建築条件付きで土地を販売するというものです。

地方自治体や公社など公的主体の供給実績は、平成20年の362件をピークに減少しています。令和3年は100戸で、そのすべてが賃貸マンション・アパートです（国土交通省・公的主体による定期借地権の活動実績調査。令和4年3月）。

借地権付き住宅は、一般の土地付き住宅に比較すると安く供給されることになります。その理由は、土地を所有するのではなく、あくまで借りているに過ぎないことにあります。それも、今までの借地権がほとんど半永久的に更新により使用できるのと違い、契約期間満了時に返還しなければならないからです。

これを数値に置き直せば、土地を所有している場合の権利を10とすると、普通の借地権が6～9割、定期借地権は2～3割の評価といわれています。つまり、定期借地権の場合、借り手側としての土地の評価額は2～3割で、住宅は、土地はこの価格程度で供給できるのです。

定期借地権付き住宅の販売と契約

定期借地権の設定は、個人間でもできますが、現在は、先にも述べましたが、業者が中に入るのがほとんどです。販売方式としては、①転売方式（業者が地主と借地契約を結び、建物を建築して定期借地権付き住宅として販売する）、②代理方式（業者が地主と代理契約を結んで購入者を探し、その土地にその業者によって住宅建築することを条件に販売する方式で、定期借地権設定の契約は地主と購入者の間で行う）、③転貸方式（業者が地主と定期借地権の設定契約を結び、建物を建てて購入者を探し、業者と購入者との間で定期借地権の転貸借契約を設定し、建物と共に分譲する）の3つがあります。

こうした定期借地権で土地を貸す

場合、業者の選定が最も重要です。
　では、金銭授受はどうなるかを借地権付き分譲住宅を例に解説します。

①保証金―定期借地権の設定契約に際して、地主に預けるものです。原則として、契約期間終了時（建物収去時）に借主に返還することになります。相場としては、土地の時価の2～3割程度と思ってください。なお、建物放置の危険を考えておく必要があります。

②権利金―これは定期借地権の設定の対価として、購入者が支払うもので、返還されることはありません。相場としては、いちがいにいえませんが、保証金より安いようです。

③敷金―これは地代が支払われない場合などのときに補てんされる性質のもので、地代分の1～2年分といわれますが、実例は少なく、契約において定まることと思ってください。敷金は契約終了時に返還されます。

④地代―地代の算定法は、①積算法（土地の利回りを基礎に経費などを加えていく）、②収益法（同じような土地の利用状況を想定して賃料をだす）③比準法（隣近所の土地の賃料を調査して、これに修正を加える）などがありますが、これといった決め手となるものはありません。

◆定期借地権設定契約書の例

定期借地権設定契約書

山田太郎を甲とし、川野二郎を乙として、次のとおり定期借地権設定に関する契約を締結する。

第1条　甲は、甲所有の後記土地（以下「本件土地」という）を鉄筋コンクリート造り3階建て、床面積□□・□□平方メートルの建物所有の目的をもって乙に賃貸し、乙はこれを賃借する。

不動産の表示
一．所在　東京都○○市○○町○丁目
一．地番　○番
一．地目　宅地
一．地積　□□・□□平方メートル

第2条　賃貸借の期間は令和○年○月○日から令和○年○月○日までの50年間とし、この賃貸借の期間は更新しないものとする。

第3条　賃料は1か月○○○円とし、毎月末日かぎり翌月分を甲方に持参または甲の指定する方法で支払う。ただし、その賃料が経済事情の変動、公租公課の増額、近隣の賃料との比較等により不相当となったときは、甲は、契約期間中であっても、賃料の増額を請求できる。

第4条　乙は、次の場合には事前に甲の書面による承諾を受けなければならない。
①　乙が本件土地を転貸するとき。
②　乙が本件土地上に所有する建物を改築または増築するとき。

第5条　乙につき、次の各号の1つに該当する事由が発生したときには、甲は催告なしに直ちに本契約を解除することができる。
①　3か月以上の賃料の支払いを怠ったとき。
②　賃料の支払いをしばしば遅延し、その遅延が本契約における甲乙間の信頼関係を著しく害すると認められるとき。
③　その他、本契約に違反したとき。

第6条　乙は、本契約終了のとき、本件土地を原状に回復し、直ちに甲に明け渡さなければならない。

第7条　第2条の期間満了前に建物が滅失し、乙が新たに建物を築造した場合でも、本契約は期間の満了により当然に終了する。

第8条　乙は甲に対し、前条の明渡しに際し、土地上に所有する建物その他の買取を請求することはできない。

第9条　乙が本契約を終了したにもかかわらず、本件土地を明け渡さない場合には、本契約終了の翌日から明渡し完了の日まで賃料相当額の□倍の損害金を支払うものとする。

第10条　乙は、本件土地の明渡しに際して、移転料その他これに類する金銭一切の請求をしない。

第11条　本件に関する紛争については、甲の居住地を管轄する地方裁判所を第1審の管轄裁判所とすることに甲乙合意した。

上記のとおり契約が成立したので、本契約書2通を作成し、各自署名押印のうえ、各1通を所持する。

令和□年□□月□□日

賃貸人（甲）住所
氏名　㊞
賃貸人（甲）住所
氏名　㊞

借地の法律と問題点 3

Q&Aによる借地のトラブルと解決例

▼借地のトラブルは財産的価値が大きいので専門家に相談すること

主要なトラブルの原因

借地契約とは、土地を借り、その土地を使用収益する契約です。借地人（賃借人）は地代を支払い、地主（賃貸人）は土地を使用収益させる義務を負っています。この借地契約は、地主と借地人とが対等な立場に立って結ばれる契約で、その根拠は民法とその特別法である借地借家法（借地上に借地人が建物を建てる場合）に規定されています。

なお、借地契約の主なトラブルは、だいたい次のようなものです。

① 賃料（地代）をめぐる争い
② 契約の更新をめぐる争い
③ 借地の用法変更をめぐる争い
④ 借地権の譲渡をめぐる争い
⑤ 定期借地権の設定・運用の争い

この他、契約期間中に、借地上の建物が焼失または消滅した時、借地上に再度建物を建てられるかなども、借地人と地主の間でトラブルになりやすい問題です。

また、借地権の譲渡をめぐる争いでは、地主の承諾なしに無断譲渡した転貸借もあり、この場合には借地人および転借人は地主から明渡しを求められます。

紛争解決の手法

地主と借地人との間のトラブルは、話合いがダメなら、最終的には民事訴訟で解決するしかありませんが、地代の増額あるいは減額を請求する場合には、まず調停を申し立てることになっています（民事調停法24条の2）。

また、借地をめぐるトラブル独特の紛争解決法として、借地非訟事件手続きがあります。これは、借地人と地主との利害調整を図るもので、借地人の申立てにより、地方裁判所（簡易裁判所の場合もある）が地主に代って借地人に借地権に関する許可を与える手続きです。

具体的には、①借地条件変更の申立、②増改築の承諾に代わる許可申立、③建物の任意譲渡に伴う借地権譲渡・転貸許可の申立、④更新後の再建築について地主の承諾に代わる許可の申立、などがあります。

① 賃料のトラブルで供託されたが契約解除はできないのか

Q 戦前、父の代から160平方メートルの土地を店舗兼住居所有を目的に貸していますが、公租公課の値上がりによって、賃料（地代）を月額12万円に増額請求したところ、借主は、公租公課の額を下回る月額6万円の額が相当賃料額だとして供託してきました。

月額6万円の賃料は、昭和55年8月に増額されて以来据え置かれたものです。賃料不払いを理由に、賃貸借契約は解除できませんか？

戦前からの借地ですから、借地法12条2項の地代増額紛争の問題です。同様のことは、平成4年8月1日から施行された借地借家法11条2項にも関係します。

借地法12条2項は、貸主から地代増額請求があれば、請求時に当然に適正額に増額されることを前提にして、借地権者は、増額を正当とする判決の確定までは、「相当ト認ムル」賃料を払えば足りる（支払額が結果的に適正額に不足していても債務不履行にはならない）が、右の判決が確定したときは、不足額および年1割の利息を支払わなければならないとした規定です。

「相当ト認ムル」額は、借主が主観的に相当と認める額（通常、従前の地代）でよいのですが、ただ公租公課の額を下回ることを借主が知っていた場合には、債務不履行になるとの判例（最高裁・平成8年7月12日判決）が出ていますから、この場合も契約解除の可能性があります。

② 更新料は必ず支払わなければならないのか

Q 私は、昭和40年代に、期間30年で都下の土地を借地してソバ屋を開業していますが、最近、地主から契約期間が満了するので、契約を更新したければ、1平方メートル当たりの時価10万円の10％の更新料を払って欲しいといってきました。この計算でいくと、240平方メートルで240万円になりますが、支払わなければなりませんか？

おたずねのケースは、「借地法」が適用されます。借地法には、契約期間が満了するにともなって、更新料を支払って契約を更新するという制度はなく、地主側が更新を拒絶する正当な事由がないときは、同一条件で契約は更新されることになっています。これを法定更新といいます。

しかし、当事者の合意で借地契約を更新することを認めている場合には、借主から地主に更新料が支払われる場合もあります。というのは借地契約は何十年にも及ぶ継続的な関係ですから、地主との間を円満に保つ配慮があるわけです。

あなたが、納得いく更新料なら支払ってもよいというなら、金額について地主と協議を重ねることです。たとえ折り合いがつかなくても、契約を解除されることはありません。

3 どんな場合に地主は更新拒絶をすることができるのか

Q 昭和20年代の終わりから借地に家を建てて暮らしてきました。借地期間満了の3か月前に文書で借地契約の更新を請求したところ、地主から、期間満了後は、家を取り壊して明け渡してくれ、あとは結婚する子どもの家を建てるというのです。応じなければなりませんか?

借地上の建物が存在している限り、借地期間が満了しても、借地人が契約の更新を請求した場合には、前契約と同一の条件で更新され、地主に正当の事由がある場合に限って、更新を拒むことができるとしています（借地法4条1項）。

「正当の事由」とは、地主が、自分で土地を使う必要がある場合などで、子どもの家を建てるという理由は、いちおう自己使用の必要がある場合といえます。

しかし、正当事由の判断は、借り手側の土地を必要とする理由との比較考量によって結論を出され、右の理由だけでは、地主側に正当の事由があるとはいえないでしょう。この辺りの利益較量は、新法（借地借家法）でも旧法でも大きく変わりません。

あなたが住居として家を持ち、その家が普通に存在するかぎり、借地契約が地主の都合によって終了することはない、と考えてよいと思います。

4 借地を無断で譲渡された場合に契約解除ができるのか

Q 先代に土地を貸し、現在はその長男が住んでいる建物が、地主の私に無断で、DVDのレンタルショップに売られてしまいました。借地権の無断譲渡に当たると思いますので、契約を解除したいと思いますが…。

他人のものを借りて利用している者は、貸主の承諾なく他人にこの権利（賃借権）を譲渡することはできません。これに違反すると、貸主は賃貸借契約を解除することができます（民法612条）。

ただし、裁判例は、形の上で無断譲渡が認められても、地主と借地人との信頼関係を破壊しない特別の事情があると認められる場合には、地主は借地契約を解除できないと、条件をつけています。たとえば、借地人の個人経営を法人組織に改めただけとか、譲渡人と譲受人が、同居の親族その他特殊の関係に当たるとか、譲渡などが一時的で、すぐに元に戻るものである場合、などです。

おたずねのケースは、第三者に家屋を譲渡（確認する必要がある）し、承諾もなくビデオショップに改造されているなど悪質ですから、典型的な無断譲渡であり、地主と借地人間の信頼関係は破壊されたと考えるべきで、契約の解除ができるでしょう。

5 定期借地権付きの建売住宅を買いたいが…

Q 手頃な値段で建売住宅が売りに出ました。広さも住環境も申し分ないので、契約しようと思います。ただ定期借地権付きというのが気になりますが…。

この建売住宅は借地上の建物です。ですから、敷地の所有者である地主に地代を払う必要があります。また、定期借地権は更新のない借地権のことです。契約期間が終了したら、地主に土地を必ず返さなければなりません。ただし、土地付きの物件と比べ安価なのが普通ですから、土地所有を目的としない人向きです。

なお、定期借地権には、①一般定期借地権（借地借家法22条）、②建物譲渡特約付借地権（同24条）、③事業用借地権（同23条）の3種類があります。③の事業用借地権は、事業用の建物所有が目的ですから、ご質問の建売住宅は、①か②です。

①の一般定期借地権は、借地権の存続期間が50年以上です。この定期借地権は、建物の再築による存続期間の延長がなく、また借地人は地主に建物買取請求をできません。

②の建物譲渡特約付借地権の存続期間は30年以上です。この契約では、契約期間終了後に、地上に建物があると、借地人は相当の対価（買取時の時価）で、地主に建物を買い取るよう求められます。地主が買い取ると借地権は消滅しますが、その建物に借地人や、その他の借家人が住んでいる場合には、借家権は残るのです。借地人らが地主に借家契約の締結を求めると、借家契約が結ばれたとみなされ、地主は建物を買い取っても、建物の住人にただちに立退きを求められません。

借家の賃借権には普通借家権と定期借家権とがある

借家（アパート・賃貸マンションなど）の法律と問題点

◆借家・アパート・マンションで賃貸借する場合の方法と問題点
◆借家のトラブルと解決例

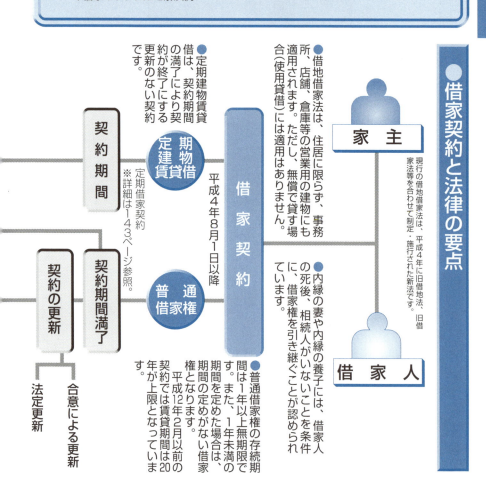

●借家契約と法律の要点

家主

借家人

現行の借地借家法は、平成4年に旧借地法、旧借家法等を合わせて制定・施行された新法です。

●借地借家法は、住居に限らず、事務所、店舗、倉庫等の営業用の建物にも適用されます。ただし、無償で貸す場合（使用貸借）には適用はありません。

●内縁の妻や内縁の養子には、借家人の死後、相続人がいないことを条件に、借家権を引き継ぐことが認められています。

借家契約

平成4年8月1日以降

定期建物賃貸借

●定期建物賃貸借は、契約期間の満了により契約が終了にする更新のない契約です。

定期借家契約
※詳細は143ページ参照。

契約期間

普通借家権

●普通借家権の存続期間は1年以上無期限です。また、1年未満の期間を定めた場合は、期間の定めがない借家権となります。
　平成12年2月以前の契約では賃貸期間は20年が上限となっています。

契約期間満了

契約の更新

合意による更新

法定更新

■借家契約とは

借家契約とは、建物の賃貸借契約のことです。したがって、一戸建ての家屋はもとより、アパートや賃貸マンション、貸店舗なども借家契約です。

借家契約には、借地借家法が適用され、借家権には、普通借家権と定期借家権があり、更新の有無において大きな違いがあります。

■普通借家権

普通借家権は、借家契約によって賃貸人が権利を取得します。

普通借家権の場合、契約期間が満了しても、賃貸人（家主）側に建物を明け渡してもらうための正当事由（なかなか認められない）がなければ、契約更新されてしまいます。

こうしたことから、後記の定期借家制度が誕生したのです。

■定期借家権制度

平成12年3月1日からは、契約期間の満了により借家契約が終了する定期借家権制度が導入されました。

定期借家契約は公正証書などの書面（電磁的記録も含む）ですること等が必要で、また、契約の終了に当たっては、その旨の通知をする必要があります。

なお、一時使用の目的の賃貸であることが明らかな場合は、借地借家法は適用されません。

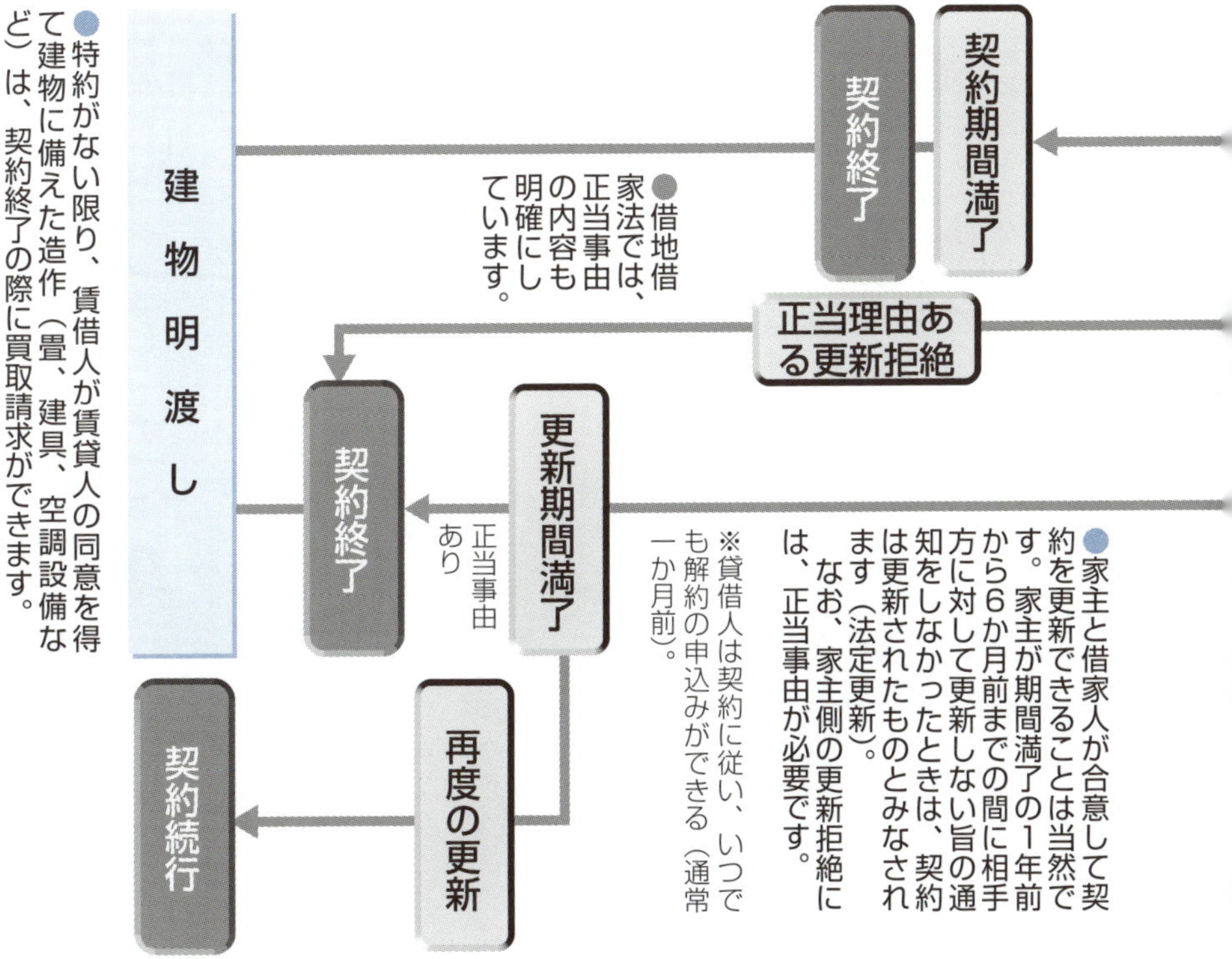
契約期間満了
契約終了
●借地借家法では、正当事由の内容も明確にしています。
正当理由ある更新拒絶
●家主と借家人が合意して契約を更新できることは当然です。家主が期間満了の1年前から6か月前までの間に相手方に対して更新しない旨の通知をしなかったときは、契約は更新されたものとみなされます（法定更新）。
なお、家主側の更新拒絶には、正当事由が必要です。
※貸借人は契約に従い、いつでも解約の申込みができる（通常一か月前）。
更新期間満了
正当事由あり
契約終了
再度の更新
契約続行
建物明渡し
●特約がない限り、賃借人が賃貸人の同意を得て建物に備えた造作（畳、建具、空調設備など）は、契約終了の際に買取請求ができます。

借家の法律と問題点 1

■家屋の賃貸借

借家の法律はどうなっているか

▼借家には普通借家と定期借家があり、家主には定期借家が有利

■賃貸のアパート・マンションを規制する法律は、借地借家法（または旧借家法）です。借地借家法も基本的には借家人保護という立場を貫いているのです。

アパート・マンションの法律と契約

アパート・マンションの入居者との契約は法律的には借家契約といわれるもので、借地借家法の適用があります。この法律のポイントを述べると以下のようになります。

① 建物賃貸借の期間は1年以上。1年未満は期間の定めのない賃貸借となる。定期借家契約は制限なし。

② 家主が更新の拒絶をする場合には、期間の満了の前の1年から6か月前に通知しなければならない。これがないと従前と同一の条件で更新（法定更新）される。また、更新拒絶をしても、借家人が継続使用を望む場合には、家主側に正当事由がなければ明け渡してもらえない。

※**正当事由**は、建物の使用を必要とする事情のほか、建物の賃貸借に関する従前の経緯、建物の利用状況および建物の現況、明渡しに伴う財産上の給付の申出などを総合的に判断して、裁判所が決めます。ただし、定期借家契約の場合は別。

※**定期借家契約**とは、契約期間満了後、正当事由の有無に関係なく終了する契約です。

③ 家賃の増減額でトラブルが生じたときは、いきなり訴訟はできず、まず調停をしなければならない。

④ 家主の同意を得て付加したもの（造作）については、家主は時価で買い取らなければならない。ただし、これについては契約で「買い取らない」と定めても有効です。

建物の賃貸借契約をするときの問題点

① 借家契約は口頭でも成立します。しかし、後日の紛争を避けるためにも契約書を作成しておいた方がよいでしょう（業者が仲介する場合は

別)。ただし、契約書にしてあっても、その内容が借地借家法(旧借地法)、民法および判例に抵触するものであれば、契約の一部あるいは全部が無効とされることがあります。

② 一時使用や使用貸借の場合、その旨を契約書で明確にしておく必要があります。また、契約書の表題が一時使用や使用貸借となっていても実体が一般の家屋の賃貸借と同様の場合には、立ち退いてもらうにはやはり正当事由が必要です。

③ 毎月の家賃の額はもちろん、敷金、権利金、礼金、前家賃などについても明確にしておく必要があります。

④ 家主としては、家屋を入居希望者に貸す前に、次の点に気をつける必要があります。

・賃料の支払能力があるか
・入居者の本名の確認(マイナンバーカード・運転免許証など)
・入居者の家族構成(人数)など
・入居者が動物を飼うかどうか

アパート・マンションのトラブル

バブル期には、借家のトラブルで多かったのが、明渡しや家賃の値上げでしたが、バブル崩壊後は様相が一転しています。これに代わって多くなっているのが、敷金返還や更新料・賃料値下げなどのトラブルです。

建物を借りるときは、ほとんどの場合、敷金が必要です。地域によっては他に礼金を要求されます。

敷金は、明渡しまでの間に賃料不払いや、建物に損害が発生した場合に、その損害を担保する目的で交付されるものです。何も問題がなければ、明渡し後に返還されます。

更新料は、判例によれば、契約で定めている場合には、借家人は支払わなければならないとされています。契約に定められていない場合は、支払う必要はありません。

借家契約の終了と敷金返還

借家契約では、契約時に借家人が家主に敷金を入れることは珍しくありません。この敷金は、契約終了時に、借家人の債務(未払家賃、借家人に責任がある破損等の修繕費など)を差し引いて、大家から借家人に返還されます。しかし、いわゆる自然損耗分(通常に使用した状態で自然に生じる畳や壁の色褪せや汚れなど)まで借家人に負担させ、家主が敷金をほとんど返さないトラブルが多発しました。

最高裁が借家人は自然損耗分の修復義務を負わないとし、国土交通省は、自然損耗分は家主の責任とするガイドラインを公表しています。また、令和2年4月施行の民法改正では同旨の規定が設けられました。

◆住居一棟の普通賃貸借契約書（簡略体）

建物賃貸借契約書

甲野太郎を甲とし、乙川二郎を乙として、次のとおり建物賃貸借に関する契約を締結する。

第１条　甲はその所有に係る下記建物を乙に賃貸する。
□都道府県郡市区町村大字字番地
木造瓦葺２階建１棟
床面積□平方メートル
２階□平方メートル

第２条　甲は、敷金として金□円を乙から受けとるものとする。

第３条　甲は第１条記載の建物に関する租税その他の公課及び大小修繕を負担すること。

第４条　賃料は１ヵ月金□円とし毎月末日に甲の指定する銀行口座に振り込むものとする。

第５条　乙はその責に帰すべき事由によって賃借物件を破損した場合はその賠償の責に任ずること。

第６条　乙が前２条の賃料又は賠償金の支払を怠ったときは、甲は敷金をもってこの弁済に充当することができる。

第７条　甲は本件建物の明渡完了のときには敷金を乙に返還する。前条の規定によって弁済に充当した敷金の剰余があるときも同じである。

第８条　乙は明渡完了のときには本件建物を原状に復さなければならない。しかし、甲の承諾を得て造作建具等を取り付けた場合は、甲が時価によってその造作、建具等を買い上げるものとする。

第９条　①乙は本件建物を住居に使用し、他の用途に使用することはできない。
②乙が前項に違反したときは、甲は契約を解除することができる。

第10条　乙は甲の承諾を得なければ建物又は造作の模様替えをすることができない。

第11条　本件賃貸借契約の期間は、令和□年□月□日以降２年間とする。

上記契約を証するため本証書２通を作成し、各自署名捺印して各１通を保有するものとする。

令和□年□月□日

都道府県市区町村番地
甲　　甲　野　太　郎　㊞
都道府県市区町村番地
乙　　乙　川　次　郎　㊞

借家の法律と問題点 2

■家屋の賃貸借

定期借家権による家屋の賃貸借と注意点

▼契約期間が満了すれば、立ち退かなければならない

■定期借地権制度と同じく一定の期限の到来によって契約が終了し、借主は目的建物を貸主に明け渡すという、定期借家権制度の創設の必要が、経済界から唱えられていましたが、平成11年12月9日、「良質な賃貸住宅等の供給の促進に関する特別措置法」（「借地借家法改正」）として成立し、平成12年3月1日から施行されました。

定期借家権とはなにか

「良質な賃貸住宅等の供給の促進に関する特別措置法」は、国または地方公共団体が良質な賃貸住宅等の供給促進の措置を講じ、一方で定期建物賃貸借制度を設けた点に特徴があります。

定期建物賃貸借制度は、従来の借家制度の実態の批判から生まれたもので、定期借家権の契約は、公正証書による等書面によって契約をすることが必要とされています。そして、期限については、公正証書による等書面による契約に限って、契約の更新がないことを定めることができる、とされているのです。

定期借家権では、最低存続期間の制約はなく、1年未満でも20年を超える期間を定めることも自由です。また、期間満了の場合でも立退料は不要です。

定期借家権の主な内容

平成4年の借地借家法の施行により、①転勤等で賃貸人不在期間の建物の賃貸借、②取壊し予定建物の賃貸借に限り、確定期限付建物の賃貸借が認められました。その後、平成12年に定期借家制度が導入され借家（賃貸アパート・マンションなどの住宅）一般にも適用されました。

主な内容は以下のとおりです。

① **定期借家権制度**

それまでの借家制度は、原則として契約期限がきても正当事由がなければ更新を拒否できませんでしたが、

この制度の導入により、定期借家契約をすることにより、更新のない借家契約となります。したがって、借主が住み続けたい場合、再契約をすることが必要となり、この再契約に応じるかどうかは家主の判断次第ということになります。

② 定期借家契約の時期

　定期借家制度が使える賃貸住宅は、平成12年3月1日以降の新規契約です。これより前の契約を切り換えることはできません。

③ 書面の作成交付

　定期借家の契約は書面よる説明が義務付けられています。説明がなければ従来の借家契約となります。

④ 借主の解約

　定期借家では、転勤・療養・介護など「やむを得ない事情」がない場合には、借主の中途解約はできないことになっています。

　なお、定期借家権導入にあたっては、参議院で付帯決議が採択されていて、定期借家制度に関する部分は以下のとおりです。

①従前の賃貸借か定期賃貸借かの種別、家賃情報などの提供、各種の相談が可能となる体制を整備。

②国の主導で標準約款を作成。賃借人に対する書面の交付・説明義務に関し、その事実を証明する書類を契約書に添付することを検討し、賃借人が不当な不利益を受けないよう万全の措置を講じる。

③賃貸借に伴う紛争の早期解決のため、国民生活センター、自治体の住宅相談窓口、消費者センターでの対応を強化。総合的な紛争処理機関の在り方について検討する。

★定期借家権に関するQ&A

Q1・平成12年2月以前に結ばれた契約はどうなるか?

　借家契約の効力は従来どおりです。平成12年2月以前に、居住用の建物（店舗兼用住宅を含む）の借家契約を締結している場合で、引き続き賃貸借するときは、定期借家契約を締結することはできません。

　居住用の建物以外であれば、借家人・家主双方が合意して契約を終了させ、同一の建物について定期借家契約を結ぶことができます。

Q2・定期借家契約を結ぶための契約はどうするか?

　公正証書など（電磁的記録含む）により、必ず契約書を作成しなければなりません。

　また、契約書とは別に、あらかじめ書面を交付（借家人の承諾あれば、電磁的方法でもよい）して説明をしなければ、その契約は更新のある従来型の借家契約になります。

Q3・定期借家契約はどういう場合に終了するのか?

　定期借家権は、期間の満了で終了しますが、家主は借家人に対して、賃貸借が終了する旨の通知をする必要があります。この通知は、定期借家契約の期間が1年以上ある場合で、期間の満了の1年前から6か月前までの間に「期間の満了により賃貸借が終了する」旨の内容が必要です。

◆定期借家権と普通借家契約（従来型）との比較

	定期借家契約	普通借家契約（従来型）
1　契約方法	①公正証書等の書面（電磁的記録含む）による契約に限る ②さらに「更新がなく、期間の満了により終了する」ことを契約書とは別に、あらかじめ書面を交付して説明しなければならない（電磁的方法も可能）	書面でも口頭でも可
2　更新の有無	期間満了により終了し、更新はない	正当事由がない限り更新
3　建物の賃貸期間の上限	無　制　限	平成12年3月1日より前の契約…20年 平成12年3月1日以後の契約…無制限
4　期間を1年未満とする建物の賃貸借の効力	期間を半年にするなど、1年未満の契約も有効	期間の定めのない賃貸借とみなされる
5　建物の借賃の増減に関する特約の効力	借賃の増減は特約の定めに従う	特約にかかわらず、当事者は、借賃の額の増減を請求できる
6　中途契約の可否	①床面積が200㎡未満の居住用建物で、止むを得ない事情により、生活の本拠として使用することが困難となった借家人からは、特約がなくても法律により中途解約ができる ②①以外の場合は中途解約に関する特約があればその定めに従う	中途解約に関する特約があればその定めに従う

※借家契約については、借地借家法第3章借家（26条～40条）に規定がある。

借家の法律と問題点 3

Q&Aによる借家のトラブルと解決例

▼どうしても話合いで解決しなければ、調停申立てなどをする

主要なトラブルの原因

借家の利用は、賃貸人と賃借人が対等の立場に立って、契約という形でその根拠が与えられます。これを「借家契約」あるいは「建物賃貸借契約」といいます。なお、借家契約の法律については、民法とその特別法である借地借家法などに規定があります。

以下は、借家契約で起きる紛争の主なものです。

① 家賃の増減についての争い
② 契約更新をめぐる争い
③ 使用方法をめぐる争い
④ 集合住宅の利用をめぐる争い
⑤ 契約更新と更新料をめぐる争い
⑥ 敷金・保証金をめぐる争い
⑦ 修繕をめぐる争い

その他にも、紛争の形態はあると思いますが、だいたい右のような争いが主なものでしょう。

特に多いのは、家賃の増減をめぐる争いですが、このほとんどは家賃の増額請求をめぐるものですが、賃借人からの減額請求もあります。

なぜ、この問題が起きるのかは、取る方はできるだけ多く、払う方はできるだけ少なくという経済的人間の欲求に根があるのですが、日常的に物価観を肌で感じているでしょうから、互いに譲歩の気持ちがあれば解決は困難ではないと思います。

また、借家契約更新時の更新料も問題です。法律上定めはありませんが、首都圏や京都などでは支払いが慣習化しています。賃貸マンションなどの更新料特約が消費者契約法に反して無効かどうか争われた裁判で、最高裁は高額過ぎない限り、支払い特約は有効とする初判断を出しています（平成23年7月15日判決）。

紛争解決の手法

不幸にして家主と借家人との間に紛争が起きた場合に、解決を困難にする大きな理由は、感情的なもつれからであることも少なくありません。

当事者が話し合い、それでも解決しない場合には、調停を申し立てて、調停委員の斡旋を受けるとよいでしょう。なお、家賃の増減額の紛争は、いきなり裁判は起こせません。

1 借家の利用目的・用法違反者に対して契約解除ができるのか

Q 定年後のため、自家を改築してアパートを併設し、居住者に一定の秩序を守ってもらうため、共用の廊下階段に物や店屋物の器などを置かない、犬、猫を飼わないなど、用法制限の契約書を作成しました。これに基づいて、違反者には契約解除ができますか?

アパートや共同住宅で、一定の用法制限を設けるのは、その特殊性からいって仕方のないことです。このような特約を求めるのは、建物全体の統一的利用、建物の品位保持のために必要なことです。したがって、借家人は、この用法を守る義務があります。

さて、借家人がこの特約に違反した場合、契約違反として契約の解除が認められるか否かです。契約に当たって、用法制限を特約した事実があるからといって、違反があれば直ちに契約を解除できるというものではなく、貸主と借主の信頼関係が、それによって破壊されたか否かで判断しなければなりません。裁判例もその点を強調しています。

一般的にいえば、居住用として貸したのに、事務所とか店舗として使用している場合、廊下に禁止されている物を放置するとか、犬や猫を飼うなどをした場合、貸主の何度かの注意にも耳を貸さないなどの事実があった場合には、契約を解除できるでしょう。信頼関係の破壊とはそういうことを指していると思います。

2 アパートを退去したが大家が敷金を返してくれない

Q ずっと借家住まいでしたが、念願のマイホームを手に入れ、半年前に借家から引っ越しています。2年間住んだ借家は丁寧に使い、畳の色褪せなどを除けば破損や汚れもありません。しかし家主は、「畳替えや壁を張り替えなければ、次の人に貸せない」と言って、敷金を返してくれないのです。契約書には、「借家人は原状回復のうえ立ち退く」と書かれていますが、自然損耗分まで払わされるのは納得できません。

いわゆる自然損耗分(年月の経過による畳の色褪せ、壁、天井の汚れなど通常使用で生じる汚損)の修繕義務は、家主側が負います。その費用まで、借家人の敷金を当てることは通常許されません。家主が敷金で自然損耗分も修繕した場合、借家人はその分の金額を請求できます（国土交通省「原状回復をめぐるトラブルとガイドライン」）。

原状回復義務については令和2年4月1日施行の改正民法に規定が設けられ（621条）、借家人は、自然損耗分、その責に帰することのできない原因による損耗は原状回復義務を負わないと明文化されています。

また、今回の法改正では、敷金についての規定も新設され、いかなる名目であっても、滞納家賃、借家人の故意・過失で破損した建具の修繕費など、借家人の家主に対する金銭債務を担保する目的で、借家人から家主に交付される金銭はすべて敷金とすると、定義されました。

敷金は、賃貸借契約が終了して、借家人が借家から立ち退く際、滞納家賃や修繕費などの損害を差し引き、家主は差額を借家人に返還しなければなりません。しかし、現実には、この事例のように、家主が清掃費や自然損耗分の修繕費まで差し引き、借家人には敷金がほとんど戻らないというケースも少なくないのです。敷金が返ってこない、少なすぎるという場合、借家人は家主に具体的な明細を請求し、納得いかなければ、市区町村の住民相談窓口や消費者センターなどに相談してください。

なお、「家主は借家人に故意過失がなくても敷金の8割を返還すればよい」など、いわゆる敷引き特約は有効とする最高裁の判例もあります（152ページ下段コラム参照）。

3 家主が急に値上げをすると言ってきたが…

Q 賃貸マンションに住んでいますが、来月で契約が切れます。引き続き借りるつもりで、不動産屋にそのことを伝えると、不動産屋から「家賃を2割引き上げる」と言われたのです。若干の値上げはともかく、2割はひどすぎます。不動産屋は、「嫌なら更新はしない」と、強気ですが、今のマンションに引き続き住むには、新しい家賃を払わなければならないのでしょうか。

結論から言うと、家賃の値上げを拒否したまま、このマンションに住み続けることは可能です。むろん、家賃を払わなくてもいいと言うことではありません。通常、従来の家賃を引き続き払います。

もし、家主（不動産屋）が家賃を受け取らず、立退きを求められた場合、妥当な家賃（通常は従来の家賃と同額）を、マンションの住所地を管轄する法務局（登記所）に供託すればいいのです。家主側が家賃増額の調停や裁判を起こし、その裁判が確定するまでは、借家人は供託により、家賃を支払ったものとみなされます。ただ、裁判が確定し、新しい家賃が決まると、供託家賃との差額に年1割の利息を付けて、家主に払わなければなりません。

　家賃は、不動産価格の値上がりや、それに伴う租税公課の増額、近隣の家賃より著しく安い場合など、法律上も値上げが認められています。借家人も値上げは仕方ないと考えているなら、従来の家賃に若干上乗せした金額を供託するとよいでしょう。

　なお、家主が受け取ってくれないからと、家賃を供託しない人がいます。従来の家賃の額では家主の受領拒否が明らかで、後日立証できる場合は家賃滞納になりませんが、家主が一部であっても受取ると言っているのにトラブルがあるという理由で全く支払いをしない場合は家賃滞納です。家賃滞納を理由に、裁判所は明渡しを命ずる可能性があります。

4 定期借家の契約期間が過ぎたら立ち退くしかないのか

Q 一軒家を2年契約で借りて住んでいますが、来月で契約期間が終了します。住みやすいので、このまま契約を更新したいと考えていました。家主にそのことを話すと、「定期借家契約だから更新はできない」と言うのです。慌てて契約書を見ると、たしかに「定期借家契約」となっていて、「期間満了後は、ただちに家を明け渡す」とあります。本当に、更新はできないのでしょうか。

　一般的に、家主は正当な事由がない限り、借家契約の更新を拒めません（借地借家法28条）。例外として、定期借家契約があります（同38条）。定期借家契約をした借家人は、契約期間終了（法律上は満了という）後、借家の明渡しが義務づけられています。契約の更新は原則できません（この他、取壊し予定の建物、一時使用の建物の賃貸借契約も更新がない）。

ただし、契約書のタイトルや内容が「定期借家契約」となっていても、それだけでは定期借家契約とは認められず、法律で定められた要件と立退き請求の手続きが必要になります。

　法律上の要件としては、まず公正証書等による書面で契約すること、そして契約前に、更新のない契約であることを家主が借家人に書面を交付して説明すること、です。定期借家である旨の説明をしない場合には、「更新がないこととする」という定めは無効になります。

　なお、契約期間が1年以上ある場合、家主は期間満了の1年前から6

か月前までの間に、借家人に対し、「契約期間満了により建物の賃貸借（借家契約）は終了する」ことを通知しなければなりません。その通知を通知期間内にしなかった場合は、契約の終了を借家人に対抗できません（通知期間経過後でも家主がこの旨の通知をすれば、借家人に通知が届いてから6か月経過すると、借家契約終了の効果が生じる）。

ご質問の場合、家主が借家人に対し、契約書とは別に書面を交付して、「更新のない」定期借家契約であることを説明してませんから、定期借家契約の要件を満たしているとは言えないようです。

とすると、この借家契約は更新できる契約であり、家主に正当な事由がない限り、更新は可能と言えるでしょう。

5 借家人に滞納している家賃を払わせたいが…

Q 私はアパートを経営していますが、借家人の1人がなかなか家賃を払ってくれないので困っています。その人はサラリーマンで、かなりの給料をもらっているはずなのに、催促しても、「いま金がない」「来週までには何とかする」と言って、月8万円の支払いが2、3か月遅れるのはザラ、ときには半年近くも滞納します。といって契約を解除し、部屋から立ち退かすには、裁判しかありません。それでは、費用と手間がかかりすぎです。私としては、家賃さえ取れればいいのですが…。

この場合、少額訴訟を利用するといいでしょう。少額訴訟は60万円以下の金銭支払いを求める裁判手続きで、通常の裁判とは異なり、原則審理は1回だけ、その日のうちに判決が出ます（確定判決。控訴はできない）。

訴訟を起こすには、訴状を作成して、訴訟費用（訴訟額60万円は6000円）と若干の郵便代と一緒に、簡易裁判所の窓口に提出するだけです。簡易裁判所の窓口等に定型の訴状が用意してある（インターネットやFAXで取れる裁判所もある）ので、本人でできます（具体的な訴状の書き方のサンプルもあるし、裁判所の窓口でも教えてもらえる）。

判決後も、借家人が支払いを拒むようなら、その勝訴判決を債務名義として強制執行手続きを申し立てることです。これにより、給料の差押えができます。ただし、相手方が「少額訴訟はやりたくない。正式な裁判にしてくれ」と言うと、少額訴訟手続きは使えません。自動的に、正式裁判に移行します。

6 アパートを建て替えたいが、立退料で追い出せるか

Q アパートが老朽化したので建て替えたいのですが、借家人数人が、どうしても立退きに同意してくれません。若干の立退料は出すつもりですが、それでアパートから出てってもらえますか。

借家人が立退きに同意しないからといって、力ずくで立ち退かせることはできません。まず、当事者間で話し合い、話がまとまらなければ、裁判所に民事調停を申し立てる方法もあり、調停がダメなら、最終的には借家人を相手に貸室明渡し訴訟を起こし、勝訴判決を取るしかないのです。定期借家契約、取壊し時に契約を終了する特約をした取壊し予定の借家契約、一時使用の借家契約を除けば、裁判所は家主側に正当事由があるかどうかで判断します。なお、立退料の支払い（財産上の給付）も正当事由を補完するものです（借地借家法28条）。

ご質問の場合、アパートが老朽化していることもあり、それなりの立退料を支払えば、裁判にしなくても、借家人が立ち退いてくれる可能性は高いと思います。

7 家主が代わった場合に借家権はどうなるか

Q 10年前から借りている貸家の持主が、借家人である私に何の挨拶もなく、建物を第三者に売ってて、どこかに行ってしまいました。買主は反社会的勢力のフロント企業という噂で、早速、すぐに家から立ち退いてくれと凄まれました。怖いです。立ち退く理由はありませんが、前の家主も身勝手だと思います。何か対策はありませんか？

建物の所有者が、借家人に無断で家を売っても、原則として別に責められません。借家人の承諾はいっさい必要ないのです。

建物の譲渡があった場合の新所有者と借家人の法律関係は、一般の賃貸借の場合と異なって、借家人は保護されていて、建物の引渡しを受けていれば、借家人としての地位を建物の新所有者に対抗できるとされています。この場合には、これまでの建物賃貸借契約の内容どおりの関係が、借家人と新所有者との間で継続することになります。

しかし、問題はその後のことです。借家人がいるのを承知で買って、立退きを迫っても、右のとおり立ち退

く必要はありません。

現実の問題として、生活に恐怖を覚えるなど、生活に支障をきたすような場合には、弁護士などの専門家に相談するとよいでしょう。

8 内縁の妻に借家権を相続する権利はあるのか

Q 私の持家で長い間賃貸している家がありますが、そこの主人が亡くなって、70歳に近い内縁の妻が一人で暮らしています。少し痴呆気味で、先日、危うくボヤを出しそうになりましたが、内縁の妻にこの貸家に住む権利があるのでしょうか?

賃借人が死亡しても、賃貸借契約はそれによって終了しません。それは、土地の賃貸借でも建物の賃貸借でも同じです。その契約関係（借家権）は、借家人の相続人が相続します。その場合、家主の承諾は必要なく、また名義書替料など金員の支払いは必要ありません。借家人の死亡により当然に承継される権利です。

さて、この場合の相続人ですが、借家人の死亡のあとに住んでいるのは、内縁の妻ですから、法律上の相続人ではありません。しかし、事実上の妻なのに、借家権を相続できないからといって、夫の死亡により借家から退出しなければならないのは気の毒です。

そこで、借地借家法では、借家人に相続人がいない場合には、その借家人と同居していた内縁の妻や、事実上の養親子関係にあった者が借家権を引き継ぐことを認めたのです（同法36条）。したがって、内縁の妻であったことを理由にしての明渡請求は無理と思われます。

●不当に高額でなければ敷引き特約は有効

賃貸マンションなどの借室契約で、大家が契約終了時、預かった敷金や保証金から一定額を差し引いて借家人に返還する敷引き特約が、消費者契約法10条により無効になるかどうかが争われた事件で、最高裁は契約書に金額が明示してあり、借家人がその特約について明確な同意をした場合には、敷引き額が不当に高額でなければ有効とする初判断を示しました（平成23年3月24日判決。および同判決を踏襲、借家人実質敗訴の最高裁判決が平成23年7月12日）。

なお、自然損耗の補修費用として通常想定される金額や家賃、礼金等一時金の有無や金額に照らし敷引き額が高額に過ぎる場合は、信義則に反し借家人の利益を一方的に害するもので、消費者契約法により無効となるとしたが、家賃の2～3・5倍の範囲内にある本件は不当に高額とまでは言えないと判示しています。

PART 5

住居のグレードアップのために——

不動産を売却・買い替える

◆不動産の売却も、購入と同様に神経を使うものです。できるだけこまめに面倒を見てくれる信頼おける業者に、売却の依頼をすることをお勧めします。

◆また、売却・買い替えともなると、両方を一度にやることになりますので、計画は綿密に立てることが重要です。購入は決まったが、売却する予定の物件が売れないというのでは、資金計画がまったく狂ってしまうからです。

住居のグレードアップのために

不動産を売却・買い替える手続きと注意点

◆不動産の売却・買い替えでの注意点
◆買い替えでは元の物件をどうやって売るかが問題
◆不動産を売る場合にも費用はかかる
◆マイホームの買い替えはタイミングが大切・など

●不動産の売却・買換えの流れ

※これは宅地建物取引業者（大手のマンション業者・不動産業者から町の小規模な不動産屋まで含む）に仲介を頼み、不動産を売却する場合の手続きの流れと注意点の概略を示したものです。

1 査定を専門家に依頼する

売りに出す以上は商品となります。そこで、売出価格をいくらにするかを決定しなければなりません。不動産鑑定士に依頼したり、不動産業者に依頼して決定することになります。

2 不動産業者と媒介（代理）契約する

不動産売却の仲介を不動産業者に依頼する場合は、業者と媒介契約を締結します。また、業者を売却の代理人とするなら、代理契約を締結します。媒介契約も代理契約もそれぞれ「一般」「専任」「専属」の3種類があります。

3 届出等が必要かどうかを確認する

国土法や農地法等で、一定面積以上の土地取引をする場合は、都道府県知事等への届出や許可が必要な場合があります。取引が大規模な場合は気をつけなければなりません。

4 瑕疵の申出（重要事項説明）をする

売却する物件に関する情報の開示とでもいうべきことです。なかでもその物件に瑕疵（傷、トラブル）がある場合は、重要事項説明書に記載しておかなければ、後で損害賠償請求や、契約の解除をされることもあります。

■売主となる際の注意

不動産取引は高額なものであるだけにトラブルの発生を防ぐ様々な法的規制があります。その仕組みは煩雑ですので、個人で取引するより、やはり不動産取引の専門家に依頼するのがよいでしょう。

売主は普通できるだけ高値で売りたいと思うものです。ただ、買値との下落幅をできるだけ押さえようとして、物件に抵当権が設定されていたり、家屋にキズがあることを言わずに売りつけることは許されません。

必ず契約前の段階で、買主に対して、その物件に関する重要な情報は開示することになっています。依頼した業者にも物件情報は正直に申し出ることです。

■契約の際の注意点

契約とは、法によって保護された約束です。後になって揉めることのないように、書面で作成して当事者で確認の上、契約書を保管しておくといいでしょう。契約に必要な書類などは事前に準備して、遺漏のないようにしておくことです。

■買い替えの注意点

買い替えの購入資金は売った物件から得るのが一般的です。そこで、いくらで売れるか厳密な算定をすることが重要になります。計算が甘いと、売れない場合や予定よりも売値が安かった場合、資金計画が狂ってしまうからです。

金融緩和で住宅ローンが激安になったとか、耐震性や設備の良さが優れているなど買う物件ばかりに気を取られ、資金計画を疎かにすることのないようにして買い替えを進めることが大切です。

5 売買契約を締結する

宅地建物取引業者が扱う場合、宅地建物の売買の場合は、まず、右④の重要事項説明書を交付して、その内容を説明しなければなりません。必ず契約書の作成と交付が義務づけられています。そして、契約書には宅地建物取引士の記名が必要です。売主はここでは登記簿謄本（登記事項証明書）、実印、印鑑証明書などの用意を忘れずに。

6 抵当権等が設定されていれば抵当権を抹消する

買主が、抵当権付きの不動産であることを了承している場合には、問題ありませんが、そうでない場合には、その後、売主が責任を追及されることがあります。この他、根抵当権、賃借権、質権などの担保物件や、仮登記あるいは仮差押えなどが付いている場合も、これらを抹消しておく必要があるでしょう。

7 残代金を受け取り、引渡し・所有権移転登記をする

残金の支払いを受け、引渡しをし、移転登記が済んだら手続きは終了です。通常、代金の支払いと所有権移転登記のための登記済証（登記識別情報）・印鑑証明書・委任状と不動産引渡証や鍵などの授受は同時引替えにします（同時履行）。

〈買い替えについての注意点〉

1・マイホームの購入の手続きの流れについては、14〜15ページを参照。

2・買い替えは、売却と購入を同時にするのがよいが、売却がスムーズにいかない場合のことも考えて次のような対策を立てておくとよい。

①購入を急いでしないこと。

②購入を急ぐ場合には、つなぎ資金のことも検討する。

3・買い替えでは、購入と売却の両方を一度に進めるために、動くお金も大きく、また手続きも大変なので、事前に計画を綿密に立て、かつ信頼おける業者に依頼することが重要となる。

不動産の売却 買い替え 1

■売却・買い替えの注意点

不動産の売却・買い替えではここを注意する

▼買い替えのタイミングを間違えない

■ここでは不動産を買い替える場合に即して、売却手続きを説明します。

買い替えは住みやすい家がほしくなった時

◉資金のゆとりがない買い替えは無理

苦労して手に入れたマイホームでも、何年か経つと不都合が出てきます。購入時は広かった家も、子供が大きくなれば手狭になりますし、また都市開発が進み、そばまで賑やかな繁華街が押し寄せれば、住宅としては住みづらくなります。買い替えを考えるのは、そんな時です。

しかし、家や土地は高額で気軽に買えるものではありません。買い替える意思があっても、経済的な裏打ちがなければ、すべては画に描いたモチです。

まず、必要な買い替え資金（自己資金かローン）が用意でき、ローンも無理なく返済できるという場合に初めて、買い替えが可能だと言えるでしょう。

◉低金利で価格が安定し、物件が数多く出回っている時がベスト

買い替えが必要な事情（目的）があり、その資金が準備できたら、次に外的要因（物件価格、住宅ローン金利、物件供給量）も有利かどうか検討してください。

たとえば物件価格が極端に上下するバブル期やその直後は、割高な物件をつかまされるリスクも高く、買い替えは避けた方が無難でしょう。また高金利の時も同様です。市場に出回っている物件の数が少ない時も買い替えの好機とは言えません。

では、今現在（令和5年8月現在）はどうでしょうか。

日銀が、長期金利を実質1％まで容認したため、民間金融機関は長期金利に連動する10年固定型の住宅ローン金利を、同年9月から0・1％～0・2％程度引き上げています。もっとも、引上げ後の金利も3％代ですし、返済期間35年のフラット35は年1・80％ですから、低金利は今も変わりません。金利だけ見れば、買い換えのタイミングとしては有利

な時期と言えるでしょう。

しかし、路線価やマンション価格は数年前から上昇しています。買い替えにも住宅ローンを使うと、借入額は通常増えます。その場合、金利が低くても支払金利はそれまで以上に多くなることもあります。また、審査で希望額が借りられないこともあり、低金利の時代でも、必ずしも買い替えに有利とも言えません。

一般的に、低金利で、物件価格が安定しており、物件供給量が増えている時期が、買い換えのタイミングとして良いと言われます。

しかし、物件価格の下落時も買い替えに向かない訳でもないのです。今住んでいる（売る）物件に売却損が出る恐れはありますが、買う物件は安く買えます。また、登録免許税など諸費用も安くてすみ、ローンの貸出金利も低くなるのが普通だからです。物件価格下落時の借り換えも一概に不利とは言えません。

物件の売り買いは同時に行うのがコツ

マイホームの買い替えでは、新しい家の頭金に、それまで住んでいた家の売却代金を当てるのが普通です。新しい家は手に入れたものの元の家がなかなか売れないと、後の資金繰りが大変です。たとえ、つなぎ資金が借りられたとしても、その分の金利は負担しなければなりませんし、元の物件に住宅ローンが付いていれば、二重に金利を払うことになるわけです。また、固定資産税などの公租公課も当然新旧2軒分払うことになってしまいます。

もっとも、先に元の家が売れてしまい、引渡時期が迫っているのに新しい物件が見つからないという場合も、面倒です。仮住まいに移る手もありますが、借りるための敷金や家賃、手数料などの費用もバカになりませんし、また引越しの手間と費用も2倍かかります。

マイホームの買い替えは、原則として、引越しと引渡しのタイミングを合わせることです。新しい家に移ったら、すぐに元の家を引き渡す、つまり物件の売却と購入をできるだけ同じ時期に行うことがポイントと言えます。

もちろん、不動産価格が下落傾向の場合には、早め（高い時）に元の家を売り、新しい家は後から、つまり安くなってから買う方が得という考え方もあります。急騰している場合は当然、新しい家を買った後で元の家を売った方が有利です。しかし、不動産価格がどう動くか、それは不動産取引のプロでもなかなか見極められません。プロでも失敗するのに、情報の少ない素人が価格上の損得を計算し、リスクの多い投機的な買い替えに走るのはやはり危険です。

マイホームの買い替えは、あくま

でも気に入った家を見つけるのが目的ですから、結果的に損をしても、売りと買いの時期が余り空かないように行うべきです。

●買い替えは信頼できる業者に頼む

物件の売り買いは、不動産業者に仲介を頼むのが普通です。自分の大事な財産を任せるのですから、信頼できる業者を選んでください。元の家（今住んでいる家）を買った時の業者が信頼できれば、その業者に頼むのがいいと思います。

しかし、その業者に不信感があったり、今の家は相続で取得したという場合は、新たに業者を探さなければなりません。いずれにしても、登録業者でないモグリ業者や、過去に事故を起こしたり行政処分を受けた業者は絶対選ばないことです（行政の担当課に問い合わせるといい）。また、依頼する前に、その業者の評判を、取引先や取扱物件の大家や店子に聞いてみることも必要です。

●こんな家を買ってしまったら

買い換えは、その目的にあうものを見つけるのが一番ですが、いくら気に入った家でも、次のような物件を買う場合には注意が必要です。

①抵当権付の物件を購入する場合

売主が債権者（抵当権者）に借金を返済できないと、債権者は競売を申し立てて、抵当権を実行します。競売されてしまえば、競落人が物件の所有者になり、買主はその家から立ち退くしかありません。

そこで、抵当権付の家を買う場合、売主には抵当権の残高を差し引いて代金を払い、差し引いた分は買主が直接、抵当権者に払って抵当権を抹消してもらう方法をとるとよいでしょう。

また、購入後に抵当権付だと知った場合、抵当権が実行される（競売による差押えの効力が発生する）前に、抵当権者に対し、一定の代金を払う代わりに抵当権を抹消するように請求できます（抵当権消滅請求→民法379～383条）。

抵当権が実行されて買主が所有権を失ったときは、売主との契約を解除し、損害を受けたときは、その賠償を請求することができます（民法567条）。

②買った家に借家人がいる場合

借家の所有者が替わっても、借家人は通常、住み続ける権利を有しています（借地借家法31条1項）。定期借家契約が期間が満了しているか、抵当権設定後の借家契約の場合などを除けば、買主が借家人の立退きを要求できるケースは限られます。

買主がその家をどうしても必要とする場合、高額な立退料を提示して借家人に明渡しを頼む以外、方法はありません。

借家人が住んでいる家を買う場合、事前に立ち退いてもらうか、明渡しの承諾書を取った上で、契約してください。売主の「立退きを承諾している」などという言葉を信じないことです。

◆不動産業者の信頼度チェックリスト

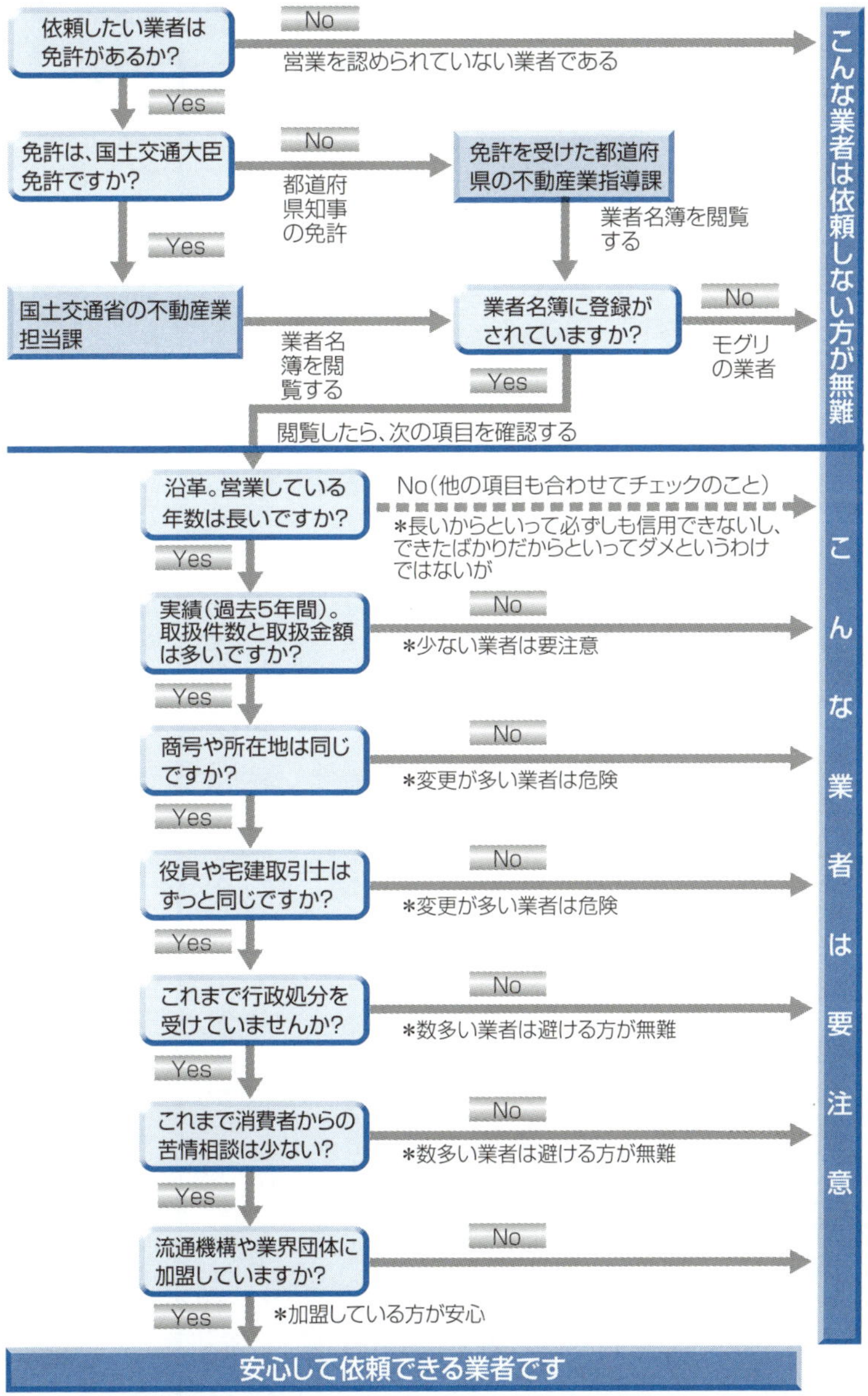

※あくまでも目安ですが、業者の選定には、慎重の上にも慎重を期すべきです。

不動産の売却
買い替え
2

■不動産売却の手続き

買い替えでは元の物件をどうやって売るかが問題

▼物件の売却から抵当権設定登記の抹消、引渡しまで

■買い替えでは、今住んでいる家がいくらで売れるかは大きな問題です。

物件を買い替えると売却損が出ることもある

売値が余りに安いと、新しい物件の買取価格との差額が大きくなり、支払いに住宅ローンを利用する場合は借入額が増えて返済がきつくなります。売値がその住宅ローン残高に満たない場合は買い替えそのものを断念しなければならないでしょう。

しかし、物件の売出価格が高すぎると、まず売れません。

また、買い替えに限らず、物件の売却は不動産業者に仲介（媒介）を頼むのが普通です。業者は、売主の希望を考慮には入れますが、やはり売却可能で現実的な売値を査定してきます。そのため、耐震強度などに問題のある欠陥マンションなどでは売却損が出ることもあります。

一般的に、バブル期など物件価格が値上がり基調で購入時よりも高騰している場合、交通アクセスの整備など外的要因で地域の地価が著しく値上がりした場合を除き、中古物件は購入時の価格より値下がりするのが普通です。

新築物件でも、マンション業者や開発業者が売れ残った物件を格安で販売することもあります（平成12年には57％もの値引販売の例がある）。値引販売がされた場合は、それ以前にマンションや住宅を購入した人は買い替えの際、差額分が丸々売却損となる可能性も少なくありません。当然、売却額が住宅ローン残高にも満たないおそれが大です。

なお、地価動向を表す公示地価（国土交通省・令和5年1月1日現在）の全国平均は、全用途平均（1・6％増）、住宅地（1・4％増）、商業地（1・8％増）のいずれも2年連続で上昇しています。

住宅地は、三大都市圏は名古屋圏（2・3％増）、東京圏（2・1％増）の上昇率が大きく、地方圏では地方4市（札幌、仙台、広島、福岡）が8・6増と大きな上昇率でした。

買い替えにあたっては、このような地価の動向を細かくチェックして資金計画を立てることも重要です。

代金決済と物件の引渡しは同時に行う

売り出した物件の買主が決まると、売主と買主との間で売買契約を結ぶことになります。

不動産業者に仲介を依頼している場合、売買契約書も業者の方で用意してくれますが、売主は念のため、必ず内容を細かくチェックしてください。もし、契約書の中身が口頭で約束した内容と違っていても、契約書を取り交わしてしまうと、後から話が違うと騒いでも手遅れです。売主は、すべてを業者任せにして、言われるままにハンを押してはいけません。

ところで、一般的に、物件の引渡しは代金と引換えが普通です。通常、業者が立ち会いますが、代金は業者にまかせず、直接自分が買主から書類と引換えに受け取ってください。業者に支払う手数料は別に用意しておくか、それが無理なら、受け取った代金の中から支払うようにすべきです。

一方、売主は売り渡す家の鍵等と一緒に、所有権移転登記に必要な書類を買主に渡さなければなりません。印鑑証明や委任状も事前に準備してください。なお、物件の住宅ローンを事前に抹消できない場合には、銀行でローン（抵当権）抹消登記に必要な書類一式を準備してもらい、銀行が買主から代金を受け取り、引替えに抹消登記の書類を買主に渡す方法も考えられます。

売りも買いも同じ不動産業者に任せるのがコツ

上手な買い替えのコツは、売り買いを同時進行させることだと157ページ（不動産の売却・買い替えの注意点）で説明しました。しかし、個人が独力で新しく購入する物件を探し、今住んでいる家を買ってくれる相手を見つけるのは困難です。一般的には、売り買いどちらも、不動産業者に仲介を依頼するのがいいのではないでしょうか。

なお、売り買いは、それぞれ異なる業者に頼んでもいいのですが、新しい家を見つけてあるとか、今の家は買主が決まっているなど、よほど特殊な事情がない限り、購入物件探しと売却相手探しは、双方を同じ業者に頼む方がいいと思います。

というのは、同じ不動産業者なら、①売り買い双方の情報をその場で確認できるため、時間的ロスが少なく、また②依頼者のニーズに合ったものだけをチョイスできるなど効率的な物件探しが期待できます。さらに③業者に支払う手数料など、費用面での節約も可能だからです。

一般的に、不動産の売却を依頼する場合、業者との仲介（媒介）契約の形態は、①一般媒介契約、②専任媒介契約、③専属専任媒介契約の３通りがあります（下図）。不動産業者にどこまで任せるか、それにより契約の形態が異なるのです。

どれがベストか、一概には言えません。性格や売却の目的や事情を考えて、自分に合った契約形態にすべきです。

なお、どんな業者に仲介を頼んだらいいか、いわゆる安全な不動産業者を選ぶ方法としては、159ページのチェックリストを参考にして選んでいただけたらと思います。

いずれにしても、不動産の売買に際しては、不動産業者に任せきりにすることはせず、契約内容の確認や代金決済については、必ず自分の手で行うことが必要だと思います。

◆仲介（媒介）契約の形態

契約の種類	契約の形態 業者の数	依頼者への 経過報告	広告や宣伝活動 をするか	備　考
一般媒介 契約	何社でもよい	義務なし	店頭掲示や流通機構へ情報提供するだけ	・仲介手数料が入る保証はない（効果は薄い）
専任媒介 契約	重複依頼はダメ 依頼者が買主を見つけるのは可	2週間に1回以上の報告が必要	上記の他、目的物件の指定流通機構への７日以内の登録義務付け	・契約期間は3か月以内（更新あり） ・依頼者が買主見つけた場合は単独契約できる
専属専任 媒介契約	重複依頼はダメ 依頼者が買主を見つけるのは不可	1週間に1回以上の報告が必要	上記の他、目的物件の指定流通機構への５日以内の登録義務付け	・契約期間は3か月以内（更新あり） ・買主との契約は業者を通さないとできない

＊抵当権抹消ローン（登記抹消のための「つなぎ融資額」−「売却代金」）は、売却と購入を同じ仲介業者で行う場合で、専任媒介契約か専属専任媒介契約が条件となる。

★指定流通機構制度とは

専任媒介契約と専属専任媒介契約の場合、業者は依頼された物件情報を国土交通大臣指定不動産流通機構（指定流通機構という）に登録することが義務づけられています（宅地建物取引業法34条の２第５項）。専任の場合には依頼後７日以内、専属専任の場合には5日以内に機構に登録しなければなりません。

指定流通機構制度とは、この機構に登録された物件情報をコンピュータ・ネットワークシステムで業者が共有し、パソコンなどで迅速に情報交換できる仕組です。

なお現在、東日本不動産流通機構、中部圏不動産流通機構、近畿圏不動産流通機構、西日本不動産流通機構の４つの指定流通機構があります。

★仲介手数料は3％＋6万円

売買契約が成立した場合、売主が業者に払う仲介手数料は、成約価格が４００万円超の場合には３％＋６万円（消費税別）が上限です。業者が途中に何社入ろうと同じです。なお、一般的には、売買契約時に半分、引渡し時に残り半分を支払います。

◆売買の仲介依頼から物件の登記抹消、引渡しまで

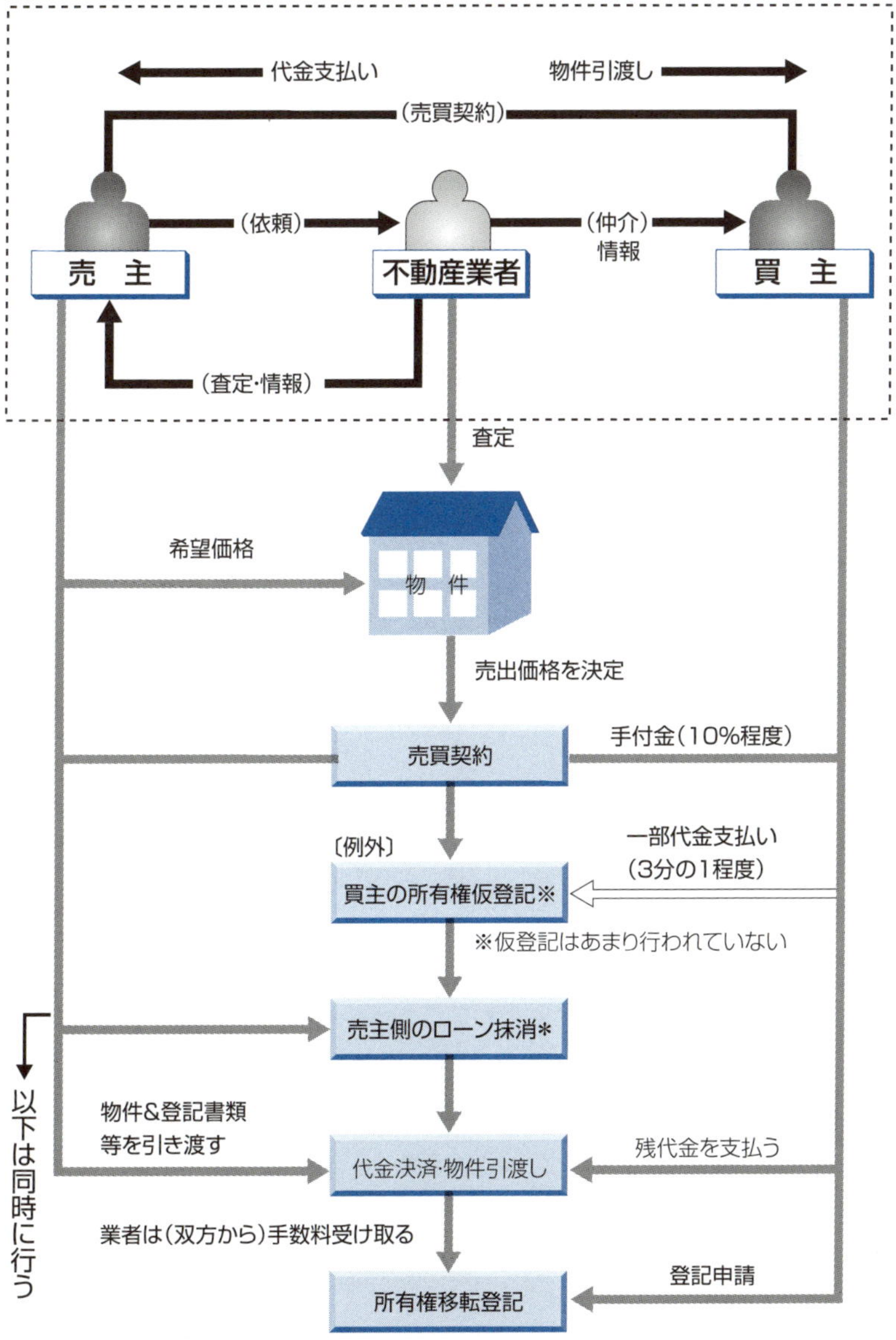

*一括支払いをしない場合、ローン抹消が後になる場合もある。

不動産の売却
買い替え
3

■不動産売却の費用

不動産を売る場合も費用はかかる

▼不動産屋へ払う手数料だけではない

■不動産を売りたければ、売主が自分で物件の買主を探し、その相手と直取引をするのが一番手軽で簡単です。この方法だと、不動産業者に手数料を払うこともないので、かかる費用もかなり節約できます。

しかし、情報量の少ない個人が独自に買主を探すことは、容易ではありません。また、買主との売買契約、ローンの抹消や所有権の移転登記など、いずれの手続きも煩雑で専門的な知識を必要とします。

不動産業者に払う仲介手数料は売買価格の3％＋6万円

不動産の売却は、一般的には、宅地建物取引業者（不動産業者のこと）に依頼し、買主を探してもらうのが普通です（媒介という。これは法律用語ですが、日常的には仲介という言葉を使います）。なお、不動産業者が売主の代理人になったり、直接物件の買主になることもあります。そして、マイホームを買い替える場合は、売り買いを同じ業者に任せると、手間もかからず、また費用も圧縮できて効率的です。

ところで、不動産業者に依頼した場合、売主は物件が売れたら、その業者に仲介手数料（成功報酬）を払わなければなりません。

もっとも、その手数料の金額は、業者側が自由に設定できるわけではなく、その上限は国土交通省告示により決まっています（166ページ上表参照）。業者は、これ以上の手数料を取ることはできませんが、反対に、それより低い金額で仕事を引き受けるのは自由です。

また、手数料の支払いは、自分が直接依頼した業者にするだけでよく、たとえ途中で複数の業者が介在していたとしても、売主が業者に支払う手数料の金額は変わりません。受け取った所定の手数料をどう配分するかは、その物件の売買に携わった業者間の問題であって、売主が業者から仲介手数料を二重に取られることはないのです。

なお、この仲介手数料は、あくま

でも成功報酬ですから、物件が売れなかった場合には払う必要はありません。また、業者に頼んだとしても、不動産業者が直接買主になった場合も、手数料は不要です。

不動産売却には仲介手数料以外の費用もかかる

不動産を売却した場合には、不動産業者に支払う仲介手数料の他にも、さまざまな費用がかかります。

その主なものは、①引越しの費用、②売りやすくするためのリフォームの費用、③住宅ローン抹消の費用、④売買契約書および登記関係書類作成費用、そして、⑤税金です。

まず、引越しの費用ですが、これは多かれ少なかれ必ずかかります。というのは、売り渡す家に、売主が住んでいてもいなくても、その物件を買主に引き渡すまでには、家の中にある家財はすべて運び出さなければならないからです。

自分で運ぶにしても、労賃はタダでも車のガソリン代などはかかるでしょう。また、引越し業者に頼むとすれば、当然所定の引越し料金を支払わなければなりません。

運ぶ家財の量や距離、あるいは業者により、料金はマチマチですが、概ね5万円～50万円程度はかかると考えてください。

なお、直接の費用ではありませんが、テレビやソファーなど大型家具を引越し先に運ばない（処分=廃棄する）場合、リサイクルゴミや粗大ゴミの費用もかかります。とくに、洗濯機、テレビ、エアコン、冷蔵庫、衣類乾燥機は「家電リサイクル法」により、家庭用パソコンは「資源有効利用促進法」でリサイクルが義務付けられています。

たとえば、家電のリサイクル料金（メーカーにより異なる）は概ね、エアコン990円～、洗濯機・衣類乾燥機2530円～、テレビ（液晶・プラズマ式）1870円～2970円、冷蔵庫3740円～4730円で、別に収集運搬料金もかかります。また、PCマークの付いてないパソコン処分は3000円～7700円程度のリサイクル料金（メーカーにより異なる）が必要です。

この他、家具類など粗大ごみの処分にも費用がかかります。1点ごとの費用はわずかでも点数がまとまると、意外に費用がかさみます（粗大ごみの処理手数料は市区町村により異なる）。たとえば、東京都練馬区の場合、収集料金は衣装箱400円、ソファー（2人用）800円、シングルベッド1200円などです。

なお、ごみを自分で持ち込むと、収集料金の半額程度で済みます。

ところで、売主としては、物件を1円でも高く売りたいというのが本音だと思います。そこで、少なくとも、床や壁、畳など、すぐ目に付く

◆不動産業者に支払う売買仲介手数料の限度額

不動産の売買価格	不動産業者が受け取れる仲介手数料の限度額＊
①200 万円以下の部分	売主、買主の双方からそれぞれ売買価格の5%
②200 万円超 400 万円以下の部分	売主、買主の双方からそれぞれ売買価格の4%
③400 万円超の部分	売主、買主の双方からそれぞれ売買価格の3%

＊売主が不動産業者に支払う仲介手数料の上限は、左の①②③で計算した金額の合計額となる。
なお、手数料には、別途10%※の消費税がかかるのが一般的です。
※2019年（令和元年）10月から消費税は8%から10%に引上げ。

〔仲介手数料の簡略式〕
売買価格が400万円以上の場合には、次の略式により仲介手数料の上限を計算できます。
売買価格×3%+6万円=仲介手数料限度額
（別途10%※の消費税がかかる）
※手数料は売買契約時、物件引渡時に半分ずつ支払うことが多い。

外観だけはきれいに清掃し、必要な修理もしておいてください。より有利な条件で売ろうと思ったら、清掃業者を入れたり、場合によってはリフォームをするなど、ある程度の出費は惜しまないことです。

　また、住宅ローンが残っている場合には、そのローン（抵当権）を抹消しておく必要があります。一般的に、抵当権の付いた物件はなかなか売れません。

　売主は、遅くとも引渡しや代金決済の時までに、銀行など貸主（債権者）にローンの残金を返済して住宅ローンを抹消しなければなりません。そのため、この分の費用も必要となります。ただし、マイホームの買い替えでは、売主が自分でローンの返済費用を準備することはまれで、売却物件の買主から受け取る代金の一部で、そのローン残金を返すのが普通です。

　この他にも、抹消登記の登記申請書作成や申請手続きを司法書士に頼めば、その費用も負担しなければなりません。また、売却時には、抹消登記の登録免許税や印紙税（売買契約書や登記申請書類には法定額の印紙を貼らなければなりません）も必要となります。また、通常、売却金額が取得価格より多ければ、その譲渡益についても確定申告時に譲渡所得税がかかります（211～218ページ参照）。

　いずれにしても、売主の手元に残る金額は、物件の売却代金から、前ページで紹介した①～⑤の費用の合計額を差し引いたものです。

　なお、買い替えの場合には、今住んでいる物件の売却代金を新しいマイホームの頭金にするのが普通ですが、新物件の購入にかかる費用や税金（170～172ページ参照）だけでなく、必ず売却にかかる費用や税金も忘れずに考慮して、買い替えの資金計画を立ててください。

不動産の売却
買い替え
4

■不動産の買い替え

マイホームの買い替えはタイミングが大切

▼焦ると粗悪な物件をつかまされる

■住宅ローンが低金利で、新規物件の供給も十分な今日、マイホームの買い替えを考える人も多いでしょう。ただ、都市部ではマンション価格が上昇しており、買い替えには十分な資金の手当が必要です。

買い替えは、投資より暮らしやすさを求めるためにする

買い替えは、焦ることは禁物です。業者の「こんな出物は2度とない」というセールストークに踊らされ、慌てて買い替えをしたら、後からよりニーズにあった物件が続々と出てきたなんてことも少なくありません。ようは目先の有利さに惑わされることなく、自分にとってベストな条件が整うまで、じっくりと時期を待つことです。

買い替えが適当な時期かどうか、まず次の3点を検討してください（169ページ図参照）。

①　内的要因　これは、買い替えの目的です。たとえば、家族が増え今の家が手狭になったので広くしたいとか、周囲がビル街や繁華街に代わり住みづらくなったという場合には、買い替えを考える必要があります。

しかし、たんに投資目的、つまりバブル時代の土地転がしのような感覚で、利ざやを稼ごうとする買い替えは、お勧めできません。

②　外的要因　買い替えの環境が整っているかどうかです。不動産価格が高騰し、ローンの金利が高く、しかも物件の少ない時期は、買い替えすべきではありません。

③　買い替え資金　十分に用意できるなら、何の問題もありません。

このすべてをクリアーしない限り、買い替えは控えた方が無難です。

買い替えの手続きは売り買い同時に行うのがポイント

買い替えの手続きは、大きく2つに分かれます。今住んでいる家を売る売却手続きと、新しい家を買う購入手続きです（169ページ図参照）。具体的な手続きについては、それぞ

れの項目（売却⇩160ページ、購入⇩14ページ以下）を参照していただくとして、ここでは買い替えに当たっての2つの大きな注意点を述べたいと思います。

第1点は、買い替えは売り買い同時にするということです。

たしかに不動産価格が安い時に新しい物件を先に買い、価格が上がってから今住む物件を売るという手もあります。しかし、不動産価格の先行きはプロの業者でも見極めるのが難しいものですし、物件が売れるまで税金や住宅ローンを二重に払わなければなりません。また、逆の場合にも、引越し費用など余分な出費を免れないでしょう。

新旧物件の売り買いをできる限り同じ時期にすること、上手な買い替えのポイントはこれに尽きます。

第2点は、業者の言い分を鵜呑みにしないということです。

とくに、新しく物件を購入する場合には、契約前に、①物件の権利関係と、②物件の現状だけは、必ず自分で確認してください。①については、法務局（登記所という）で物件の登記簿を閲覧すればわかりますし、また物件のある地方自治体の税務事務所で課税台帳を調べれば、固定資産税などを滞納していないかどうかわかります。また②についても、業者の説明を鵜呑みにせず、一度は自分で現地を訪れることです。

頼んだ業者を信頼することは大事ですが、任せっぱなしはいけません。

物件の交換は、差額や瑕疵の処理方法を決めておくこと

買い替えの方法には、金銭的なやりとりをせずに直接物件を取り替える交換という方法もあります。この交換取引は一般的に経済的価値が同じような物件を取り替えるため（査定価格が異なる場合、その差額は金銭で支払う）、一定の条件に該当すれば課税されません（詳しくは217ページ参照）。ただし、この取引では、後々揉めないように、固定資産税など公租公課や光熱費など諸経費の清算、また物件に瑕疵があった場合の賠償方法を取り決めておくことが必要です。

なお、この交換取引には、直接所有物件を取り替えるもののほか、等価交換や借地人と地主が底地と借地権とを交換するものもあります。

等価交換（立体交換）とは、所有する敷地の利用権と引き換えに、他人（業者）が同じ敷地上に建てたビルやマンションなどの部屋の一部を取得することです。

また、後者では、底地権割合分（一般的に3割程度）を地主に返還するために、従来の敷地面積より狭くなりますが、借地人はその分について完全所有権を取得することになります（立体交換に対し、平面交換という）。

◆買い替えのタイムスケジュール

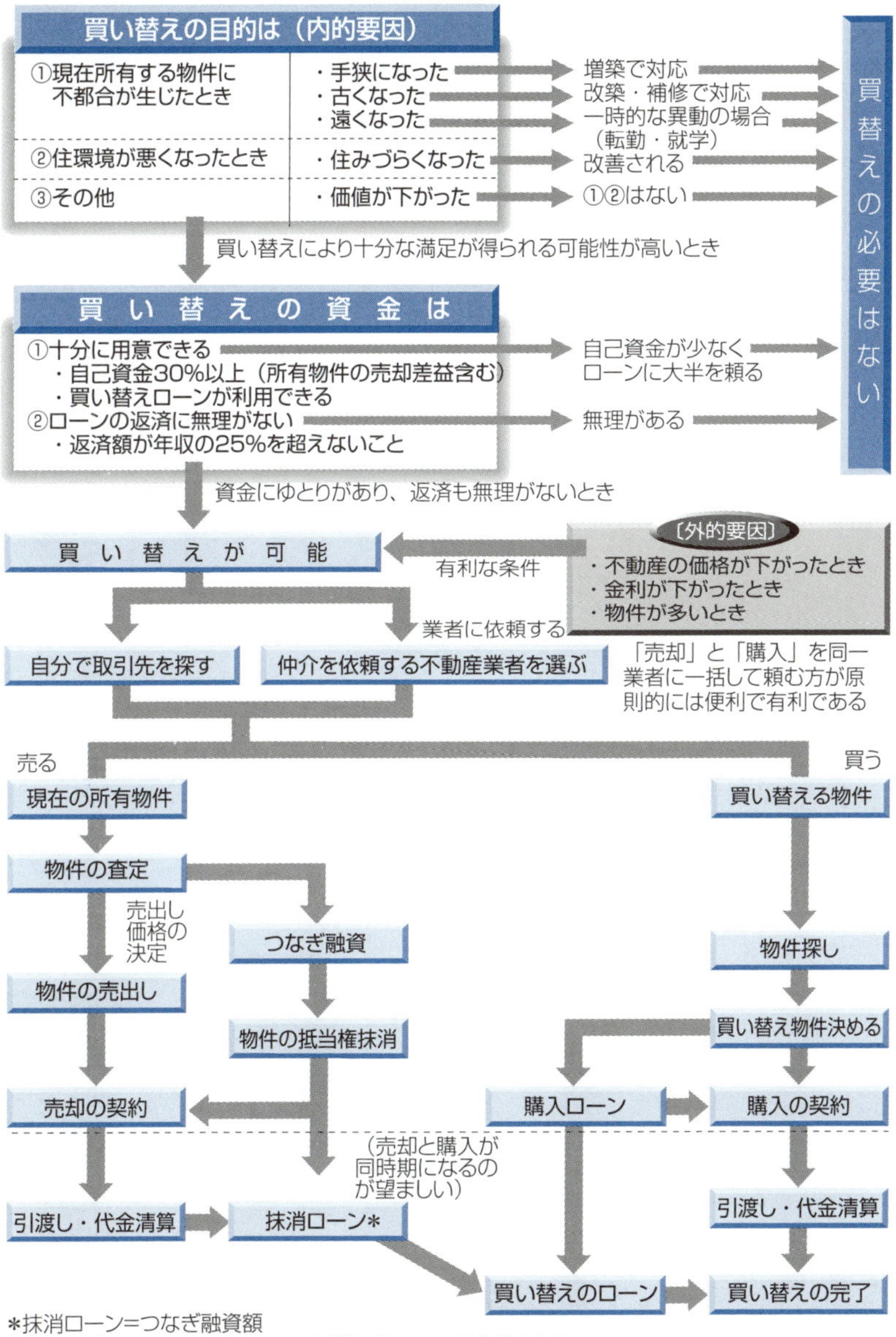

＊抹消ローン=つなぎ融資額
★買い替えのローンは抹消ローンと購入のローンの合計となる

不動産の売却
買い替え
5

■買い替えの費用

マイホームの買い替え費用は余裕ある計画を立てる

▼売り買い両方に費用がかかる

■マイホームを買い替える場合、初めて物件を買う場合より税金や諸費用が余分にかかります。新しく物件を購入する際に必要なものに加えて、今住んでいる物件の売却にも税金や諸費用がかかるからです。

中古より新築に買い替える方が費用は少なくてすむ

売却にかかる費用はまだ残っている住宅ローンの抹消に必要な金額を除けば、もっとも大きいのは不動産業者に対する仲介手数料です。

購入時の費用では、仲介手数料とともに、引越しの費用も大きな割合を占めています。

買い替えにかかる費用は、その物件や個人の事情によって、かなり違います。一般的に、新しく買う物件の1割程度用意しておけば安心ですが、同程度の額の物件ならば、新築の物件に買い替える方が費用はかかりません。

中古物件の場合、新築と比べると、どうしても購入後にリフォームをする必要性が多くなるからです。いくら頑丈そうでも、その分の費用は最初から計算に入れておく必要があると思います。

なお、マンションや大規模団地の一戸建ての場合には規約により、管理費や修繕積立金を月々取られることもあります。

売却損、（譲渡損失）は3年間繰越控除できる

マイホームを買い替える場合、さまざまな税金がかかります。その主なものは、売却益が出た場合の譲渡所得税、新しく買った物件には登録免許税（登記のための印紙代）や不動産取得税、それに建物については消費税もかかります。

また、売買契約書や住宅ローン契約書に貼る印紙、それに購入後は毎年、固定資産税や都市計画税も必要です。その中で、もっとも負担が大きいのは売却益にかかる譲渡所得税ですが、買い替えでは、その税額を

どれだけ節税できるかも大切なポイントです。

たとえば、所有期間も居住期間も10年を超えるマイホームを買い替えた場合、税法上、買い替え特例の適用が受けられます。しかし、どんな場合でも、この特例を利用したら得かというと、そうでもありません。買い替え特例は課税免除ではなく、あくまでも課税の繰り延べに過ぎないからです。

マイホームを譲渡した場合には、譲渡益から3000万円の特別控除が受けられます。譲渡益が3000万円以下なら、譲渡所得税はかかりません。買い替え特例と特別控除の両方の適用はありません。ただし、譲渡益が3000万円を超えない場合、一般的には買い替え特例を使わない方が有利なようです。

なお、売却損が出た場合、その損失をその年の他の所得から控除（損益通算）し、控除し切れなければ、翌年から3年間（合計4年間）繰り越して所得控除ができるという「特定の居住用財産の買い替え等の場合の譲渡損失の繰越控除制度」が利用できます（一定の条件必要・次ページ上表）。また、「住宅ローン控除」（209ページ参照）との併用も可能になっています。

買い替えでは、抹消ローンをうまく使えるかがポイント

マイホームの買い替えでは、売り買いともに住宅ローンを組むのが一般的です。売却物件に住宅ローンが付いたままだと、売りにくいということは以前にお話ししました（166ページ参照）。つまり、売主は引渡しか代金決済の時にローンを決済する取決めをするか、それができないときには（公的ローンの場合など）決済時までに、その残高を返済して、住宅ローン（抵当権）を抹消しておく必要があります。

しかし、マイホームの買い替えでは、ローンの抹消資金は売却代金でと考えている売主が大半でしょう。そこで、買主から売却代金を受け取るまで、売主は一時的につなぎ資金を借りなければなりません。この既存の住宅ローンを返済するための住宅ローンが、いわゆる抵当権抹消ローンなのです。

このローンは、借主（物件の売主）が他に担保物件（たとえば新しく購入した物件など）を提供できなければ、貸主は無担保で貸すのと同じです。そのため、当然のように審査も厳しくなり、金利などの条件も通常のローンより悪くなります。また、場合によっては、借りられないこともあるでしょう。もし、抹消ローンを組まなければ買い替えができないという場合は、できるだけ同じ業者に売り買いともに依頼することです。そうすれば、業者が抹消ロー

ンも世話してくれるでしょう。

なお、最近では担保割れでも借り入れられる買い替えローンもあるようですので、金融機関に相談してみることです。

◆マイホームの買い替えにおける譲渡損失の繰越控除制度の主な適用条件

売却するマイホーム	新しく購入するマイホーム
・売却する年の1月1日に所有期間が5年を超えた物件であること ・居住の用に供されなくなった場合には、その時から３年経過後の12月31日までに物件を売却することなど	・売却する前年の1月1日から翌年の12月31日までの最大3年間の間に物件を取得し、取得日から翌年の12月31日までにその物件に住むか住む見込みであること ・住宅部分の床面積が50㎡以上 ・一定の住宅ローンを利用することなど

＊なお、合計所得が3,000万円を超える年は、この制度の適用を受けられません。

◆マイホームの買い替えにかかる費用と税金

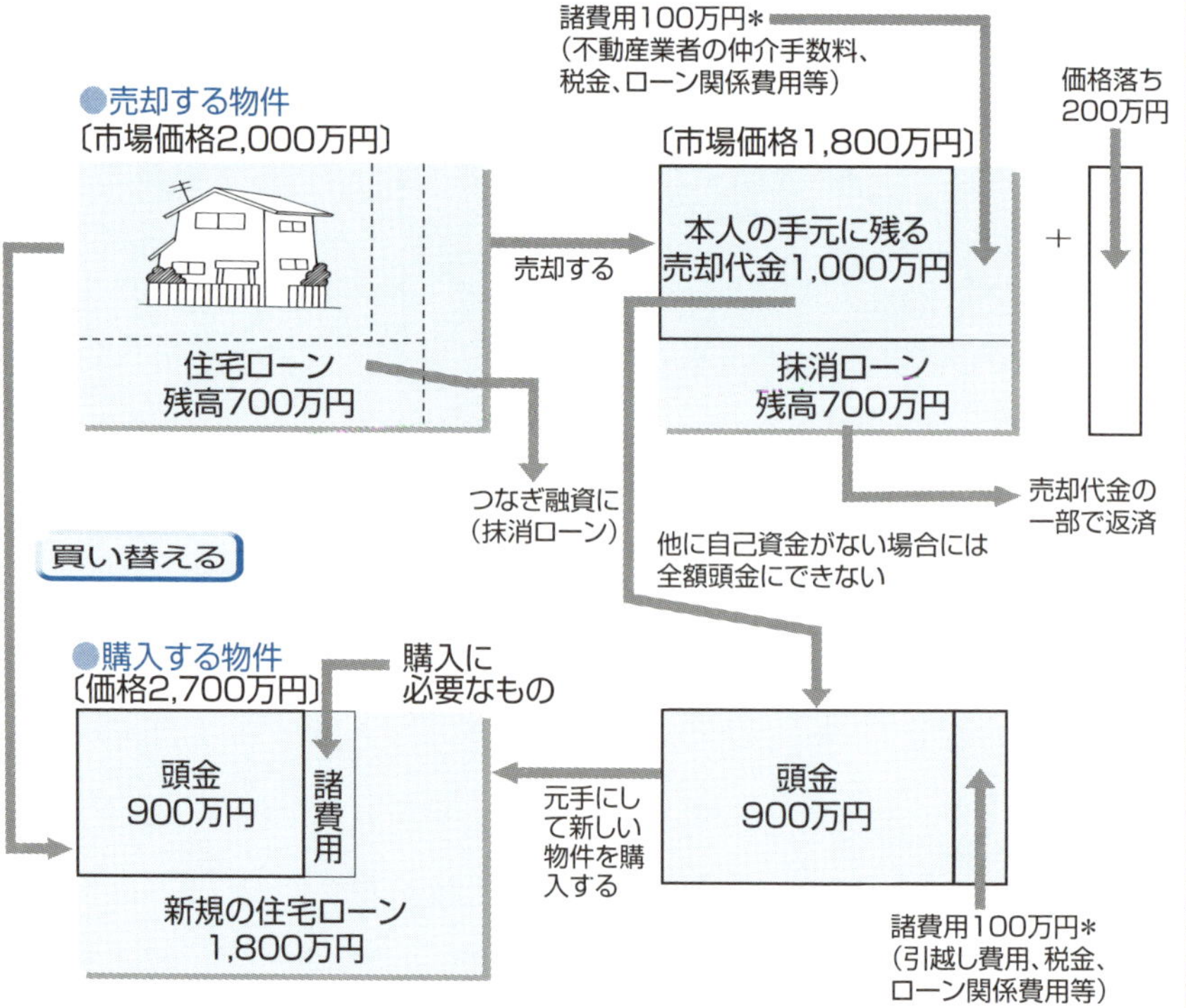

※所得税の算定上、譲渡損失の次年度以降への繰越しも条件により可能となりました。
＊諸費用や住宅ローン等の金額は、物件や個人の事情によりかなり異なります。ここで提示した金額は、あくまでも売却代金と諸費用や頭金との関係を理解していただくためのモデルです。

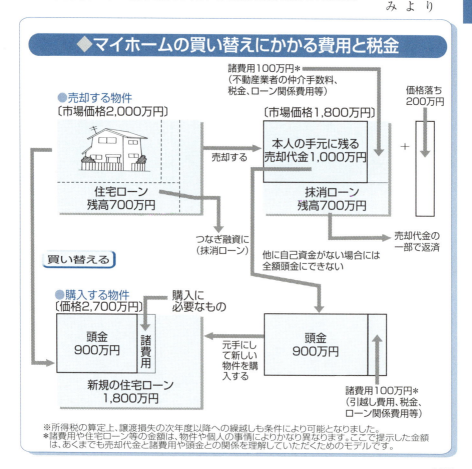

不動産の売却
買い替え
6

■買い替え対策

買い替えで失敗しないための研究

▼暮らしやすさを第一に考えるのがコツ

■買い替えの誘惑は誰にでもある

マイホームを持つことは庶民の夢です。もちろん、一生に一度の買い物ですから、自分の力で手に入れられる最高の物件を選んでいるはずだとは思います。

しかし、その時点では満足できても、年月が経つにつれて「狭すぎる」「遠すぎる」「周辺の環境がよくない」などと、あれこれ不満が出てくるのが普通です。

誰もが、マイホームの買い替えを考え始めるのは、そんな時ではないでしょうか。

ここではPART5のまとめとして、買い替えに失敗しないための2つの注意点を紹介しておきます。

買い替えは本当に必要な時だけ

右から左に不動産を売り抜けるだけで年収以上の利益が出る。そんなバブルの時代もありました。自宅を次から次へと買い替え、大きな利益をあげた人もいたようです（もちろん損失を被った人は、それ以上にいたはずですが）。

しかし、マイホームの買い替えは投資とは違います。その目的は暮らしやすさの追求でなければいけません。買い替えにより「家が広くなる」「通勤が便利になる」「環境が良くなる」など、家族が住みやすくなることが一番重要なのです。

よく「物件が安くなって金利が低い今が買い替え時だ」と、外的要因の有利さを強調する人がいますが、何よりもまず、自分や家族にとって本当に今買い替えが必要なのか、その内的要因（目的）から判断してほしいものです。

無理な資金ぐりは禁物

買い替えは、今住んでいる家を売り、その売却代金を頭金に新しい家を買うというのが普通です。しかし、その売値は相場（市場価格）より低くなることもあります。元の物件が相場以上で売れると盲信して新しい物件を決めてしまい、結局買い替えに失敗するケースも少なくありません。そこで、相場よりも1割〜2割低い価格で売れてもいいような計画を立てておくとよいでしょう。

●住宅の建て替え・リフォームでの注意点

■住宅の建て替えの注意点

住宅の建て替えは、土地を買って建物を新築する場合と同様です。ただし、建て替え特有の問題がない訳ではありません。

①建築規制が、現在の建物が建てられた時と変わっている可能性があります。そのため土地によっては、以前は建物が建築できたのに、建て替えができない場合もあります。

たとえば、建物を建てる土地は、原則、4m以上の公道に2m以上接していなければなりません（接道義務）が、こうした公道に接していない場合などです。

このように規制をクリアできず、建て替えができないこともありますので、事前に市区町村役場で確認・相談してください。なお、建て替えができなくても、補修はできます。

②土地が借地（賃借権）の場合には、地主の承諾が必要で、承諾なしに建て替えを行うと契約違反として借地契約の解除原因となります。地主が建て替えを承諾しない場合には、裁判所に申し立てて、地主の承諾に代わる許可を得る必要があります。

また、必ず、見積もりを取り、契約書を作成してください。

■住宅のリフォームの注意点

高齢化時代を迎えて、バリアフリー住宅にすることや、耐震改修と併せて住宅のリフォームを考えている人も多いことでしょう。基本的なリフォームの流れは、リフォームプラン→資金計画→設計・見積もり→工事依頼→工事実施、となります。

①リフォームプランは、どう変えるか等のイメージを考え、住宅展示場等で資料を収集するとよいでしょう。

②資金計画は、どのようなリフォームをするかによって異なりますが、大まかなイメージを基に業者から見積もりを取り、検討します。

リフォームでは、追加工事が必要となりがちですので、多少多めの資金を用意しておくのがよいでしょう。資金不足の場合は、各種のリフォームローンの利用ができます。

③業者選定のポイントは、リフォーム実績、価格、工事保証（工事保険の有無）などです。リフォームには新築と違ったノウハウがありますので、実績のある業者を選定するのがよいでしょう。

なお、リフォームの情報提供機関には、（公財）住宅リフォーム・紛争処理支援センター（電話相談☎０５７０―０１６―１００）があります。

PART 6

不動産を上手に相続する

争いがなく相続するために…

◆相続は身内の問題です。したがって、一歩間違えば、家族間の醜い争いにならないとも限りません。しかし、相続人にしてみれば、大きな財産をつかむチャンスでもあるのです。

◆一般の相続の場合、まず住居である不動産が相続財産としては、もっとも価値があるものでしょう。したがって、その不動産をどう分割するかなどが主な問題です。

相続では不動産はモメやすい

不動産相続の手続きと法律の要点

◆相続人には誰がなるのか・各相続人の相続分はどうなっているのか・遺言がある場合に相続はどうなるのか・遺産分割はどのような手続きでするのか・相続財産の不動産はどうして分割するのか・など

◆不動産相続の手続きと法律の要点

■遺産で大きいのは、不動産です。

被相続人の死亡（失踪宣告を含む）

相続は被相続人の住所地で開始する。

1 相続財産の確定・遺産の分割

不動産で相続するものには、宅地・農地・山林・借地権・借家権などがある。

遺言がないとき → 共同相続 → 遺産分割協議

相続欠格・廃除者の調査

法定相続分どおりでなくてもよい。

遺言があるとき → 遺言の検認請求 → 遺言執行者の選任

家庭裁判所に請求して行う。公正証書では不要。

遺言で指定がない場合、利害関係人の請求で、家庭裁判所が選任できる。

■相続に関する法改正

時代の変化に合わせることを目的に、相続法等の改正が行われました。

改正は多岐に及びますが、不動産相続に最も関係あるものとしては、①「配偶者居住権の保護規定の創設（180ページ下欄参照）、②「公的機関（法務局）における自筆証書遺言の保管制度」の創設（197ページ下欄参照）などがあります。

■不動産の相続

遺産を明確にするには、遺産目録（財産相続目録）を作成します。土地は所在・地番・地目・面積、建物は所在・家屋番号・種類・床面積などを記載します。

土地家屋の相続でいちばん問題になるのが、相続人が遺産である土地家屋に住んでいる場合です。この場合、話合いで解決するしかありませんが、遺産の土地に住んでいる相続人が、他の相続人に相続分に見合う金銭を支払って解決するのも、一つの方法です。話がつかなければ、遺産分割の調停の申立てをします。

■不動産の評価

不動産の評価方法には、原価法、比較法、収益法の3つがあります。家庭裁判所の鑑定は、主として比較法をとっているようです。分割協議で、不動産の評価額がまとまれば、その額でいいのですが、話がまとまらない場合は、不動産鑑定士に頼むのもよいでしょう。

協議成立 → 遺産分割協議書の作成 →

協議不成立 → 調停または審判（訴訟） →

遺言の執行 →

遺留分を侵害すれば遺留分侵害額請求（訴訟）をされることもある。

相続人全員が合意すれば、遺言どおりの遺産分割でなくてもよい。

2 遺産分割の実行

相続した遺産に応じて相続税を支払う。

3 不動産の相続登記

登記により、自分のものであることを第三者に主張できる。

〔法定相続人と相続分〕

配偶者は常に相続人になり、血族は第1順位から第3順位まであり先順位者が相続します。

第1順位による相続…配偶者（夫の死亡の場合は妻）と子。相続分は配偶者$\frac{1}{2}$、子$\frac{1}{2}$（子が数人いる場合は均等に分ける）。配偶者がいない場合は、全遺産を子が均等に分けます。

第2順位による相続…配偶者と被相続人の直系尊属（親など）。相続分は、配偶者$\frac{2}{3}$、被相続人の親$\frac{1}{3}$。配偶者がいない場合は、全遺産を親が相続します。

第3順位による相続…配偶者と被相続人の兄弟姉妹。配偶者$\frac{3}{4}$、兄弟姉妹$\frac{1}{4}$。

不動産の相続 1

死亡した人に子がいれば子と配偶者が相続する

■相続人になる者

▼法律で相続人となる者の順番が定められている

■ここでは相続の際に最もトラブルとなりやすい不動産の相続問題と並行して、この相続という言葉の法律上の意味について、説明します。

相続の開始と相続人

〔相続の開始〕 相続は人の死によって開始します。そして、亡くなった人のことを「被相続人」といい、被相続人が遺した財産を一定の基準に従って受け継ぐ人のことを「相続人」といいます。

〔相続人〕 相続人の範囲は民法によって定められています。

具体的には、以下のとおりです。

配偶者がいる場合には、その配偶者は常に相続人となりますが、他の血族は順番が決まっていて、①子（直系卑属）、②父母（あるいは遡って祖父母など直系尊属）、③兄弟姉妹の順です。例えば、被相続人に配偶者と子ども、父母、兄弟がいる場合、配偶者と子どもが相続し、父母、兄弟には相続権はありません。もし、子どもがいなければ、配偶者と父母が相続人となり、子ども、父母ともにいない場合、配偶者と兄弟姉妹が相続人です。

第1順位による相続…配偶者と子（直系卑属）。配偶者相続と血族相続は別系列である。配偶者がすでに死亡している場合、子が血族として全財産を相続。子は実子・養子・非嫡出子を問わない。

第2順位による相続…直系卑属がいなければ、配偶者と直系尊属（父母）。配偶者がすでに死亡している場合、父母が血族として全財産を相続。

第3順位による相続…直系尊属がいなければ、配偶者と兄弟姉妹。配偶者がすでに死亡している場合、兄弟姉妹が血族として全財産を相続。

〔代襲相続〕 被相続人の死亡より前に、被相続人の子が死亡していたり、次に述べる相続欠格に該当するか、相続廃除によって相続権を失った場合には、その子（孫）が相続人となります。これを代襲相続といいます。孫も死亡していたときはその子（ひ孫）が再代襲相続人となります。同様に兄弟姉妹が相続人で、兄弟姉妹がすでに死亡している場合はその子（甥、姪）が代襲相続します。

【相続人の不存在】

相続人がいないときは、家庭裁判所は特別縁故者（被相続人と生計を同じくしていた者、被相続人の療養看護に努めた者など）の請求で財産を分与します（残りは国庫に帰属）。

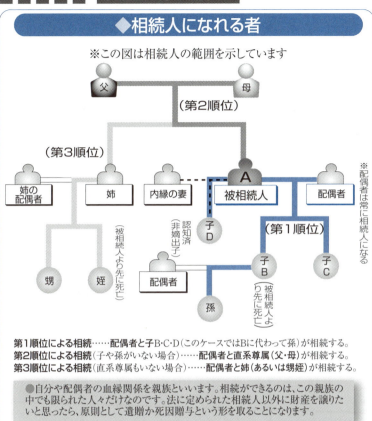

◆相続人になれる者

※この図は相続人の範囲を示しています

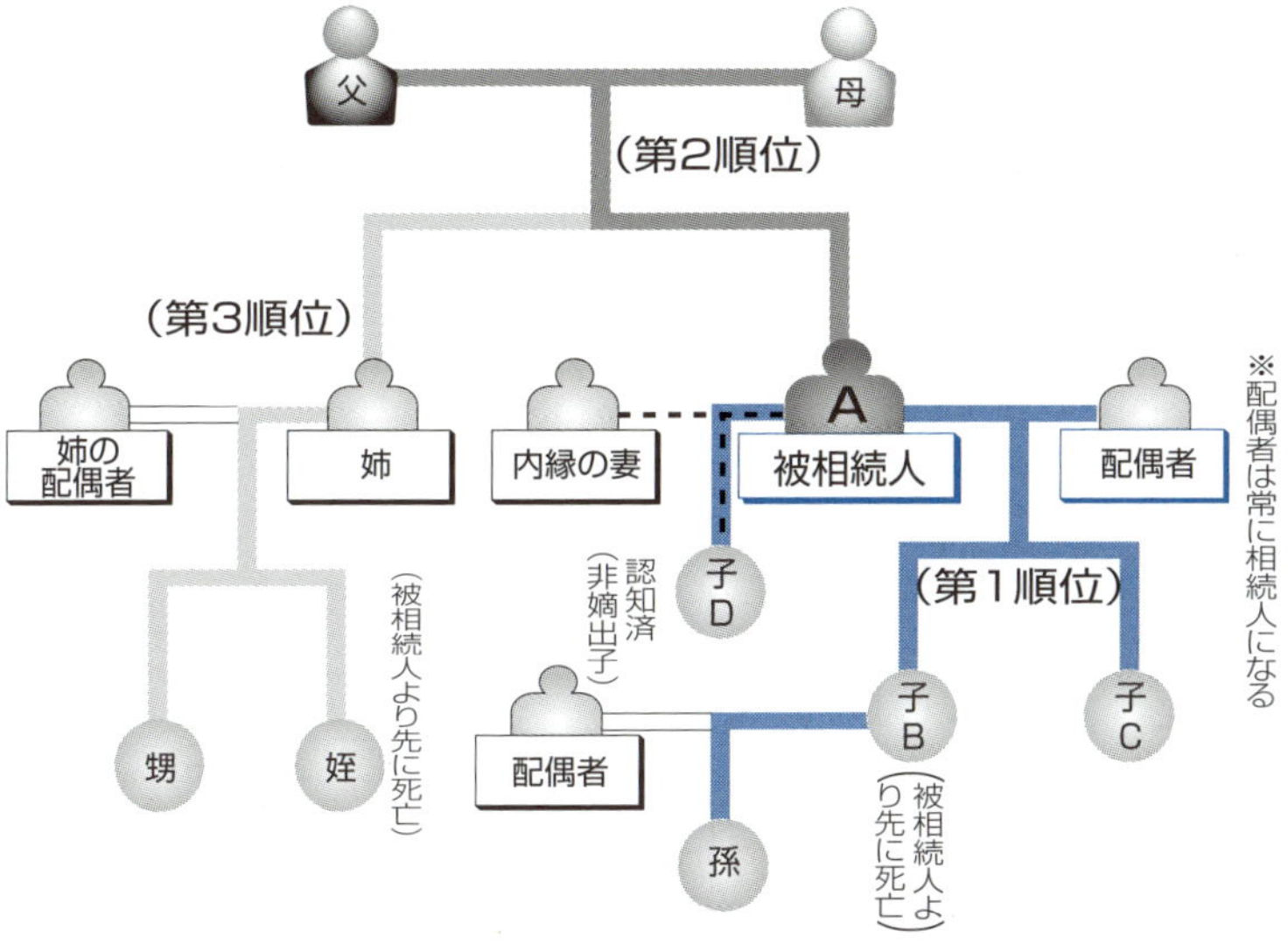

第1順位による相続……**配偶者と子B・C・D**（このケースではBに代わって孫）が相続する。
第2順位による相続（子や孫がいない場合）……**配偶者と直系尊属（父・母）**が相続する。
第3順位による相続（直系尊属もいない場合）……**配偶者と姉（あるいは甥姪）**が相続する。

●自分や配偶者の血縁関係を親族といいます。相続ができるのは、この親族の中でも限られた人々だけなのです。法に定められた相続人以外に財産を譲りたいと思ったら、原則として遺贈か死因贈与という形を取ることになります。

相続人になれない者

法定相続人であっても、相続人としての資格を失うこともあります。

① **相続欠格**

被相続人や、自分より先順位の相続人を殺したり、殺そうとして刑に処せられた者や、詐欺や強迫によって、被相続人の遺言の作成に影響を与えたり、遺言を偽造した者は相続人の資格を失います。

② **相続廃除**

相続欠格にあたるほど重大でない場合でも、被相続人に対する虐待や重大な侮辱や著しい非行があった者は、被相続人の請求で、家庭裁判所が相続権を剥奪します。

前ページの図の中に、自分や配偶者の血縁関係を親族というとありますが、親族であれば相続権があるというものではありません。相続できるのは、亡くなった人から見て配偶者、そして子ども、両親、兄弟姉妹までです。孫や甥、姪は、子どもや兄弟姉妹が被相続人より先に亡くなっている場合などに、その子ども、兄弟姉妹が相続するはずだった分を代わって相続します（代襲相続）。

前ページで図のAが亡くなった場合で考えて見ましょう。配偶者と子どものBとCとDには相続権があります。内縁の妻は相続権はありません。図の場合Bは、Aより先に死んでいますから、Bが相続するはずだった分をBに代わってBの子（孫）が相続します。Dは内縁の妻の子ですが、認知されていますから、嫡出子であるBやCと同じ割合で相続します。

この図の場合にはAの子どもが相続しますから、Aの両親や兄弟姉妹は相続することはできません。両親の場合は、被相続人に生存している子どもも孫もいない場合にのみ相続することができ、兄弟姉妹に至っては、子ども、孫、両親のすべてが生存していない場合に初めて相続権がまわってくるのです。甥姪は子ども、孫、両親が生存していないときに代襲相続ができるだけです。

※配偶者の相続とその他の相続人の相続は、前述のとおりルートが違います。

●配偶者の居住権の保護

①配偶者短期居住権　相続開始時に被相続人（死亡した人）の建物に無償で住んでいた場合には、被相続人の意思にかかわらず最低6か月間は配偶者の居住が保護される。

②配偶者居住権　配偶者が相続開始時に居住していた被相続人の所有建物について、「配偶者居住権」と「負担付所有」とに分け、前者を配偶者、後者を他の相続人が相続できる。配偶者のメリットとしては、配偶者は自宅での居住を継続しながら、配偶者居住権の価値は低いことから、その他の財産も多く取得できる。配偶者居住権は、遺産分割あるいは遺言等で配偶者が取得できる。（①②令和2年4月1日施行）

③配偶者への居住用不動産の贈与等の保護　婚姻期間が20年以上ある配偶者の一方が他方に対し、その居住に要する建物またはその敷地（居住用不動産）を遺贈または贈与した場合については、原則として、遺産の先渡し（特別受益）としてとり扱わなくてもよい。結果、配偶者はより多くの遺産を取得できる。（令和元年7月1日施行）

不動産の相続 2

遺言がなく話合いがつかないときは法定相続分で分割する

■各相続人の相続分

▼相続人間の話合いで自由に分割するのが原則

■相続分は、相続人のうちの誰が、どれだけの相続財産を相続するかという問題です。相続人となる者の範囲は前述したとおりです。

遺言がある場合の分割の仕方

相続では被相続人の意思が尊重されます。つまり、遺言がある場合には、その遺言の内容に従って決まるのです。これを、「指定相続分」といいます。ただし、遺言も絶対ではありません。

相続人全員が分割協議をして、遺言と異なる遺産分割を決めた場合、この分割も有効とされています。相続人間で話合いがつけば、それによって相続することは自由なのです。

遺言がない場合の分割の仕方

遺言もなく、話合いもつかなければ、民法によって定められた相続分で決定します。これを「法定相続分」といいます。

法定相続分は民法に定められていますが、誰と誰が相続人になるかの組み合わせによって変わってきます。その組み合わせと相続分は、

①配偶者と子が相続人
　配偶者$\frac{1}{2}$　子$\frac{1}{2}$

②配偶者と直系尊属（父母）が相続人
　配偶者$\frac{2}{3}$　直系尊属$\frac{1}{3}$

③配偶者と兄弟姉妹
　配偶者$\frac{3}{4}$　兄弟姉妹$\frac{1}{4}$

となります（次ページ表参照）。

この割合は昭和56年1月1日の民法改正によるものです。

なお、相続が戦前のときは家督相続、長子相続として、相続権はすべて家長（長男）に行きます。相続が戦後（昭和55年12月31日まで）のときは、①配偶者$\frac{1}{3}$と子$\frac{2}{3}$、②配偶者$\frac{1}{2}$と直系尊属$\frac{1}{2}$、③配偶者$\frac{2}{3}$と兄弟姉妹$\frac{1}{3}$の割合（相続分）による相続となります。

なお、民法は非嫡出子（結婚をしていない男女の間に生まれた子）の相続分は嫡出子の半分と定めていま

したが、最高裁判所は平成25年9月4日に同規定を違憲とする判断を示しました。これを受けて同規定は改正され、均等となりました。

遺留分を侵害した遺言がされると

自分の財産はどのような方法でも自由に、死後であっても処分できるのが原則ですが、例外もあります。

たとえば、遺産全部をどこかの施設や、また何人かいる相続人の中の誰か1人に遺贈したら、後の相続人は1円ももらえなくなり、不公平になります。

そこで相続人の生活の保障や共同相続人間の公平な財産相続を図るために、相続財産の一部を相続人に残しておく必要があります。これが、遺留分の制度です。

遺留分は原則として相続財産の2分の1、相続人が直系尊属だけの場合には相続財産の3分の1となります。また、兄弟姉妹の場合には遺留分はありません。

遺留分のある相続人（遺留分権利者）は、その遺留分を侵害されて遺言が行われた場合、遺留分を侵害する遺贈を受けた者に対して、遺留分侵害額に相当する金銭の支払いを請求できます（民法1046条。令和元年7月1日以前に相続が開始した場合は、金銭相当額ではなく相続分の返済を請求する減殺請求でした）。

ただし、この請求権は、「遺留分権利者が、相続の開始および遺留分を侵害する贈与または遺贈があったことを知ったときから、1年間これを行わないときは、時効によって消滅する。相続の開始の時から10年を経過したときも同様である」と、請求期限があります（法1048条）。

なお、侵害した者が支払いに応じない場合、家庭裁判所に遺留分侵害額請求の調停申立てができます。

相続財産には不動産や預貯金の他に借金などもある

相続人が受け継ぐ財産は、現金、預貯金、不動産、動産その他、形のあるものから、被相続人が他人にお金を貸していた場合の債権や損害賠

◆法定相続分

共同相続の場合	相続人	相続分	遺留分
①配偶者と子	配偶者	$\frac{1}{2}$	原則として相続財産の$\frac{1}{2}$ ※相続人が直系尊属だけの場合$\frac{1}{3}$ ※兄弟姉妹は遺留分なし
	子	$\frac{1}{2}$	
②配偶者と直系尊属（父母）（被相続人に子がいなかった場合）	配偶者	$\frac{2}{3}$	
	直系尊属	$\frac{1}{3}$	
③配偶者と兄弟姉妹（被相続人に子・直系尊属がいなかった場合）	配偶者	$\frac{3}{4}$	
	兄弟姉妹	$\frac{1}{4}$	

償請求権、借地権、借家権などの形のないものまで含みます。これらプラスの財産は積極財産または資産と呼びます。これに対して、被相続人に借金などがある場合もあります。こちらはマイナスの財産で、消極財産または負債と呼ばれます。そして この負債も相続財産に含みます。

　また、被相続人が誰かの借金の保証人または、連帯保証人になっていたという場合、相続人は他人の借金の保証人（連帯保証人）としての法律上の地位も受け継ぐことになります。つまり相続人が被相続人に代わって保証人になるということです。

　このように財産はプラスの財産ばかりではありませんので、相続人としては、残された財産の内容をよく調査して、相続するかしないかを決定しないと、大変なことになってしまう場合があります。ただし、保証人といっても、就職の際の身元保証人の場合には、受け継ぎません。

特別受益と寄与分

　実際に相続が開始した場合に、単純に法定相続分どおりにすると、かえって不公平になる場合があります。たとえば、相続人の1人が、被相続人の生前に財産をもらっていたり、逆に被相続人の財産の増加や維持を助けたような場合です。

①　特別受益制度

　被相続人の生前に何らかの財産をもらっている人が、相続人の中にいる場合に、公平な相続を行うための制度です。

　遺贈や婚姻、養子縁組のためまたは生計の資本としての贈与、たとえば、長男だけが事業を始めるための資金援助を受けていたりという場合を考えてください。残った財産だけを分配しても公平とはいえないでしょう。このような一定の場合には、生前にもらった財産も遺産の額に加算して、その総額を分けるのです。

②　寄与分制度

　寄与分制度は、前述の特別受益制度と逆と考えればよいでしょう。

　相続人の中に、遺産として残された財産の維持や増加に功績のあった者がいる場合には、その遺産の一部については、功績を無視して、単純に相続財産に含めると不公平になります。労務や財産の給付、看護、たとえば、相続人の1人が、被相続人の事業を早くから手伝って事業を大きくしたという場合などです。寄与分は相続財産から控除して、寄与分の額を寄与者が相続分とは別に相続します。

　寄与分の額については、相続人同士の協議で決定しますが、決まらない場合は寄与者の請求により、家庭裁判所が決定します。

　なお、「親族以外の寄与」も改正民法で導入されました（1050条）。

不動産の相続 3

■不動産相続

不動産で相続財産となるもの・ならないもの

▼借地権・借家権なども相続財産（遺産）となる

■被相続人が所有していた土地や建物は相続財産に含まれますが、不動産に関連して、相続財産に含まれるものと、含まれないものがあります。

相続財産となるもの

◉借地権・借家権

他人の土地を借りて、その上に建物を建てて住んでいる場合がありますす（借地権）。また、他人の建物を借りて住んでいるという場合もあります（借家権）。このような場合に借りる契約をした当人が死んでしまったら、契約はどうなるのでしょう。

結論からいうと、この契約上の借主としての地位も相続財産となります。したがって、相続人は相続によって借地権や借家権を取得することになり、地主や家主に対して権利を主張することができます。

民法は土地や建物の賃貸借の場合、その賃借権を誰かに譲り渡したり、また、転貸（又貸し）する場合には、貸主の承諾を必要としています。

しかし、相続により取得する場合には、その承諾は必要ありません。

親が子に賃借権を譲り渡したいという場合には、貸主の出方によっては、生前に名義変更しないで、相続まで待った方が有利です。生前に変更しようとすると、貸主の承諾が必要となりますから、承諾を拒否されたり、また、高額の承諾料を要求されることもあるからです。

相続財産とならないもの

◉公営住宅の使用権

民間の借家の場合は、今、述べたように、賃借権は相続の対象ですが、都営や市営住宅など、公営住宅の場合は民法上の権利ではなく公法上の権利であるため、少し違います。

公営住宅は公営住宅法の適用を受けますが、この法律では、低額所得者に対して低廉な家賃で住宅を提供することによって、国民生活の安定や社会福祉増進に寄与することを目的として、入居資格や入居者の選考基準を厳格に定めており、各地方自治体の条例でも公営住宅法の趣旨に基づいて同様の基準を定めています。

それにもかかわらず相続による使用権の承継を認めてしまうと、入居資格のない人でも、相続によって入居できる場合が生じるという不都合があるのです。

平成2年の最高裁判例でも、公営住宅の使用権に関しては、相続による承継を否定しています。

ただ、入居者が死亡したときでも、同居の親族の場合には、各地方自治体の条例に従って手続きをすれば、承継が認められるのが普通です。

◉内縁の妻の相続権

相続人がいない場合には、借地借家法によって、内縁の妻等は借家権を引き継ぐことができます。

もし、借家権を引き継ぐ気がなければ、1か月以内に引き継がない旨を表示しなければなりません。

しかし、借地権に関しては、このように内縁の妻等が権利を引き継ぐ制度はありません。

◉お墓

法律上、お墓や霊園の永代使用権は「祭祀財産」と呼び、相続財産には含まれません。お墓を承継する場合は、まず、そのお墓を所有していて亡くなった人の意思が重視されます。つまり、お墓の所有者の意思によって承継されるのです。

誰を承継人とするかは、生前の指定でも遺言による指定でも構いません。そして承継人は相続人や親族以外でもかまいません。

承継人の指定は口頭でもよいのですが、後日の紛争を防止するために、できるだけ書面で残した方がよいでしょう。

また、お墓を承継する場合には、通常は仏壇や仏具も承継することになります。

もし、これらが非常に高価なもの

◆相続財産となるもの・ならないもの

相続財産となるもの	土地	●土地や建物の相続手続きは、相続による所有権移転登記で行います。
	建物	
	借地権	●民間の借地権や借家権の相続手続きは、地主や家主との契約書の名義書換えが必要です。
	民間の借家権	
相続財産とならないもの	公営の借家権	●同じ借家権でも、公営住宅の場合には相続財産にはなりませんから、注意してください。
	お墓	●お墓や墓園の永代使用権は祭祀財産と呼び、相続財産には含まれません。

であっても、これも祭祀財産であり、相続財産とはなりません。

借地権・借家権の相続手続き

借地または借家の賃貸借契約書の賃借人の名義を書き換えはしなくても対抗できますが、した方がよいでしょう。手続きは、地主または家主とすればよく、あるいはその委任を受けた宅地建物取引業者が事務手続きを代行することも多くあります。

必要な書類は、相続人の戸籍謄本（全部事項証明書）、被相続人（借地人または借家人）の除籍謄本（全部事項証明書）、遺産分割協議書（相続人が複数の場合）などです。

名義書換料などは原則、不要です。

相続財産の調査方法

①**銀行**―預金通帳で残高を調べるだけでなく、集金の担当者などにも問い合わせた方がよいでしょう。また、普通預金や定期預金だけでなく、当座預金も忘れないでください。

銀行名・支店名・口座の種類・番号を確認します。

②**保険会社**―被相続人が生命保険に加入していた場合には、その保険の種類と内容の確認が必要です。

③**証券会社**―株式は会社に対する名義だけはあっても、株券は処分（たとえば借金の担保に友人に渡したなど）されていて、遺産としては存在していないこともありますので、確認が必要です。

④**取引先**―被相続人が事業を営んでいた場合は、その取引先との財産関係も調査しなければなりません。

取引先に対して、売掛金の有無や未払金の有無などを問い合わせましょう。

⑤**法務局（登記所）**―土地や建物に関して、法務局で調査することは、最も大切なことの一つです。登記簿を閲覧（登記事項要約書の交付）することによって、不動産の所有名義人が誰か、また抵当権などの担保権の有無がはっきりします。

場合によっては、第三者の借金の担保として、不動産に担保権が設定されていることもありますし、被相続人の土地だと思っていたら、借地だったということもよくあります。

綿密に調査する必要があるでしょう。

⑥**固定資産税の納税通知書**―この通知書により、保有不動産の有無、種類、評価額などがわかります。

※相続財産調査の際には、被相続人の死亡診断書や、自分が相続人であることを証明するために、相続人全員の戸籍謄本（全部事項証明書）・除籍謄本（全部事項証明書）・改製原戸籍・住民票などを用意してください。

不動産の相続 4

■遺産分割の仕方

遺産分割協議で各人の相続財産を決める

▼法定相続分に反する遺産の分割をしても有効

■相続人が1人だけの場合、相続財産は、その人のものになるだけで、特に問題はありませんが、相続人が複数いる場合は少し問題があります。

この場合には、相続財産は相続開始したときに、相続人全員が共同で所有する状態になります。この状態を共有といいます。この段階では、それぞれの財産個々について、相続人全員が共有という形での所有権を持っていることになります。

遺産分割協議とはなにか

相続財産はいったん、相続人全員の共有状態になりますが、その後、遺産分割手続きを経て、相続財産がそれぞれ個別、具体的に各相続人に帰属することになります。つまり、どの財産が誰の物ということが、個々の財産ごとに決定されます。

遺言があれば、その遺言に従って各相続人の相続分が決まり、遺言がなければ、話合いによって決まり、話合いがつかなければ法定相続分に従って決まることになります。

そして、相続人全員が協議して、遺言や法定相続分と異なった遺産の分割を行うということで話がまとまった場合には、この相続人全員の意思が、被相続人の意思である遺言よりも優先することになります。この遺産分割のための、相続人全員での話合いを遺産分割協議と呼びます。

遺産分割協議がまとまったときは、後日の紛争防止のために「遺産分割協議書」を作成しておきます。この遺産分割協議書は、不動産を相続した場合の相続の登記にも、相続税の申告の際にも必要ですから、実印を押し、各通に印鑑証明を添付します。

負の遺産を分割するときの注意点

遺産分割の際に気を付けなければならないことは、遺産に負債が含まれている場合です。

この場合に、法定相続分と異なる分割をしても、負債の部分は、法定相続分の割合に応じて相続したものとして、債権者から請求されます。

これを避けるためには、負債部分に関して誰がどのような割合で、法定相続分と異なる相続をしたかについて、あらかじめ債権者の承諾を得ておく必要があります。

遺産分割協議が不成立の場合

遺産分割協議が成立するには相続人全員の協議が必要です。もし、1人でも反対する相続人がいたり、または協議することができなければ、不成立ということになります。

遺産分割はいつまでに行わなければならないという決まりはありませんが、いつまでも分割できないというのでは不便です。このような場合には、共同相続人は家庭裁判所に「調

◆遺産分割協議書の例

遺産分割協議書

被相続人大蔵太郎の遺産については、相続人全員で分割協議を行った結果、各相続人がおのおの次のとおり遺産を分割し取得することに決定した。

1．相続人大蔵一郎は、次の遺産を取得する。
船橋市市場町３丁目５番
田　　580平方メートル
2．相続人大蔵二郎は、次の遺産を取得する。
(1)　船橋市本町５丁目10番
宅地　　380平方メートル
(2)　同　所　　　　同番地
家屋番号　　　５番
木造瓦葺平家建居宅１棟
床面積　　150平方メートル
3．相続人田中道子は、次の遺産を取得する。
(1)　株式会社東京電力　株式１万株
(2)　○○農協の被相続人大蔵太郎名義の定期預金
２口合計　　150万円
4．相続人大蔵二郎は、被相続人大蔵太郎の債務を承継する。
○○農協からの借入金　　200万円
5．相続人全員は、前各項に記載する以外の現金その他の遺産を相続人大蔵一郎が取得したうえ、これを亡夫の葬儀および供養の費用に当てることに同意する。

上記のとおり相続人全員による遺産分割の協議が成立したので、これを証するため、本書を作成し、各自署名押印する。

令和　　年　　月　　日

船橋市八幡町539番地
大　蔵　一　郎　㊞
船橋市市場町134番地
大　蔵　二　郎　㊞
東京都杉並区高円寺510番地
田　中　道　子　㊞

停」または審判の中立ができます。

この制度は、調停委員が当事者の間に入って、それぞれの言い分を聞いたうえで、当事者双方が納得できる結論を探ってゆく方法をとります。

そして、話合いがまとまると調停調書を作成します。いったん調停調書が作成されると、調停調書に記載された内容は、裁判の判決と同じ効力を持ち、後になって、その内容と異なる主張をしても認められません。

また、この調停調書によって、登記の申請なども行うことができます。

調停で話合いがつかない場合、こんどは「審判」の手続きをとることになります。審判は、調査官が調査を行ったうえで、審判官が妥当と思われる決定を出します。この決定も判決と同じ効力を持ちます。

相続したくないときは相続放棄をする

相続財産が借金など負債の方が多いような場合には、何もしないでそのままにしておくと、「単純承認」といって、負債も含めたすべてを受け継いでしまうことになります。

相続財産を処分してしまった場合も同じで、単純承認したものとみなされ、負債も自動的に引き継いでしまいます。資産は欲しいが、負債はいらないというような虫のよい方法はありません。しかし、資産も負債も両方とも一切受け継がないことはできます。これが「相続放棄」です。借金が多ければ、相続放棄をすればよいのです。

相続放棄をするには、相続人が自分のために相続があったことを知ったとき（判例では予想外の債務があったことを知って）から3か月以内に、相続を放棄する旨を、家庭裁判所に申し出なければなりません。この3か月を熟慮期間といいます。

限定承認をする方法もある

相続財産を調査したものの、資産と負債とのどちらが多いかはっきりしない場合があります。このような場合は、相続した資産の範囲内で負債を返済するという方法があります。

この方法を「限定承認」といいます。この方法をとれば、負債の額が資産の額を上回るときでも、資産を上回る部分については支払う必要がありません。また、逆に負債を全額返済してもなお資産が残った場合は、その残った資産を相続人間で分配することができます。

限定承認は、相続があったことを知った日から3か月以内に、財産目録を作って家庭裁判所に限定承認の申立て（申述）をします。

この申立ては、相続人全員が共同で行わなければなりません。

不動産の相続 5

不動産の評価と遺産分割の仕方

■不動産の分割方法

▼不動産の評価や分割でもめるようなら専門家に依頼する

■遺産のなかで大きい割合を占めるのは不動産です。したがって、誰が相続するかと並んで、その評価が最も問題になりやすいのです。

不動産の評価の方法

不動産の評価方法には、原価法、比較法、収益法、の3つがあります。

家庭裁判所の鑑定では主として比較法をとります。東京では、東京都宅地建物取引業協会発行の「東京都地価図都市計画図」、大阪では大阪府宅地建物取引業協会発行の「大阪府宅地価格地点図」により、種々の比較を加えて評価しているようです。

しかし、素人同士の分割協議では、話合いで決めればよいし、不動産鑑定士の鑑定を頼んでもよいのですが、かなりの費用がかかります。不動産の所在地の近くにある、不動産会社に聞くのもよいでしょう。また、バブル崩壊後は税務署の路線価額、または地方自治体による固定資産税課税台帳の評価額が土地価格の実勢に近づいているので、実際上はこれによることが多いようです。

① 宅地その他の土地の評価

税務方式で評価額を決める場合には、地域の税務署で調べれば扱いが分かります。これは、公表されていて、路線価方式と倍率方式とがあります。どちらをとり、いくらに評価するか、資料はできています。

地方自治体の固定資産税のための評価も当事者なら評価証明が取れますから、参考にするとよいでしょう。

② 農地・山林の評価

税務署でもそれぞれ特殊な評価方法がありますので、これについても、税務署でどういう評価になっているか確認してください。

③ 借地・貸地の評価

借地・貸地の評価額は、地域により異なります。借地権は更地価格の6～7割と見るのが普通で、その借地権分を差引いた価格が貸地の評価額です。

④ 家屋の評価

普通、固定資産税の評価によりま

す。地方自治体（市区町村役場）で確認してください。

⑤　借家・貸家の評価

これも更地価格に借地権割合、借家権割合をかけて算出しますが、地域により割合が異なります。古い家屋は評価が低くなります。

不動産の分割の方法

現金や預貯金の場合には相続分どおりに分割できます。土地や建物の相続の場合に一番難しいのは相続分に応じた分割です。

相続財産が一戸の建物とその敷地だけだとします。この場合に相続人が複数いるときの分割方法はどうすればよいでしょう。

①　土地と建物の双方を相続人の共有とする方法

この方法では相続分に応じて共有持分を決定すれば、価額のうえでは公平な分割となります。もし誰かが住むとなれば、その使用料を定め共有持分により分けることになります。しかし、共有という状態はあまり望ましいものではありません。

たとえば、共有物である建物が老朽化しているので、建て替えをしようとしても簡単にはいきません。この場合には共有者全員の同意がなければできないのです。

また、その土地や建物を売る場合も同様です。さらに共有者の誰かが死亡して相続が起こった場合、権利関係がより複雑になってしまいます。

②　土地と建物を相続人の数に応じて区分してしまうという方法

しかし土地はまだしも、建物をいくつかに分けてしまうというのは現実的ではありません。また、土地にしても広い土地ならば別ですが、狭い土地を分けるのは評価の点などの問題があります。

③　最も現実的な方法は、誰か1人が相続し、他の相続人には相続分に応じた金銭を支払うことで了解を得る方法

この方法を代償分割と呼びます（左図参照）。

④　相続人のうちの誰か1人がその財産を相続し、その代わりとして、その者が所有している別の土地を引き渡す方法

これを代物分割といいます。

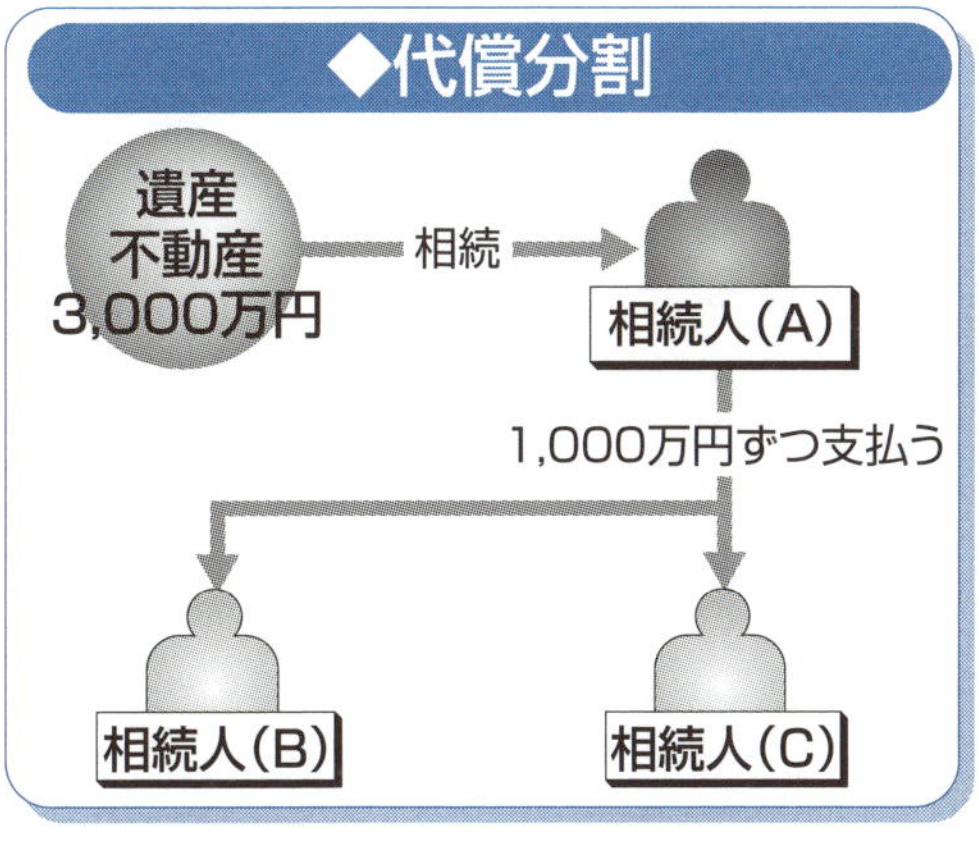

⑤ 売却して代金を分割する方法

これを換価分割といいます。

このように、遺産分割協議が成立したら、その不動産を遺産分割により所有することになった人は、通常は、登記手続きをします。こうして、遺産分割前の共有は解消し、単独所有または共有となります。

ローン返済中の不動産の分割の仕方

住宅ローンも被相続人の債務として、承継されます。しかし、今日、銀行などの金融機関からの借入金については、保険がかけられていて、死亡保険金で住宅ローンの残額が相殺される仕組みになっています。

しかし、こうした保険で補填された借入れでない場合（たとえば、知人から借りているとき）には、残額の住宅ローンは債務（借金）ということになります。

こうした「ローン返済中の不動産」は、不動産代金のローン債務に対して、その不動産に抵当権が設定され、登記がされているのが普通です。この抵当権付きのローン債務も、債務に変わりはありません。

ローンの債務もマイナスの遺産として、相続人全員が相続分に応じて承継します。遺産分割では、その不動産を分割して取得した者がローン債務をも分割して負担し、差額を相続分とすることが多いでしょう。

しかし、債務一般についていえば、法定相続分と異なる債務の分割は債権者に対抗できないとされています。債務だけを勝手に無資力者に配分して、他の者は支払いを逃れるというわけにはいかないのです。

でも、担保があれば勝手な分割もできてもよいではないか、と思っても、バブル崩壊後の無価値となった投機物件関連の不良債務の例を考えれば、債務超過となって取りはぐれが起きますから、そうもいかないでしょう。債務はやはり被相続人の責任であり、相続人全員が負わざるをえないのです。

ただし、実際にはローンが不払いとなればまずローンの債権者に組まれた抵当物件の処分があるでしょう（保証人が返済を迫られることもあります）。その処分でローンが完済になれば、他の相続人には波及しないのが普通です。

★遺産分割前の不動産の処分の取扱い

共同相続人全員の合意によって、遺産分割前に、遺産に含まれる特定の不動産を第三者に売却した場合には、その不動産は遺産分割の対象から外されます。

そして、各相続人は買主に対して、それぞれの持分の割合に応じた代金を請求することになります（最高裁判例・昭和52・9・19）。

不動産の相続 6

■不動産相続と登記

相続の登記は単独でもできる

▼登記が移転すれば、第三者に対抗（自分のものだと主張）できる

■不動産を相続した場合には、その不動産の所有権が、被相続人から相続人へと移転します。このように不動産の権利が相続によって移転する場合の登記を、相続登記といいます。

不動産を相続したらすぐに登記をする

人間には誰でも戸籍があって、その人の出自を記載してありますが、これと同様に登記とは、土地や建物の戸籍とでも思ってもらえばいいでしょう。

登記とはその不動産がどういうもので、誰が所有しているか、また、誰の、どういう権利が付着しているか、などを明らかにするものなのです。

登記費用節約のために、登記しないで放置したままのところもあるようですが、放置しておくと、思わぬ損害を被る場合があります。相続財産の登記は、速やかに行うべきです。

相続登記をしないことによるトラブル

相続しても、登記をしていない場合がよくあります。しかし、登記をしていないことによってトラブルが発生したら、取り返しのつかない場合も多いのです。

たとえば、自分の相続分を売却しようとする場合や、借金をしてその不動産に抵当権を設定しようとする場合には、不便な思いをすることになります。

また、相続人が複数存在する場合には、遺産分割協議で決めた相続分についてきちんと登記をしておかないと、他の相続人が勝手に自分名義に登記してしまったり、また、その相続持分を第三者に売却してしまうなどということがあります。こうなると取り戻すのは大変だということを覚悟しなければなりません。

なお、遺産分割を口頭で行い、きちんとした遺産分割協議書などを残していない場合、遺産分割のやり直しを請求される恐れがないとはいえ

ません。

登記する時期については、実際に相続した分が法定相続分どおりであれば、さほど急ぐ必要はありません（令和6年4月1日から取得を知った日から3年以内の相続登記申請が義務化）が、法定相続分と異なる遺産相続をした場合には、遺産分割協議がまとまったら、直ちに登記したほうが安心です。

登記の手続きは相続人単独でできる

登記は原則として、権利を得る者（登記権利者）と権利を失う者（登記義務者）とが共同して申請します。しかし、相続の場合には権利を失う者はすでに亡くなっていますから、権利を得る者、つまり相続人が単独で申請することができます。ただし、共同相続人がいる場合で、遺産分割協議がまとまっていないときには、まず、共同相続人が全員で、共有の登記を申請しなければなりません。

ただ、この場合でも相続人の1人が、単独で全員のために申請することもできます。

遺産分割協議がまとまっている場合には、遺産分割前の共有は解消しますので、共同相続の登記をしないで、いきなり自分の相続分について登記できます。この場合は、登記申請書に実印による遺産分割協議書を添付します。

登記に必要な手続きと書類

遺産分割協議によって相続した場合の所有権移転登記の手続きに必要な書類は、以下のとおりです。

①　被相続人（死亡者）が生まれたときから死亡するまでの戸籍謄本（全部事項証明書）を継続して全部。除籍謄本・改製原戸籍など。

②　相続人（死亡者の配偶者・子など）全員の現在の戸籍謄本（全部事項証明書）

③　相続人全員の現在の住民票の写し（住民票コードを記載した場合は省略できる）

④　遺産分割協議書

㋐　協議書には、相続人全員が住所氏名を記載し、実印を押印する。

㋑　協議書には、相続人全員の印鑑証明書を添付する（3か月以内のものでなくてもよい）。

㋒　被相続人からすでに財産の贈与を受け、相続分のない相続人は、遺産分割協議に参加しなくてよい（協議書に住所氏名の記載・実印の押印をしなくてよい）が、その旨、証明書を記載し、実印を押印した上、印鑑証明書を添付する。

⑤　不動産の固定資産税評価証明書

⑥　その他　不在籍証明、不在住証

明が必要な場合もある。

⑦ 司法書士に頼む場合は委任状

⑧ 土地・建物の登記簿謄本（登記事項証明書）

※登記申請書に相続関係説明図を添付すれば、①～④の書類は、登記終了後、相続人に還付されます。

登記に必要な費用は不動産評価額による

相続による所有権移転登記の手続きには、登録免許税がかかりますが、この税額の算定基準となる不動産の価格（評価額）は、固定資産税評価額です。登録免許税については、203ページで詳説します。

なお、農地の相続の場合も、登記手続きが必要なことは、原則、変わりません。しかし、農地の所有者は自ら耕作する者という農地法の規制があり、農業委員会の所有権移転許可が必要になることもあります。

◆不動産（土地・家屋）の相続手続き

★どんな手続きが必要か

→相続による所有権移転登記

★手続きの届出先

→地方法務局（本支局・出張所）

★必要な書類

・土地（建物）所有権移転登記申請書・添付書類
・相続人の戸籍謄本（全部事項証明書）
・被相続人の除籍謄本（全部事項証明書）
・相続人の住民票
・固定資産税評価証明書

〔相続人が多数いる場合〕

・相続人の１人が単独相続するには、他の相続人の「相続放棄申述受理証明書」または「印鑑証明書」を添付した「相続分がない旨の証明書」もしくは「遺産分割協議書」のいずれかが必要となる。

★手続きに必要な費用

・不動産評価額の 1000 分の４
・司法書士等に登記を依頼する場合には、その費用など

※相続放棄する他の相続人は実印が必要ですが、相続により所有権を取得する相続人（登記権利者）は認印でもかまいません。

★相続人の1人が住んでいるなどして占有している不動産は

被相続人の不動産に特定の相続人が現に居住（占有）している場合があります。

こうした場合、その不動産を他の相続人が相続することになったら、所有権移転登記はできても、その占有者に不動産を明け渡させることは、実際上は容易なことではありません。

むろん、法律的に相続した人より占有者が有利ということではありませんが、話合いにより、トラブルを避ける分割方法を選ぶべきです。

不動産の相続 7

■不動産相続のトラブル

不動産相続をめぐるトラブルと解決法

▼胎児がいるときの相続・テープによる遺言などが問題となる

胎児がいるときの相続は

民法は、出生によって権利能力を持つと定めています。例外として相続、遺贈（遺言による贈与）などに関しては、胎児はすでに生まれたものとみなすと定めています。

つまり、胎児は生きて生まれさえすれば、相続開始のときに遡って相続人であったものとして扱われるのです。

実務上の取扱いとしては、その子が生まれる前に遺産分割をする場合には、胎児の分の相続財産を法務局に供託したりして、遺言執行者に保管させます。しかし、生まれた後に遺産分割をするのがよいでしょう。

現存する相続人だけで遺産を分配して、胎児が生まれた後に、取り戻すのが困難となるような特別な事情がある場合には、家庭裁判所に申し立てて、胎児が生まれるまで分割を禁止する命令を出してもらうこともできます。

なお、不動産を胎児の時点で相続させる場合に、相続登記を申請することも先例で認められています。

共同相続人の1人が、自分の相続分を他人に譲り渡した場合

遺産分割を行う前は、相続財産はすべて、全相続人の共有です。そして、相続人はそれぞれに自分の法定相続分に応じた共有持ち分をもっています。共有物自体（全部）を処分しようとする場合には共有者全員の合意が必要です。つまり、1人でも反対する者がいれば、共有物を売ったりすることはできないのです。

分割前の相続分そのものを売ることもできます。その一部の共有持ち分も財産ですから、相続分の一部として他人に売ることもできるのです。

この場合には、共有持ち分を売った相続人に代わって、買主がその共有財産の共有者となります。

遺産分割協議の出席者になりますが、相続財産の性質によっては、共

有者の中に他人が入ってくることは望ましくない場合があります。

そこで、このような場合の不都合を避けるために、「相続分取戻権」という権利を認めています。この権利は、共有持ち分を譲り渡した相続人以外の相続人は、譲渡された相続分の価格と費用を支払うことによって、譲受人からその共有持ち分を取戻すことができる権利です。

この相続分取戻権は、相続人が複数いる場合でも、各相続人が単独で行うことができ、譲受人の承諾も必要ではなく、一方的に意思表示するだけで取戻しが成立します。

ビデオによる遺言は有効か？

遺言が書面ではなく、録音テープに吹き込まれたり、ビデオテープに録画されている場合に、その遺言が有効かどうかが問題になります。

結論からいうと、これらの遺言には法律的な遺言書としての効力はありません。つまり、まったく遺言書がないのと同じということです。

しかし、それはあくまで法律上は無効というだけで、相続人全員がそれを遺言者の最終的な意思と認めて従うことにはなんの問題もありませんし、死因贈与の意思表示として有効となることもあります。

ハイテク機器の登場で、厳格な遺言方式が将来は変更になるかも知れません。

カーボン複写の遺言は有効でコピーは無効か？

自筆証書遺言は、遺言者がその全文、日付および氏名を自書し、これに印をおさなければ無効です（民法968条1項）。

コピー機でコピーして作成された遺言は、自筆ということができず、自筆証書遺言としては無効と考えられています。

しかし、カーボン紙を使用して複写して作成した遺言書は、自筆証書遺言として有効とされています（最判・平5年10月19日）。カーボン複写の場合には、複写とはいっても、実質的に自書した遺言書に等しいと考えられるからです。

なお、民法改正により、自筆証書遺言に添付する財産目録については、自書でなくてもよいとされました（財産目録の各頁に署名押印が必要）。

●自筆証書遺言の保管制度の創設

保管の対象となる遺言は自筆証書遺言のみです。保管事務は、法務局のうち法務大臣が指定する法務局で、遺言書保管官として指定された法務事務官が取り扱います。保管の申請は、遺言者が自ら出頭して行わなければなりません。

施行は令和2年7月10日からです。

登記申請書（法定相続分による相続の場合）

登記の目的　　所有権移転
原　　　因　　令和　　年11月10日相続
相　続　人　　（　被相続人　　甲　野　太　郎　）
　　　　　　　〇市〇〇町〇丁目〇番〇号
　　　（申請人）　　持分2分の1　甲　野　花　子　㊞
　　　　　　　〇市〇町〇丁目〇番地（住民票コード123…）
　　　　　　　　　　　4分の1　甲　野　一　郎
　　　　　　　〇郡〇町〇〇〇〇番地（住民票コード123…）
　　　　　　　　　　　4分の1　佐　藤　春　子
　　　　　　　　　連絡先の電話番号〇〇－××××－△△△△

添付情報
　　登記原因証明情報　　　住所証明情報
□登記識別情報の通知を希望しません。
令和　　年4月10日申請　　〇〇法務局　〇〇支局（出張所）
課税価格　　　　金　何　　円
登録免許税　　　金　何　　円
不動産の表示
　不動産番号　　123……
　所　　　在　　〇〇市〇〇町〇丁目
　地　　　番　　〇〇番
　地　　　目　　宅　地
　地　　　積　　150.45平方メートル

　不動産番号　　098……
　所　　　在　　〇〇市〇〇町〇丁目〇〇番地
　家屋番号　　　〇〇番
　地　　　目　　居　宅
　構　　　造　　木造瓦葺2階建
　　　　　　　　1階　45.00平方メートル
　　　　　　　　2階　23.34平方メートル

被相続人　甲野太郎　相続関係説明図

住所　〇市〇〇町〇丁目〇番〇号
死亡　令和　　年11月10日
（被相続人）
甲　野　太　郎

住所　〇市〇〇町〇丁目〇番〇号
出生　昭和24年2月10日
（相続人）
甲　野　花　子

住所　〇市〇町〇丁目〇番地
出生　昭和48年7月15日
（相続人）
甲　野　一　郎

住所　〇郡〇町〇〇〇〇番地
出生　昭和52年5月25日
（相続人）
佐　藤　春　子

（注）遺産分割協議書の作成については、188ページを参考にしてください。
添付情報の登記原因証明情報（戸籍謄本〈全部事項証明書〉・除籍謄本〈全部事項証明書〉）は、希望すれば返してもらえます。委任状省略

PART 7

不動産の税金と軽減法

これだけは知っておきたい——

◆不動産には多くの税金がかかります。たとえば、不動産を購入したとしましょう。まず、契約書に貼る印紙です。これも立派な税金なのです。それから、不動産の所有権を移転するために登記をします。この登記の際にも、登録免許税を納めることになります。さらに、不動産取得税がかかります。また、この過程で不動産仲介業者に支払う手数料には消費税がかかります。

◆不動産購入などでは、つい税金のことはなおざりになりがちですが、思わぬ出費で予算が狂うこととてもなりかねません。税金は事前の対策こそが最も効果的です。

各種の控除を活用しよう

不動産に関する税金のしくみはこうなっている

◆不動産の取引では多くの税金がかかってくる
◆購入の場合には印紙税・登録免許税・不動産取得税がかかる
◆住宅を取得すると所得税の控除がある
◆不動産の売却では譲渡所得税がかかる・など

土地家屋の売買についての課税要件

土地・建物等について一定の取引が行われた場合、法律の定める一定の要件を兼ね備えたときは納税義務が生じます。このような要件を総称して、課税要件と呼びます。

まず、各種税金の説明に入る前に、課税要件に関する用語をまとめておくことにします。

▼**課税主体**　その課税権に基づいて税金をかけ徴収する国や地方団体をいいます。地方団体には、道府県・市町村、都・特別区などがあります。

▼**課税客体**　税金がかかる対象となる物件、行為、事業等をいいます。

▼**納税義務者**　法律上、税を納めなければならない者をいい、個人および法人があります。

▼**課税標準**　課税客体を具体的に数量または金額で表したものをいいます。これに税率を適用して税額を算出する基本となります。

▼**税率**　課税標準額に対して掛ける割合を言います。一定の金額の場合と、一定の率による場合があります。

▼**納付税額**　納める税金の額です。

▼**税額控除**　通常、〈課税標準×税率〉で算出した税額から一定の額を控除できます。この税額控除後の額が、通常、納付税額となります。

▼**納付方法**　税金を納める方法で、現金納付や印紙納付等があります。

▼**納付期日**　税金を納めなければならない期日をいいます。

▼**非課税**　課税されない場合をいいます。

▼**免税点**　一定の額や数量の場合には課税されない基準をいいます。

なお、各種税法においては、住宅用地や住宅の取得について、一定の税額軽減措置が講じられています。

ここでは、本書の税金部分を読む読者の頭をスッキリさせておくために、税金を軽減する措置のうち、3つのパターンに分類してみました。

①課税標準の特例　課税標準額から一定の控除額を引いたり、一定の割合を掛けることで、課税標準額を引き下げる。

（課税標準－A）×税率＝税額

……Aは控除額。

②軽減税率　課税標準に掛ける税率そのものを低くする。

課税標準×（税率B）％＝税額

……Bは軽減税率。

③税額控除　通常どおりに計算して、算出した税額から一定額を引くことで、税額を安くする。

（課税標準×税率）－C＝税額

……Cは税額控除

土地家屋に関する税金

本項では、まず、①不動産の取得（購入）と税金、②不動産の売却（譲渡）と税金、③不動産の買換えと税金、④不動産による収入と税金、⑤不動産の相続・贈与と税金、という順番で、不動産の税金について説明していきます。

税金の概要は左表のとおりです。

◆不動産と税金

原因	地方税	国税
不動産の取得	不動産取得税（都道府県） 特別土地保有税（市町村）	消費税 印紙税 登録免許税 相続税 贈与税
不動産の保有	固定資産税（市町村） 都市計画税（市町村） 特別土地保有税	地価税
不動産の賃貸	住民税 事業税（都道府県）	所得税 法人税 印紙税
不動産の譲渡	住民税 事業税	所得税 法人税 印紙税

◆不動産に関する主な税金

税金	内容	備考
●不動産取得税	土地家屋の購入、家屋の建築（新築・増築・改築）、贈与、交換などで不動産を取得したときに、取得した人に課税されます。	住宅または土地取得税額は課税標準の3%、住宅以外の家屋取得は4%。申告は都道府県税事務所。
●固定資産税	固定資産課税台帳に所有者として登録されている人（毎年1月1日現在）に普通徴収の方法で課税される市町村税です。	税率は、課税標準の1.4%（市区町村により異なる）。 申告は、市区町村役場。
●都市計画税	原則として、都市計画法による市街化区域内で、1月1日現在、土地や家屋の所有者として、固定資産課税台帳に登録されている人に課税されます。	税額は、課税標準額の0.3%（市町村により異なる）。小規模宅地は軽減される場合あり。納税時期は、固定資産税と同じです。
●土地・建物等の譲渡に係る所得税	個人が土地や建物を譲渡して生じた所得（譲渡所得）に対しては、他の所得と分離して、所得税と住民税がかかります。	居住用財産等については税額の軽減特例があります。所得税の確定申告をして納めます。
●消費税 消費税（国税 地方消費税	不動産の取引で、建物の譲渡や店舗・事務所等の貸付けによる家賃収入、仲介手数料建築工事費などに課税。土地は、原則、非課税で、1か月未満の期間を単位とする貸付け、駐車場の貸付けには課税。	税率は、現行は8%（消費税〈国税〉6.3%、地方消費税1.7%）ですが、令和元年 10 月1日からは 10%（国税 7.8%、地方税 2.2%）です。 （軽減特例あり）。

不動産の税金

1

■不動産の購入と税金①

購入に当たって印紙税と登録免許税がかかる

▼住宅購入費用として予定しておくこと

不動産売買の契約書と印紙税

① 印紙税は契約書などに貼って納める

不動産売買契約書や建物工事請負契約書、その他銀行等の金融機関から、住宅ローン等の資金を借り入れる場合の金銭消費貸借契約書や、一定以上の金額の領収書などを発行したとき課せられるのが印紙税という国税です。

印紙税は、作成される文書の種類や記載金額によって税額が異なっていて、その納付は、作成した文書に印紙を貼付し、印鑑等で消印することになっています。

不動産の譲渡に関する契約書等に、単価・数量等が記載されていることにより契約金額が明らかであるとき、または計算できるときは、その算出した金額を課税標準として印紙税が課せられます。

交換契約書は、交換対象物の双方の価値が記載されているときは、いずれか高いほうの金額が記載金額となります。また、不動産の贈与契約書は、契約金額の記載のない契約書として、２００円の印紙税が課せられます。

土地の売買などでは、単価と面積だけが記載されていて、総額の記載のないものもありますが、こうした場合は合計金額を計算し、それによって税額が決まります。また、文書を2通作れば2通分、3通作れば3通分の税金を納めなければなりません。

納める義務があるのは、「文書を作成した人」で、複数で文書を作成するときは、税法上、「お互いに連帯して納めなければならない」と定められています。2通作る場合には、お互いに折半するのが普通です。

② 印紙税の納め方

印紙税は印紙を文書に貼って、それを消印することで納税します。消し方は、印紙と文書にまたがって印鑑を押印するか、同様の位置に署名します。

もし、印紙を貼らなかった場合には、貼るべきだった印紙税額とその2倍（合計3倍）の過怠税を取られ、貼っていても消印していない場合には、その印紙と同額の過怠税を取られます。ただし、文書に印紙が貼っていなくても、民法上の契約そのものの効力には全く支障はありません。

◆印紙税額表

文書の種類	記載金額	印紙税額	
①不動産の譲渡に関する契約書 ②地上権または土地の賃借権の設定または譲渡に関する契約書	10万円以下（1万円未満非課税）	200円	※1
	10万円超50万円以下	400円	(200円)
	50万円超100万円以下	1,000円	(500円)
	100万円超500万円以下	2,000円	(1千円)
	500万円超1千万円以下	1万円	(5千円)
	1千万円超5千万円以下	2万円	(1万円)
	5千万円超1億円以下	6万円	(3万円)
	1億円超5億円以下	10万円	(6万円)
	5億円超10億円以下	20万円	(16万円)
	10億円超50億円以下	40万円	(32万円)
	50億円超	60万円	(48万円)
	契約金額の記載のないもの	200円	

※1　(　)内の金額は、平成26年4月1日から令和6年3月31日作成のもの。

登記するときに納付する登録免許税

① 登録免許税がかかる場合

家を新築・増築したときは表示登記が義務づけられ、土地や家屋を購入したり、贈与を受けたときも含めて、その効果を第三者に主張するためには所有権移転の登記が必要です。また、住宅ローンなどを利用する場合にはその担保として抵当権を設定することがあり、登記をする必要があります。登記をするときに課税される税金が、登録免許税です。

登録免許税の税額計算は、不動産等の実際の売買価額によるものではなく、都道府県税事務所・市町村役場に備えられている「固定資産課税台帳」の固定資産税の評価額に税率を乗じて行います。

また登録免許税は、不動産を取得し登記を受ける者が、個人であるか法人であるかを問わず課税されます。登記権利者と登記義務者のように、登記等を受けるものが2人以上ある時は、これらの者が連帯して納税義務者となります。実務上は、通常、売買契約を締結する際に、あらかじめ登記費用をどうするか決めておく場合が多いようです。

② 登記の種類

(イ)家屋を新築したとき……表題（旧表示）登記、所有権保存登記

(ロ)家屋を増築したとき……表題変更登記

(ハ)家屋を取り壊して建て直したとき……滅失登記、表題登記、所有権保存登記

(ニ)土地・家屋を購入したり、相続または贈与のとき……所有権移転登記

(ホ)住宅ローンのために抵当権を設定するとき……抵当権設定登記

登記は、その土地や家屋の所在地の法務局出張所（登記所）で行います。

③ 課税のもとになる不動産の価額

原則として「固定資産課税台帳に登録された価格」です。

④ 登録免許税の税率

税率は登記原因により異なります。土地の所有権移転等については下表を参照。また、住宅用家屋の登記については、次の特例措置（軽減税率）が設けられています。

(1) 住宅用家屋の取得の特例

・新築住宅の所有権保存登記
…不動産価額の0・4%⇩0・15%（軽減税率）

・住宅用家屋の所有権移転登記
…不動産価額の2%⇩0・3%（軽減税率）

・住宅取得資金貸付等による抵当権の設定登記
…債権金額の0・4%⇩0・1%（軽減税率）

軽減を受けるには一定の要件があり、住宅用家屋証明書が必要です。

〔軽減税率適用の主な条件〕

①個人が令和6年3月31日までに取得した居住用家屋であること。

②住宅の床面積が50㎡以上。

③新築または取得後1年以内の登記であること。

④築後20年以内（耐火建築物については25年以内）であること。

(2) 特定認定長期優良住宅の取得の特例

・新築住宅の所有権保存登記
…不動産価額の0・4%⇩0・1%

・住宅用家屋の所有権移転登記
…不動産価額の2%⇩0・1%

〔軽減税率適用の主な条件〕

①個人が令和6年3月31日までに一定の住宅用家屋を新築するか、または新築住宅（売買および競落）を取得し、自分の住宅として使用すること。

②新築または取得後1年以内の登記であること。

③住宅の床面積が50㎡以上。

④長期優良住宅の認定を受けていること。

〔注〕特例は延長される場合があります。また、一度、通常の税率で登記した後で、住宅用家屋証明を提出しても、軽減特例は受けられません。

◆登録免許税の税率表（土地の所有権の移転に関するもののみ）（令和5年10月1日現在）

内容	課税標準	税率	特例▶軽減税率（措法）
所有権の保存	不動産の価額	0.4%	新築等で自己の住居の場合は0.15%
売買など所有権の移転	不動産の価額	2%	軽減税率が適用されると土地売買による所有権移転登記は0.15%、土地の所有権の信託は0.3%
相続（相続人に対する遺贈含む）共有物の分割	不動産の価額	0.4%	—
その他（贈与・交換・収用・競売等）	不動産の価額	2%	—
抵当権の設定	債権金額又は極度金額	0.4%	住宅取得で軽減税率が適用されると0.1%

不動産の税金 2

■不動産の購入と税金②

不動産の購入後に不動産取得税がかかる

▼地方税として不動産取得税が徴収される

不動産取得税と税額

① 不動産取得税はどんな場合にかかるか

国内の土地や建物の所有権を取得すると、取得者に対して、1回限り不動産取得税という都道府県税が課税されます。不動産の取得は、登記を行うと登記所が都道府県税事務所等に通知し、不動産取得者の不動産の取得の事実を知るというのが通常です。

なお、ここでいう取得には贈与による取得も含まれますが、相続による取得は課税対象となりません。

また、借地権の取得の場合は、土地の所有権の移転ではないため、やはり不動産取得税はかかりません。

② 不動産取得税の税額

不動産取得税の税率は4％ですが、土地・住宅用建物については3％に軽減されています。なお、宅地等の不動産の取得については、以下の特例があります。

宅地等の課税標準の軽減特例

宅地および宅地に比準して評価する土地（市街化区域農地など）については、

(1) 課税標準の軽減措置が設けられ、平成8年から令和6年3月31日までの間に宅地を取得した場合、課税価格は2分の1に軽減されます。

(2) 一定の住宅および住宅用土地を取得した場合には、不動産取得税が安くなる課税軽減の特例および税額の軽減措置が設けられています。

〔軽減を受けるための手続き〕

住宅や住宅用土地を取得した日から原則として60日以内に、必要な書類を添えて、土地、家屋の所在地を担当する都道府県税事務所・支庁へ申告して下さい。

◆不動産取得税が安くなる課税標準の特例・税額の軽減措置

◆住宅取得についての課税軽減（控除）の特例

（1）新築住宅の場合（増築、改築を含む）

▶**要件**　下表の要件に該当していれば、住宅の価格から一定額が控除されます。

■**床面積の要件**

	床面積下限		床面積上限
	一戸建の住宅	一戸建以外の住宅*	
貸家以外	50㎡以上	50㎡以上	240㎡以下
貸　　家	50㎡以上	40㎡以上	240㎡以下

（注）現況の床面積で判定しますので、登記床面積と異なる場合があります。マンション等は共用部分の床面積を専有部分の床面積割合によりあん分した床面積も含みます。

＊一戸建以外の住宅とは、マンション等の区分所有住宅又はアパート等構造上独立した区画を有する住宅のことをいいます。なお、床面積要件の判定は、独立した区画ごとに行います。

▶**控除される額（控除額）1,200万円**（価格が1,200万円未満の場合はその額）
新築の認定長期優良住宅については1,300万円（令和6年3月31日までに取得）

▶**税額計算**（住宅の価格―控除額）×3%＝税額

（2）中古住宅の場合

▶**要件**　次の3つの要件に該当していれば、住宅の価格から一定額が控除されます。

①**個人が自己の居住用として取得したもの(取得前に住宅以外であった家屋を住宅にリフォームする場合は、取得前に住宅とするリフォームが完了している必要があります。**

②**床面積の要件**
　床面積が50㎡以上240㎡以下のもの（要件の判定は、新築住宅の場合と同様）

③**築後要件**
次のいずれかの条件に該当していること。
ア　昭和57年1月1日以後に新築さたもの
イ　上記アに該当しない住宅で、建築士等による耐震診断で新耐震基準に適合していることの証明がされたもの(ただし、証明に係る調査が、住宅の取得日前2年以内に終了していることが必要です)。

（次ページへつづく）

▶控除される額（控除額）

新築された日	控除額
平成９年４月１日以降	1,200万円
平成元年４月１日～平成９年３月31日	1,000万円
昭和60年７月１日～平成元年３月31日	450万円
昭和56年７月１日～昭和60年６月30日	420万円
昭和51年１月１日～昭和56年６月30日	350万円
昭和48年１月１日～昭和50年12月31日	230万円
昭和39年１月１日～昭和47年12月31日	150万円
昭和29年７月１日～昭和38年12月31日	100万円

▶税額計算

（住宅の価格－控除額）×3％＝税額

◆住宅用土地の取得についての課税標準の特例（税額控除）

土地を取得した方と住宅を取得した方が同一で、つぎの条件に該当していれば、土地の税額から一定額が軽減されます。

区分		条件
新築住宅用土地の取得	①住宅の新築より先に土地を取得した場合	(ア) 土地を取得した日から3年以内*にその土地の上に住宅が新築されていること(ただし、①土地の取得者が住宅の新築まで引き続きその土地を所有している場合、②土地の取得者からその土地を取得した方(譲渡の相手方)が住宅を新築した場合に限る)
	②住宅を新築した後に取得した場合	(ア) 住宅を新築（前ページの要件に当てはまる住宅）した人が、新築後1年以内にその敷地を取得していること。 (イ) 新築未使用の住宅とその敷地を、住宅の新築から1年以内（同時取得を含む）に同じ人が取得していること
中古住宅用土地の取得	①住宅より先に土地を取得した場合	土地を取得してから１年以内(同時取得を含む)にその土地の上にある住宅を取得していること
	②住宅より後に土地を取得した場合	住宅を取得した人が、住宅の取得後１年以内に敷地を取得していること

＊平成16年４月１日から令和６年３月31日までに土地を取得した場合で、土地の取得から３年以内に住宅が新築されることが困難なものとして政令で定める場合には４年以内。

▶軽減される額

つぎの①②のいずれか高い方の金額が税額から軽減されます。

①４万5,000円（税額が４万5,000円未満である場合はその額）

②土地１㎡当たりの価格×住宅の床面積の2倍（１戸当たり200㎡が限度）×3％

＊令和６年３月31日までに宅地等（宅地および宅地評価された土地）を取得した場合は、価格を2分の１にした後の額から１㎡当たりの価格を算出します。

なお、住宅の持分を取得した場合、上記②で算出された金額にその持分を乗じた金額です。

不動産の税金 3

■住宅ローン控除

住宅を取得すると所得税の控除がある

▼確定申告が必要だが、ぜひ活用しよう

住宅借入金等特別控除（住宅ローン控除）とは

いわゆる住宅ローン控除は、一定の要件を満たす住宅を購入したり、増改築をした人の所得税額から年末のローン残高の0・7％が13年間（または10年間）にわたって、毎年差し引かれる制度です。

住宅ローン控除の主な適用要件

1　新築住宅の場合

(1)　一般の住宅

①住宅を取得した日から6か月以内に入居し、居住日以後その年の12月31日まで引き続き居住していること。

②家屋の登記床面積が50㎡以上であること。

③控除を受ける年分の合計所得金額が2000万円以下であること。

④併用住宅は、居住部分の床面積が2分の1以上であること。

⑤住宅の取得等に係る住宅借入金等を有していること。

(2)　認定長期優良住宅

⑥国内において、長期優良住宅の普及の促進に関する法律の規定する一定の認定長期優良住宅の新築または取得（未使用の物に限る）し、それと証明されたものであること。

⑦前記①～④の要件を満たしていること。

(3)　認定低炭素住宅

⑧国内において、都市の低炭素化の促進に関する法律に規定する一定の低炭素住宅を新築または取得（未使用のものに限る）したものであること。

⑨前記①～④の要件を満たしていること。

⑩認定低炭素住宅であると証明されるものであること。

右記(2)、(3)のほか、ZEH水準省エネ住宅（家庭で使用するエネルギー消費と、太陽光発電などを利用して作りだしたエネルギーが差し引きでゼロにすることを目指した家）、省エネ基準適合住宅（日本住宅性能表示基準における、断熱等性能等級4以上、かつ一次エネルギー消費量等級4以上の性能を有する住宅）が、住宅ローン控除適用対象になります（次ページ図表参照）。

令和6年1月以降に建築確認を受けた新築住宅で、省エネ基準を満たさない住宅の場合は住宅ローン控除を受けられなくなりますので、ご注意ください。

2 中古住宅の場合…前記①〜⑤に加え、⑥新耐震基準に適合している物件（1982（昭和57）年以降）であること（2020（令和2）年の住宅ローン控除改正により、築年数の条件は撤廃されました）。

⑦取得した時に生計を一にし、引き続き生計を一にする親族や特別な関係のある者などからの取得でないこと。

⑧贈与による取得でないこと。

3 増改築等の場合…前記③〜⑤の要件に加えて、

⑥自己が所有し、居住の用に供する家屋の増改築等であること

⑦増改築をした後の家屋の床面積が50㎡以上であること。

⑧増改築後6か月以内に入居し、居住日以後その年の12月31日まで引き続き居住していること。

⑨工事費用の支出額が100万円を超えているものであること。

⑩自己の居住の用に供している部分の工事費用が、工事費用の総額の2分の1以上であること。

なお、所得税から控除しきれない額がある場合、個人住民税から控除できます（税務署で確認のこと）。

控除を受けるには確定申告が必要

控除を受けるには、所得税の確定申告書に必要書類を添付して納税地を管轄する税務署に申告します。

◆新築住宅の場合

①住宅借入金等特別控除額の計算明細書

②住民票の写し

③住宅取得資金に係る借入金の年末残高証明書（原本）

④給与所得者は源泉徴収票（原本）

⑤土地・家屋の登記事項証明書等で床面積を明らかにする書類

⑥土地および家屋の売買契約書や工事請負契約書の写し

なお、中古住宅、増改築等の必要書類は省略。書類は税務署や市区町村の担当窓口、指導相談会場などでも入手することができます。

国税庁のホームページでは、住宅ローン控除の概要・適用要件・確定申告書の書き方等について詳細に説明していますので、そちらもあわせてご参考ください。

◆住宅ローン控除の種類・要件 ※控除率は一律0.7%

住宅の種類	居住開始年	借入限度額（最大控除可能額）			
		2022年	2023年	2024年	2025年
新築住宅・買取再販住宅（※）	認定住宅（長期優良住宅・低炭素住宅）	5,000万円（455万円＝35万円×13年）		4,500万円（409.5万円＝31.5万円×13年）	
	ZEH水準省エネ住宅	4,500万円（409.5万円＝31.5万円×13年）		3,500万円（318.5万円＝24.5万円×13年）	
	省エネ基準適合住宅	4,000万円（364万円＝28万円×13年		3,000万円（273万円＝21万円×13年）	
	その他の住宅	3,000万円（273万円＝21万円×13年）		0円（2023年までに新築の建築確認：2,000万円）	
既存住宅（中古住宅）	認定住宅（長期優良住宅・低炭素住宅） ZEH水準省エネ住宅 省エネ基準適合住宅	3,000万円（210万円＝21万円×10年）			
	その他の住宅	2,000万円（140万円＝14万円×10年）			
控除期間	新築住宅・買取再販	13年（「その他の住宅」は、2024年以降の入居の場合、10年）			
	既存住宅（中古住宅）	10年			
所得要件	2,000万円以下				
床面積要件	50㎡以上（2023年までに建築確認を受けた新築の場合：40㎡以上（所得要件：1,000万円以下））				

※買取再販住宅とは、宅地建物取引業者が中古住宅を買い取り、質の向上を図るリフォームを行って販売する住宅のことをいう。

◆住宅ローン控除を受けるための手続

	1年目			2年目以降		
会社員	確定申告	添付書類	住宅借入金等特別控除額の計算明細書 登記事項証明書（※）	会社で年末調整	会社に次の書類を提出	給与所得者の住宅借入金等特別控除申告書（兼）年末調整のための住宅借入金等特別控除証明書
自営業者	確定申告	添付書類	同上	確定申告	添付書類	住宅借入金等特別控除額の計算明細書

※　登記事項証明書は、住宅借入金等特別控除額の計算明細書に不動産番号または地番（土地）・家屋番号（建物）を記載することにより、添付を省略することが可。

（注①）　居住年が2023年以降の場合、ローン残高証明書、売買契約書の写しは添付不要となった。ただし、ローンを契約する金融機関に、氏名、住所、マイナンバーなど一定の事項を記載した「住宅ローン控除申請書（適用申請書）」を提出しなければならない。

（注②）　認定住宅、ZEH水準省エネ住宅、省エネ基準適合住宅を取得した場合は、各住宅に対応した証明書が必要となる。

不動産の税金 4

■不動産の売却と税金

不動産の売却では譲渡所得税がかかる

▼長い間、所有していた居住用財産の売却だと有利

不動産の売却では譲渡所得税がかかる

◉譲渡所得は分離課税方式

土地および建物を売却して売却益が出ると、その売却益に対して所得税がかかってきます。

土地・建物を譲渡した場合には、給与所得などの他の所得と別個に計算するという分離課税方式がとられています。

この不動産売買取引から発生する所得を「譲渡所得」といって、事業所得や給与所得等と課税方式を異にし、区分しています。

譲渡所得の計算の仕方

①譲渡所得の計算法

譲渡所得を求める算式は次のとおりです。

譲渡収入―(取得費+譲渡費用)―特別控除額＝譲渡益

この譲渡益から、取引の形態によって、租税特別措置法等による特別控除額を控除し、控除した後の金額が譲渡所得金額となります。

②古い取得物件は概算取得費として扱える

土地建物等の譲渡では、譲渡資産の取得費が不明で、譲渡所得の計算が正しくできない場合があります。

譲渡資産の取得時期があまりに古い以前のことで、取得のときの資料がない、また、譲渡資産の取得原因が相続による取得であって、その資産の元の所有者である被相続人が、いつ、いくらで取得したものかが、これまた不明であるといった場合には、取得費の特例が認められています。

いわゆる簡便法ですが、譲渡金額の5パーセント相当額を、取得費としてもよいという、概算取得費の取扱いです。また、取得価額は判明していても、その資産の取得後の急激な値上がりなどによって、取得費が5パーセント未満になってしまう場合にも、5パーセントの概算取得費

を適用することができます。

③ 譲渡費用と認められる支出

譲渡所得の計算上、収入金額から控除される譲渡費用には、次のようなものがあります。

①資産を譲渡するときに支出した仲介手数料、運搬費、登記費用、収入印紙代等、その譲渡のために直接要した費用。

②借家人等を立ち退かせるための立退料。

③譲渡資産である土地等の上にある建物等の取り壊し費用。

④すでに売買契約を締結している資産を、さらに有利な条件で他に譲渡する際の解約違約金など。

不動産の所有期間により特別控除額は異なる

① 長期譲渡所得と短期譲渡所得

所有期間が比較的短期のものを譲渡する場合には、土地投機が原因で地価高騰となるので税金を多く課し、その反対の場合は土地供給の促進となるので税金を低く設定するとの考え方が、その背景にあります。

短期・長期の基準は、譲渡のあった年の1月1日において、所有期間が5年を超えている土地・建物等の譲渡による譲渡所有を「長期譲渡所得」、5年以下を「短期譲渡所得」としています。

なお、土地建物等の譲渡については３０００万円の特別控除などがあります（詳細214ページ参照）。

② 税率も長期譲渡と短期譲渡で異なる

長期譲渡所得には、所得税15％・復興特別所得税０・３１５％、住民税５％の税率が適用され、短期譲渡所得には、所得税30％・復興特別所得税０・６３％、住民税９％の税率が適用されます。国や地方公共団体に対する短期譲渡所得については、所得税15％・復興特別所得税０・３１５％、住民税５％の税率です。

居住用財産の譲渡では、３０００万円の特別控除が適用できます。また、居住用財産の長期譲渡所得については特例があり、税率が軽減されています（次項参照）。

ただし、次項で詳述する居住用財産の譲渡での「３０００万円の特別控除」＋「長期譲渡所得の軽減税率（10％・15％）」と217ページに述べる「買換えの特例」は、どちらかの選択となります。

優良住宅地の造成等のために、居住用財産を譲渡した場合の長期譲渡所得の特例

譲渡した年の1月1日現在で所有期間が10年を超える居住用財産を、優良な住宅地の供給等に寄与するために譲渡した場合などは、一般の長期譲渡所得の場合より低い税率が適用されます（税率は次ページ表参照）。

なお、居住用財産の譲渡に関する

◆長期譲渡と短期譲渡の場合の所得税

●長期譲渡・短期譲渡とは

・**長期譲渡**……土地や建物を売った年の１月１日現在で、その土地や建物の所有期間が５年を超えている場合

・**短期譲渡**……土地や建物を売った年の１月１日現在で、その土地や建物の所有期間が５年以下の場合

●課税譲渡所得の計算

課税譲渡所得＝①譲渡価格－②取得費－③譲渡費用－④特別控除

（①－②－③：譲渡所得）

※①譲渡価格……土地建物を売った収入

②取得費……売った土地や建物などの購入代金（建物は減価償却費相当額控除後の金額）・購入手数料などの合計

③譲渡費用……仲介手数料・測量費用・立退料・建物を取り壊して土地を売った場合の取壊し費用など、土地や建物を売るために直接支出した費用

④特別控除……下表のとおり

内　容	控除額
自分の居住の用に供している家屋およびその敷地である土地を譲渡した場合	3,000万円
収用対象事業のために土地や建物を譲渡した場合	5,000万円
都市基盤整備公団等が行う特定土地区画整理事業等のために土地等を譲渡した場合	2,000万円
特定の宅地造成事業等のために土地を譲渡した場合	1,500万円
農地保有の合理化等のために農地などを譲渡した場合	800万円

●税額の計算方法

①長期譲渡所得の場合

税額＝課税長期譲渡所得×（所得税15%、復興特別所得税0.315%、住民税5%）

※居住用財産の長期譲渡所得は、要件に該当すれば軽減税率が適用される（215ページ参照）

②短期譲渡所得の場合

税額＝課税譲渡所得×（所得税30%、復興特別所得税0.63%、住民税9%）

３０００万円の特別控除とは重複して適用することができますが、居住用財産の買換え特例（217ページ参照）とは重複して適用できません。

〔適用される譲渡の例〕

①国、地方公共団体等に対する土地等の譲渡

②都市再生機構などの行う住宅建設または宅地造成の用に供するための土地等の譲渡

③収用交換などによる土地等の譲渡

④第一種市街地再開発事業の用に供するために土地等が当該事業の施工者に買い取られた場合

⑤都市計画法の開発許可等を受けて行う住宅地造成の用に供するための土地等の譲渡

▶優良住宅地の造成等に資する譲渡の特例

課税長期譲渡所得	税　率
6,000万円以下の部分	所得税および復興特別所得税 10.21%、住民税4%
6,000万円超の部分	所得税および復興特別所得税 15.315%、住民税5%

不動産の税金 5

■居住用財産の譲渡

居住用の財産の売却では特例で税金が軽減される

▼譲渡損失の繰越控除制度もある

居住用財産の譲渡についての特例とは

① 3000万円特別控除

個人が居住用の土地・建物等のマイホーム（居住用財産）を譲渡して譲渡益が出る場合、所有期間の長期短期に関係なく、その譲渡益から3000万円の特別控除ができます。

つまり、あなたがマイホームという居住用財産を売って売却益が3000万円以下であるときには、税金がかからないこととなり、3000万円を超える場合には、その超える部分の譲渡益に所得税、住民税（分離課税）がかかります。

② 軽減税率

さらに、その居住用財産が所有期間が10年超という長期間所有しているものの場合、3000万円特別控除後の長期譲渡所得にかかる分離課税の税率は、一般の税率よりも、軽減された税率が適用されます（後述）。

居住用財産の3000万円の特別控除

〔対象〕次のいずれかに該当する譲渡

①現に自分が住んでいる家屋の譲渡

②①の家屋とともにするその敷地である土地、または地権（土地等ともいう）譲渡

③次のいずれかのもので、その家屋に居住しなくなってから3年を経過した年の年末までに譲渡

㋑災害で損壊した家屋の敷地

※居住しなくなってから、その土地がどのような用途に使われていてもかまいません。

㋺以前に居住していたが今は居住していない家屋または家屋と敷地

※居住しなくなってから空き家となっているものや、貸家や事業用に使っていたものも可能です。

㋩居住している家屋（または以前に居住した家屋）を取り壊した場合のその敷地。ただし、この場合は、取壊し後1年以内に土地売買契約を完了し、その間貸付けその他の用途に使用しないことが条件。

〔対象外〕次に該当する場合
①譲渡の相手が譲渡者の配偶者その他その譲渡者と特別の関係がある者である場合
②その譲渡について、固定資産の交換、特定の事業用資産の買換え・交換・収用等の場合などの、譲渡所得の課税とその特例の適用を受ける場合
③譲渡者がその譲渡した年の前年、または前々年において、すでにこの特別控除や(特定)居住用財産の買換え・交換の特例、譲渡損失の繰越控除の適用を受けている場合
〔適用手続き〕確定申告書の添付書類
①譲渡所得計算明細書
②譲渡日以後2か月経過後に譲渡資産所在地の市区町村が発行した譲渡者の住民票
※居住用財産とは…特例の対象となる居住用財産とは、所有者自身が居住の用に供している家屋とその敷地ですが、居住用家屋としての具体的な判定は、その人の生活の拠点であったかどうか、本人および家族等の日常生活の状況等諸要件により総合的に決定されます。
※共有者がいる場合…同時の譲渡では、共有者各人について特例の要件を備えていれば、各人ごとに3000万円控除が適用されます。

居住用財産を譲渡した場合の長期譲渡所得の軽減税率の特例

居住用財産(譲渡年1月1日における所有期間が10年超のものに限る)を譲渡した場合の長期譲渡所得については、「3000万円控除」後の譲渡益(課税長期譲渡所得金額)に対しても、通常の税率の20・042%〈所得税15%・復興特別所得税0・42%、住民税5%〉によらず、次の軽減税率を適用できます。
・6000万円以下の部分…所得税10%・復興特別所得税0・21%、住民税4%
・6000万円超の部分…所得税15%・復興特別所得税0・315%、住民税5%
〔主な適用の要件〕
①譲渡をした年1月1日における所有期間が10年を超え、国内にある
②譲渡の相手が譲渡者の配偶者、直系血族など特別関係者でない
③居住用財産を譲渡したときの3000万円の特別控除や、収用等により譲渡した場合の5000万円特別控除は受けられますが、居住用の買換え(交換)等の特例を受けていない
④前年または前々年に、この軽減税率の適用を受けていない
〔適用手続き〕確定申告書の添付書類
①譲渡資産の登記簿(閉鎖登記簿)の謄抄本(登記事項証明書)
②譲渡日以後2か月経過後に譲渡資産所在地の市区町村が発行した譲渡者の住民票

◆居住用財産の譲渡の課税関係

	譲渡資産	課税方法
短期譲渡	土地、建物 所有期間5年以下	①3,000万円の特別控除 ②通常の短期譲渡所得とし課税
長期譲渡	土地、建物 所有期間5年以上 （買換えの特例を受けないもの）	①3,000万円の特別控除 ②通常の長期譲渡所得とし課税 ③居住用財産は分離課税
	土地、建物 所有期間10年超 居住期間30年以上 かつ、父母または祖父母から 相続や遺贈で取得したもの	○買換え特例 ※次項を参照
	土地、建物（新築後20年以内） 所有期間10年超 居住期間10年以上 （居住期間の通算可能）	

◆居住用財産の譲渡益に対する税率

区分	所有期間	特別控除	税率		
居住用不動産	5年以下	3,000万円	所得税	30%・復興特別所得税0.63%	
			住民税	9%	
			合計	39%	
	5年超10年以下		所得税	15%・復興特別所得税0.315%	
			住民税	5%	
			合計	20%	
	10年超		長期譲渡所得の特例	6,000万円以下	6,000万円超
			所得税	10%・復興特別所得税0.21%	15%・復興特別所得税0.315%
			住民税	4%	5%
			合計	14%	20%

◆居住用財産の譲渡にかかる特例の適用関係

区分	所有期間10年超		所有期間10年以下
	相続（遺贈）により取得し、かつ、居住期間30年以上	左記以外	
3,000万円の特別控除（期間なし）	○	○	○
軽減税率の特例	○ ─ 選択適用可	○	×
買換え（交換）の特例	○	条件付	×

〔注〕居住用財産の買換えの特例については次項参照。

不動産の税金 6

■居住用財産の買換えの特例

居住用財産の買換え・譲渡損失は特例で税金が軽減される

▼どういう場合に特例が適用になるか事前にチェックする

不動産の買換えと税金

一般的に、昔から所有している居住用の財産を譲渡したような場合には、かなりの譲渡益が出ます。先に述べた3000万円特別控除を使っても譲渡益が出るような場合、マイホームを売却して、多くの所得税（譲渡所得）を課せられるのは、一般の人にとってかなりの負担となります。

そこで、このような場合、居住用財産を譲渡し、その年の前年、その年またはその翌年中に代わりの居住用財産を取得し、取得した年の翌年末までに住んだ場合は、他の特例の適用を受けないときに限り、次のように譲渡所得を計算します。

①譲渡資産の収入金額≦買換資産の取得価額のとき

⬇譲渡はなかったものとされ、将来売却するときまで税金は繰り延べられます。

②譲渡資産の収入金額＞買換資産の取得価額のとき

⬇超える部分について長期譲渡所得として課税されます。

このように居住用資産を買い換えるときには、3000万円特別控除との選択により、譲渡益にかかる税金を大きく軽減できる買換え特例の制度が用意されていますが、大きく分けて2つのパターンがあります。

1つは特定の居住用財産の買換え特例（Ⅰ型タイプ）、もう1つは相続等により取得した居住用財産の買換え（Ⅱ型タイプ）という2つの特例です。

①特定の居住用財産の買換え特例

一定の要件に該当する居住用財産を譲渡して代わりに住宅を取得した場合には、譲渡資産の売却価格から新しい住宅の取得価格を差し引いた額のみに課税されるという特例です。

したがって、買換え資産の取得価格が譲渡資産の売却価格を上回るときは課税されません。

②相続等により取得した居住用財産の買換え特例

父母または祖父母から相続や遺贈

により取得し、30年以上自己の居住の用に供していた家屋やその敷地を譲渡して買換えた場合に、一定の要件に該当する場合、買換えの特例(前述)が適用できます。

居住用財産の買換えの場合の譲渡損失の繰越控除制度

バブル期に高値で買ったマイホームなどは、現在売却した場合、ほとんど譲渡損失が発生してしまいます。そこで、ここでは、マイホームを売って出た譲渡損失の処理について触れていきます。

個人が所有期間5年超の居住用財産を譲渡し、新たに一定の居住用財産を取得した場合において、譲渡損失が発生した等の場合には、その損失が発生した年の損益通算に加え、翌3年間の譲渡損失の繰越控除が認められる(計4年間)ことになっています。

損益通算とは、たとえば、サラリーマンの給与所得や、個人事業主の事業所得など、他の黒字の所得からこの損失を差し引くことができるというものです。

つまり、サラリーマンなら、給与所得が損益通算の結果減少する分、年末調整を行ったにもかかわらず、さらに譲渡損失の確定申告することで、所得税がさらに還付されたり、個人事業主の確定申告においては、納税額の負担が軽くなります。

本特例は、平成10年に初めて創設されたものですが、平成11年度税制改正において、従来認められていなかった住宅ローン控除との併用が可能となり、また住民税においても繰越控除制度が適用されるようになるなど活用の幅が広がりました。

なお、特例適用の要件などの詳細については税務署あるいは専門家に相談してください。

●等価交換の活用

等価交換とは、同様の資産価値のあるものどおしの交換をすることで、たとえば、所有する土地の上にデベロッパーが建てるマンションの一部とその土地を一部を等価で交換する場合などに活用されています。

この場合の課税は、金銭の授受はなくても交換する時点でいったん譲渡があったものとみなして、その売却益に対して課税するのが原則です。

しかし、一定の条件を満たして買換え特例を利用すれば、売却益に課税されることなく等価交換を行うことができます。

等価交換で利用できる買換え特例には、①既存市街地にある土地の中高層耐火共同住宅建設のための買換え特例、②特定の事業用資産の買換え特例、③特定民間再開発事業に伴う買換え特例、などがあります。

なお、適用要件等については、最寄りの税務署あるいは専門家に相談してください。

不動産の税金 7

■不動産収入と税金

不動産による収入には所得税・消費税がかかる

▼非課税となるものもあるので要注意

不動産収入と不動産所得

不動産による収入で、通常考えられるものは、土地を貸したときの地代収入と、建物を貸したときの家賃収入などです。この土地や建物など、個人所有の不動産を他人に貸して収入をあげた場合には、不動産所得という名目で所得税や住民税が課税されます。

計算方法は、賃貸収入から必要経費を差し引き計算します。地代・家賃・礼金、更新料・権利金等が、賃貸収入として計上されます。一方、必要経費は、賃貸収入を得るため支出したものとして、修繕費、保険料、減価償却費、固定資産税等などが、通常あげられます。

以上のような収入から必要経費を差し引いた残りが、不動産所得であり、この所得がある場合は、原則として不動産所得税の確定申告が必要です。ただ、一定規模を超えた不動産の貸付けについては、次で述べる事業所得として課税される場合があります。

その他、次のようなものも収入金額として計上する必要があります。

① **権利金**――土地や建物を貸した当初、一時に受け取るのが権利金です。賃貸借契約終了時に借主に返還するものではないため、受け取ったときに収入金額として計上します。また、土地の貸付のうち、建物または構築物の所有を目的とする借地権を設定して、その対価として土地の価額の2分の1を超える金額の支払いを受けた場合、土地の一部を売ったとみなされ、譲渡所得の収入金額として計上することとなります。

一般的に権利金を受け取ると、借主側に借地権という権利が発生するので、貸主である地主は、底地の権利しか保有できません。

② **保証金**――権利金と同様、土地や建物を貸すときに受け取る金銭であり、敷金と呼ばれることもあります。保証金は預り金としての性格を有していて、後日、借主に返却する

もので、通常、収入金額には計上しません。契約期間が満了した時や途中解約の時、または更新の時、預かり保証金の何パーセントとか、家賃の何か月分を償却することになっていて、その金額が確定している場合は、契約期間満了の時や更新の時ではなく、契約した時の収入となることになっています。

この保証金の償却額の収入は、期間の経過には関係がなく、単に金額が計算できれば、契約の時の収入とするものであり、単に「明渡しの時、保証金の何パーセントを償却する」という文言で、明渡しが遠い将来、いつ起きるか見当がつかない場合でも、返還しないでよい金額が計算できれば、契約時の収入とする取扱いです。マンション経営等は、一般常識とは違った取扱いですので注意を要します。

契約時に返還不要保証金として収入（権利金と同性質）に計上した金額は、貸借対照表では資産に計上しておき、契約満了時や更新時に、課税済みの収入であることがわかるようにしておく必要があります。

③ **更新料**――通常、賃貸借契約期間が経過した後で、更新のために収入とするものは、権利金と同じく収入金額として計上します。

預かり保証金を預かっていて更新する場合、新規契約の預かり保証金の償却額が、保証金償却として収入に計上されますので、その金額が更

◆不動産収入と必要経費

不動産所得の計算上、収入金額から控除する必要経費とは、総収入金額を得るために必要な経費を指しています。

その主なものには、租税公課、保険料、修繕費、地代家賃、借入金利息、給料賃金、減価償却費などのほか、専従者の給与控除等も含まれます。

◆これらの**経費を計上**するにあたり、家事に関連する費用、たとえば固定資産税のうち、自宅部分が含まれている場合は、自宅面積等の相当税額については、家事関連費として、必要経費から除くことが妥当であるとされます。このことは、たとえば、水道光熱費など他の必要経費についても同じですので、注意しておきましょう。

◆修繕費についても、補修した費用は全額必要経費に算入できるということではありません。修繕費のうち、耐用年数が延長する場合とか、価値が増大するような場合には、その期間延長分とか、価値増大部分に相当した金額は、資本的支出とされるので、固定資産として計上されることになり、減価償却の対象となります。

◆また、土地は減価償却できませんが、**建物については、減価償却対象資産**になります。建物の償却方法については、平成 10 年 4 月 1 日以後、新たに取得する建物の償却方法は、定額法に限ることとされ、定率法による償却方法は認められないことになりました。さらに耐用年数が、おおむね 10%から 20%に短縮され、最長でも 50 年が限度とされています。

◆**専従者控除**として、事業主と生計を一にしている配偶者、または満 15 歳以上の家族について、不動産所得計算上、業務に専従している場合には、原則として、配偶者は年間 86 万円、その他の者については 50 万円を、専従者給与として控除することができます。

◆なお、**青色申告者**については、賃貸業が事業と認められると、金額に制限はなく、実質的な勤務状況等により、相当額の給与を支給し、必要経費とすることも届出（青色専従者給与に関する届出・変更届出書）により、認められています。

新料となります。旧契約により、課税済みの返還不要保証金は、貸借対照表上で負債額の預かり保証金と相殺することになります。

不動産収入に個人事業税がかかる場合

不動産の貸付等をされている人で、不動産貸付業として個人事業税が課税されるのは、アパートなどではおおむね10室以上、独立家屋ではおおむね5棟以上の貸付をしていれば、原則として、事業とされます。

これは5棟10室基準といわれるもので、この基準に満たなくても、貸付規模等からみて、不動産貸付業と認定される場合があります。

税額は、確定申告等の所得金額を基に算出します。

不動産収入と消費税

平成3年10月1日からは、住宅の貸付（一時的に使用させる場合等を除く）の賃貸料収入に対しては、消費税が改正により非課税となりましたが、マンション等を事務所とか店舗として使用させている場合は、非課税とはなりません。

借地などの賃料には消費税は非課税ですが駐車場収入などには課税されます。

消費税の納税義務者は、基準年度の課税収入が1000万円にならない人でも、他の事業の売上金額をあわせて1000万円以上となる人は、消費税の納税義務があります。

消費税の納税義務者は、事務所店舗などの賃貸収入に対して、10％の消費税を徴収します。

賃借人から10％の消費税を徴収していない場合には、消費税込みで、賃貸料その他の収入が計算されていることになり、その収入金額の110分の100に対して、10％の消費税を預かったとして計算します。

税抜き処理の場合、損益計算書に記入する収入金額は、消費税分を差し引いた、すなわち収入金額の110分の100の金額です。消費税相当分は、仮受消費税として、貸借対照表の負債科目となります。

◆不動産貸付業の認定基準

種類・用途等			貸付件数等
建物	住宅	1．一戸建て	棟数が10以上
		2．一戸建て以外	室数が10以上
	住宅以外	3．一戸建て	棟数が5以上
		4．一戸建て以外	室数が10以上
土地	5．住宅用		契約件数が10以上、または貸付総面積が2,000㎡以上
	6．住宅用以外		契約件数が10以上
7．上記貸付用不動産（1～6）を複数棟保有している場合			各種の貸付の総合計件数が10以上

不動産の税金
8

■不動産相続の税金

不動産の相続では相続税がかかってくる

▼大幅な控除があるのでほとんどの人は税金はかからない

不動産相続と相続税

相続税は、人の死亡によって遺された財産を、相続や遺贈などによってもたらされた場合に、もらった方にかかる税金です。

なお、平成27年1月1日より改正相続税が実施されています（227ページ参照）。

① 相続税の申告

被相続人がなくなったことを知った日の翌日から、原則10か月以内に、亡くなった方（被相続人）の住所地を所轄する税務署に申告書を提出して納税します。

納付すべき相続税額が10万円を超える納税者については、納期限までに金銭で納付することを困難とする事由がある場合に限り、申請により、納付を困難とする金額を限度として、相続財産の価額のうちに占める不動産等の価額の割合に応じて延納が認められます。

② 正味遺産額と相続税の申告義務

正味遺産額が基礎控除額（3000万円＋600万円×相続人数）以下であれば、相続税を支払う必要はなく、また申告書を提出する義務もありません。

ただし、配偶者の税額軽減や小規模宅地の評価減などの特例を適用した場合には、税額はゼロでも、相続税の申告書の提出が必要となります。

なお、平成26年12月31日までの基礎控除額は5000万円＋1000万円×法定相続人数でした。

相続財産の範囲と税務上の評価

① 「財産」とは、金銭に見積もることができる、**経済的価値のあるすべて**のものをいいます。具体的には、亡くなった方が、相続開始のときにもっていた次のようなものです。

・土地、建物、借地権、株式、公社債、預貯金、現金、貴金属、書画骨董、立木など

・営業権、特許権、電話加入権、貸

付金債権、受取手形など。

② 相続や遺贈により取得したものとみなされる財産

・生命保険金、損害保険金

・退職手当金、功労金、その他これに準ずる給与

・生命保険契約に関する権利

③ 次の財産には税金はかかりません。

・墓所、霊びょう、仏壇、祭具など

・相続人が受け取った「生命保険金または損害保険金で死亡を原因とするもの」および「退職手当金等」は、それぞれ法定相続人1人当たり500万円までの金額

④ 債務や葬式費用の金額

・債務は、被相続人の債務を相続人が承継したもので、相続開始の際に現実に存在し、確実と認められるものを、一般債務のほかに納税義務が生じている税金等も、納期前のものであっても含まれます。

・葬式費用は葬式に関して、相続人が負担した費用で、社寺、葬儀屋などへの支払いのほか、通夜に要した費用などです。香典返しや法要、墓碑および墓地の購入費などは、対象となりませんので、注意が必要です。

相続財産の評価

相続税や贈与税の、税額を算出するための財産の価額は、原則として、国税庁で定めた「財産評価基本通達」により評価することになっています。

●土地等

①宅地――宅地の評価方法には、路線価方式と倍率方式とがあります。

市街地の大部分で使われる路線価方式は、その土地の面している道路に1㎡当たりの評価額が付けらており、面積にこの評価額を掛ける計算方法です。間口の狭い土地や角地・崖地などの場合には、それぞれの事情に応じて特別の計算をします。

それ以外の土地は倍率方式といって、固定資産税評価額に、地域ごとに定められている倍率を掛けて計算します。

②借地――借りた土地に建物を建てて、地代を払って利用していると、借地権として評価します。

借地権の価額＝土地の評価額×借地権割合

③定期借地権――定期借地権は、原則として次の算式により評価します。

定期借地権の価額＝土地の評価額×定期借地権割合*×定期借地権の逓減率

*借地権設定当時の割合を言う。

④貸地――貸している土地は、原則として自用地の価額から借地権または定期借地権の価額を差し引いて評価します。

⑤貸家建付地――建物を建てて賃貸している土地は、貸家建付地として評価します。

貸家建付地の価額＝土地の評価額

×（1－借地権割合）×借家権割合

⑥農地――農地は、㋑純農地および中間農地、㋺市街地農地、㋩市街地周辺農地、の別に評価します。

⑦その他の土地等――このほか、山林、原野、雑種地、永小作権、耕作権、生産緑地などがあります。

◉建物

建物の固定資産税評価額が、相続税評価額となります。アパートや貸家など、貸している建物については、借家権の割合を減額して計算されます。

小規模宅地等の課税価格の軽減ポイント（大要）

被相続人、または相続人と生計を一にしていた親族が、事業の用、または居住の用に供していた宅地等を相続、または遺贈により取得したときは、要件を満たせば、その評価額に次に掲げる割合を乗じた金額が大幅に軽減されます。

相続時精算課税により贈与取得した宅地等については、本特例の適用はありません。

なお、改正については227ページを参照してください。

◆小規模宅地等の相続税の軽減

※改正については227ページ参照

	小規模宅地等の種類	限度面積	減額割合
①	特定事業用宅地等 被相続人の事業を引き続き営む場合などの宅地	400㎡以下	80%
②	特定居住用宅地等 被相続人と同居の親族が引き続き居住する場合などの宅地	330㎡以下 平成26年12月31日以前に取得…240㎡	80%
③	特定同族会社事業用宅地 特定同族会社の事業用に引き続き使用される場合などの宅地	400㎡以下	80%
④	貸付事業用宅地等 被相続人の貸付事業を引き続き営む場合などの宅地	200㎡以下	50%

相続税の計算のしくみ

◉相続税の計算と速算表

相続税は、最初から各自が取得した相続財産に対して税額を計算するのではなく、まず亡くなった人の財産全体から、債務を控除した財産額を求め、法定相続人の構成と人数によって税の総額を計算してから、各自の相続税を求めるしくみになっています。

税額を計算する前に、控除できる金額として基礎控除があります。その金額は、「3000万円＋600万円×法定相続人数」になっています。

仮に相続人が配偶者と子ども2人であれば「3000万円＋600万円×3人」で、基礎控除額は、4800万円という計算になります。

まず、手順としては、

①　課税価格の合計額から、基礎控除を差し引いたものを「課税遺産総額」といい、この課税遺産総額を、法定相続分どおりに相続したものと仮定して、各人の相続額を出します。

②　それぞれの相続額に税率をかけて税額を求めます。これを全部合算したものが「相続税の総額」となります。

③　相続税の総額を、各相続人が、実際に相続する金額の割合で按分します。これが各相続人の相続税額となります。

◉税額控除の計算

①　配偶者の税額軽減の計算方法

残された配偶者の生活の保障の遺産形成に貢献した内助の功などを配慮した規定です。

遺産の分割協議が整った場合に限り、配偶者の法定相続分相当額、または1億6000万円までを、配偶者が相続した場合には配偶者には相続税はかかりません。

配偶者の税額軽減の計算式は、下表のようになります。

②　未成年者控除

相続人の年令が20歳未満のときは、成人に達するまでの、1年につき10万円が相続税額から控除されます。

③　障害者控除

相続人が障害者のときは、70歳に達するまで、1年につき10万円（特別障害者は20万円）が、相続税額から控除されます。

④　相次相続控除

被相続人が死亡前10年以内に、前の被相続人から相続した財産について相続税が課税になっている場合は、前に納めた相続税額のうち一定の金額が控除されます。

具体的な計算は、次ページ表を参照してください。

◆配偶者控除の計算方法

配偶者の相続税額 － ｛ 相続税総額 × （㋑配偶者の法定相続分相当額（最低1億6000万円）または㋺配偶者が取得した実際額のいずれか少ない額 ／ 課税価格の合計額） ｝ ＝ 配偶者の税額軽減後の相続税額

◆相続税の計算例（事例=相続人が妻と子ども2人、法定相続分で遺産分割）

遺産の内訳

- ・現金・預金・株式　3,300 万円　　土地・建物　10,000 万円
- ・生命保険金　5,000 万円（うち 500 万円×3 人=1,500 万円は非課税）
- ・死亡退職金　2,000 万円（うち 500 万円×3 人=1,500 万円は非課税）
- ・その他　500 万円（うち非課税遺産 200 万円）

総遺産額（小計 2 億 800 万円）（うち非課税総額 3,200 万円）

- ・債務（借入金）　500 万円
- ・葬式費用　300 万円
- ・債務控除合計（小計 800 万円）

▷正味遺産額 1 億 6,800 万円

①遺産の相続
総遺産額（2 億 800 万円）
正味遺産額｜非課税財産 3,200 万円｜債務 葬式費用 800 万円

②正味遺産額
正味遺産額
2億 800 万円−3,200 万円−800 万円
=1億 6,800 万円

③課税遺産額
課税遺産額｜基礎控除額 4,800 万円
3,000 万円+(600 万円×法定総額3人)
=4,800 万円

④課税遺産額
課税遺産額
1億 6,800 万円−4,800 万円（基礎控除額）=1億 2,000 万円（課税遺産額）

⑤法定相続分で按分
妻（1/2）｜長男(1/4)｜長女(1/4)
妻 ──▶1億 2,000 万円×1/2=6,000 万円
子 ──▶1億 2,000 万円×1/2×1/2=3,000 万円

⑥相続税の総額の計算
妻｜長男｜長女
妻 ─▶ 6,000 万円×30%−700 万円=1,100 万円
子 ─▶ 3,000 万円×15%−50 万円=400 万円

⑦相続税の総額
相続税の総額
1,100 万円（妻の税額）+ 400 万円（子の税額）× 2人 = 1,900 万円（相続税の総額）

⑧各人の相続税額
妻｜長男｜長女
妻 ──▶ 1,900 万円× 8,400 万円 / 1億 6,800 万円 =950 万円
子 ─▶ 各 1,900 万円× 4,200 万円 / 1億 6,800 万円 =475 万円

⑨税額控除の計算
妻　　17 歳◀─長女
控除額
①妻 ─▶1,900 万円× 8,400 万円 / 1億 6,800 万円 =950 万円
②長女（17 歳）─▶10 万円×3 年（20−17）=130 万円

⑩納付すべき税額の計算
長男｜長女
妻　950 万円−950 万円=　0 円
長男　475 万円 ──▶475 万円
長女　475 万円−30 万円=445 万円

◆相続税の速算表 ※平成 27 年 1 月 1 日以降参照

法定相続分に分けた額	税率	速算控除額	法定相続分に分けた額	税率	速算控除額
1,000万円以下	10%	—	2億円以下	40%	1,700 万円
3,000万円以下	15%	50 万円	3億円以下	45%	2,700 万円
5,000万円以下	20%	200 万円	6億円以下	50%	4,200 万円
1億円以下	30%	700 万円	6億円超	55%	7,200 万円

◉相続税に関する改正

※基礎控除の引き下げ、税率構造の見直し、小規模宅地等の特例の見直しが行われた

1 基礎控除の引き下げ（平成 27 年 1 月 1 日以降）

改正前
5,000万円+1,000万円×法定相続人数

→

改正後
3,000万円+600万円×法定相続人数

2 税率構造の見直し（平成 27 年 1 月 1 日以降）

▶相続税の税率表（速算表）

法定相続分に応ずる取得金額	改正前 税率	改正前 控除額	改正後 税率	改正後 控除額
1,000万円以下	10%	0万円	10%	0万円
3,000万円以下	15%	50万円	15%	50万円
5,000万円以下	20%	200万円	20%	200万円
1億円以下	30%	700万円	30%	700万円

法定相続分に応ずる取得金額	改正前 税率	改正前 控除額	改正後 税率	改正後 控除額
2億円以下	40%	1,700万円	40%	1,700万円
3億円以下			45%	2,700万円
6億円以下	(3億円超)50%	4,700万円	50%	4,200万円
6億円超			55%	7,200万円

3 未成年者控除・障害者控除の見直し（平成 27 年 1 月 1 日以降）

	改正前	改正後
・未成年者控除	6万円×20歳に達するまでの年数	10万円×20歳に達するまでの年数
・障害者控除	6万円(特別障害者:12万円)×85歳に達するまでの年数	10万円(特別障害者:20万円)×85歳に達するまでの年数

4 小規模宅地等について相続税の課税価格の計算の特例の見直し

【居住用宅地の適用対象面積の見直し】（平成27年1月1日以降）

改正前
上限240㎡

→

改正後
上限330㎡

【居住用宅地と事業用宅地を併用する場合の限度面積の拡大】

限定的に併用が認められている居住用宅地と事業用宅地について、完全併用(それぞれの限度面積面積〈居住用：330㎡(改正後)、事業用：400㎡〉)に適用拡大されました(貸付用は除く)。

改正前
限定併用
居住用：240㎡
事業用：400㎡
繰入れ ＜ 最大400㎡

→

改正後
完全併用
居住用：330㎡
事業用：400㎡
完全併用 ＜ 最大730㎡

【居住用宅地の適用要件の緩和・柔軟化】（平成27年1月1日以降）

〈二世帯住宅に居住していた場合の取扱い〉 二世帯住宅については、内部の行き来ができるか否かにかかわらず、同居しているものとして、特例の適用ができます。

〈老人ホームに入所した場合の取扱い〉 老人ホームに入所したことにより、被相続人が居住しなくなった家屋の敷地については、以下の要件の下で、相続の開始の直前において被相続人が居住していたものとして、特例の適用ができます。

(1)被相続人に介護が必要なため入所したものであること。

(2)居住しなくなった家屋が貸付けなどの用途に供されていないこと。

不動産の税金 9

■贈与と税金

不動産や住宅資金の贈与には贈与税の軽減特例がある

▼配偶者への贈与・住宅購入資金の贈与などで特例がある

贈与税のしくみと税額

贈与税は、個人間の贈与（死因贈与は除く）によって、財産を取得したことに対して課せられるもので、もらった方にかかる税金です。

なお、贈与税の見直しにより平成27年1月1日から、改正法が適用されています。

①暦年課税方式

その年の1月1日から12月31日までの1年間に、個人から贈与を受けた財産の価額の合計額から、基礎控除の110万円を差し引いた残額に、一定の税率（下表参照。改正については231ページ参照）を掛けたものが贈与税額です。

贈与税の最高税率は、相続税と同じ55％ですが、贈与額が増加するに伴い相続税と比較すると、格段に適用される税率が高くなっています。

②相続時精算課税方式

相続時精算課税方式（平成15年1月1日から適用）とは、親または祖父母から子または孫への贈与について、贈与を受けた子や孫（18歳以上、令和4年3月31日以前の贈与は20歳以上）＝受贈者の選択により、60歳以上の親や祖父母からの生前贈与に伴って支払った贈与税を、親の死亡時に支払う相続税から差し引けるという制度（贈与税と相続税の課税を一体化して精算する仕組み）です。

つまり、贈与時の税金を軽減して、贈与者が死亡した相続時に改めて計算し直して、相続税で精算するというものです。従来の制度では払い終

◆贈与税の速算表

基礎控除後の課税価格	税率	控除額
200万円以下	10%	——
300万円以下	15%	10万円
400万円以下	20%	25万円
600万円以下	30%	65万円
1,000万円以下	40%	125万円
1,500万円以下	45%	175万円
3,000万円以下	50%	250万円
3,000万円超	55%	400万円

わった贈与税は、原則、相続時には関係ありませんが、新制度では生前贈与で納めた贈与税額を、相続税額から差し引く（精算）しくみです。

暦年課税方式で贈与税を軽減する方法

暦年課税の基礎控除の額は、110万円とされていることから、毎年110万円の範囲内であれば、毎年贈与税のかからない贈与を行うことが可能です。

また、贈与税の軽減される場合として、「居住用財産に係る贈与税の配偶者控除」の特例があります。

相続時精算課税制度の活用

① 非課税枠が大幅に拡大

相続時精算課税制度を活用のポイントは、従来の暦年課税方式で1年につき110万円だった贈与税の非課税枠が、相続時精算課税方式では合計2500万円まで拡大し、限度額以内なら、1回あたりの贈与金額や贈与回数に制限はありません。

ただし、この非課税枠を利用するには、相続発生時に贈与財産を相続財産と合計した額に課税する「相続時精算課税制度」を選択し申告しなければなりません。

② 贈与税額の計算

具体的には、2500万円を超える生前贈与には、一律20％の税率で税額を計算します（この時点で相続税を「前払い」することになる）。

親が死亡し相続が発生したときに、相続時精算税の贈与分を合算し、そこから基礎控除分を差し引いた課税遺産総額に所定の税率を乗じます。その上で、相続税の総額（および各人別の税額）から先に納付した贈与税額を差し引いて計算します。

贈与財産の種類・金額・贈与回数の制限はありません。

③ 適用対象者は

適用対象者は、①贈与者は60歳以上の親・祖父母、②受贈者は18歳以上（令和4年3月31日以前は20歳）の子・孫である推定相続人（代襲相続人含む）です（230・231ページ参照）。年齢は、贈与を受けた年の1月1日の年齢です。

贈与税の軽減特例

◎配偶者への住宅または住宅資金等の贈与

これは、婚姻期間が20年以上の夫婦の間で、居住用不動産または居住用不動産を取得するための金銭の贈与が行われた場合、基礎控除の110万円の他に最高2000万円まで控除（配偶者控除）ができるという特例です（他にも要件あり）。

◎子や孫への住宅取得資金贈与

直系尊属である両親や祖父母などから住宅取得資金として贈与を受けた場合、贈与を受けた者ごとに省エネ等住宅の場合には1000万円まで、それ以外の住宅の場合には500万円までの住宅取得等資金の贈与が非課税となります。

この非課税は、暦年課税の基礎控除または相続時精算課税制度の非課税枠にプラスして使えます。

■非課税限度額

住宅の形態	非課税限度額
耐震、省エネ又はバリアフリーの住宅用家屋	1,000万円
上記以外の住宅用家屋	500万円

※以前は住宅取得契約の締結時期によって条件があったが、令和4年の税制改正から締結時期が条件から外された。

◆贈与税の配偶者控除

●婚姻期間などの一定の要件を満たす配偶者に対しては、住宅用の土地・家屋か、それを取得するための資金を贈与したときには、110万円の基礎控除に加え、2,000万円の配偶者控除を受けられるという制度があります。たとえば、以下のような要件です。

①婚姻期間が20年以上の配偶者からの贈与であること。
②贈与により取得した財産は、居住用不動産（土地・土地の上に存する権利・家屋）か、金銭であること。
③贈与により取得した財産が、居住用不動産である場合は、受贈者が居住の用に供し、その後も引き続き、居住の用に供する見込みのものであること。
④贈与により取得した財産が金銭である場合は、その金銭で居住用不動産を取得して、受贈者の居住用に供し、その後も引き続き居住の用に供する見込みのものであること。
⑤過去に贈与税の配偶者控除を受けていないこと（1回限り）。
⑥申告書に一定事項を記載し、一定書類を添付して翌年3月15日までに申告すること。

このように、夫婦間で住宅の名義変更（贈与）や、居住用不動産の取得資金を贈与するときには、結婚後20年経ってからが有利です。また、金銭を2,000万円贈与するよりは、評価額が時価よりも低い2,000万円の住宅を贈与したほうがよいでしょう。

◆相続時精算課税制度の概要

贈与者	父母または祖父母（60歳以上）
受贈者	18歳（令和4年3月31日以前は20歳）以上の子または孫である推定相続人
非課税枠の複数適用	父母·祖父母それぞれから最大2,500万円ずつできる
親·祖父母（直系尊属）からの住宅取得資金等の贈与の場合の非課税枠	非課税措置　上記非課税限度額+2,500万円の合計 非課税枠を超えた分については一律20%課税 贈与者（親）が死亡したとき、相続税で精算
相続発生時相続財産に加算	経過年数に関わらず加算して相続税課税（非課税枠であれば、届出をすれば課税関係は終了する）
所得制限	なし
贈与回数 利用後の制度再利用	3,500万円の範囲内なら数回に分けても可 この特例の利用後は暦年方式（従来）110万円の非課税枠の利用は不可
増改築資金	100万円以上で、増改築後の床面積50㎡以上
5年以内に自己所有家屋に居住	制限なし
買換え、建替え	制限なし
税率等	・通常の2,500万円（住宅取得資金の贈与では3,500万円）の非課税枠を超えると一律20%課税。贈与者の死亡時に相続税で精算

◉贈与税に関する改正

※税率構造の見直し（暦年課税）、相続時精算課税制度の見直しがある

1 税率構造の緩和（暦年課税）（平成27年1月1日以後）

▶贈与税の速算表

基礎控除後の課税価格	改正前		改正後			
			一般		直系卑属	
	税率	控除額	税率	控除額	税率	控除額
200万円以下	10%	0万円	10%	0万円	10%	0万円
300万円以下	15%	10万円	15%	10万円	15%	10万円
400万円以下	20%	25万円	20%	25万円		
600万円以下	30%	65万円	30%	65万円	20%	30万円
1,000万円以下	40%	125万円	40%	125万円	30%	90万円
1,500万円以下	(1,000万円超) 50%	225万円	45%	175万円	40%	190万円
3,000万円以下			50%	250万円	45%	265万円
4,500万円以下			(3,000万円超) 55%	400万円	50%	415万円
4,500万円超以下					55%	640万円

※贈与税の税率は、課税価格を左記の表の金額に区分して、それぞれの区分に対応する税率を適用して足し合わせる方式（超過累進税率）を採っており、納税者がその負担能力に応じて公平に税を負担する仕組みとなっています。

　具体的には、左記の速算表に当てはめることで簡単に計算することができます。

（参考例）直系尊属から500万円の贈与を受けた場合

基礎控除後の課税価格　税率　控除額　贈与税額

(500万円−110万円)×15%−10万円=48.5万円

2 相続時精算課税制度の対象者の見直し（平成27年1月1日以後）

改正前

受贈者：20歳以上の推定相続人
贈与者：65歳以上の者

改正後

受贈者：20歳以上の推定相続人および孫
贈与者：60歳以上の者

▶相続時精算課税制度…相続時精算課税制度とは、贈与者から贈与を受けた財産について、2,500万円までは贈与時の贈与税は非課税（2,500万円を超える部分については20%の税率で贈与税が課税）とされ、その贈与者がなくなった場合には、その贈与財産の贈与時の価額と相続財産の価額を合算して、相続税として精算（本制度により納付した贈与税額については相続税額から控除）する制度です。

【各種の税金における不動産の評価額】

不動産の譲渡所得税 … 譲渡所得金額 × 税率

不動産取得税 … 取得した不動産の価格（課税標準額）× 税率

固定資産税 … 固定資産の価格 等（課税標準額）× 税率

　固定資産の価格（評価額）とは、総務大臣か定めた固定資産評価基準に基づいて役所の固定産台帳に登録されている価格。納税通知書あるいは固定資産台帳の閲覧で知ることができる。

相続税・贈与税 … 計算の方法については、224ページ以下参照。

　①宅地の評価 … (1)路線価方式　市街地にある宅地、原則として宅地が面する道路の路線価を基に評価額を算出（税務署または国税庁のホームページで分かる）

　(2)倍率方式　(1)で評価する宅地以外については、固定資産税評価額に一定の倍率をかけて評価額を算出）

　②家屋の評価 … 固定資産評価額と同じ。

巻末資料 1

不動産紛争の解決法と手続き

◆動産に関するトラブルは、通常は金銭に換算すると金額も大きいことから、専門家に相談して、早めの対応が必要です。

■これから述べる紛争処理方法は、トラブルが起こってからのいわば対症療法的な処理方法と言えますが、むしろ紛争やトラブルの発生を未然に防止することこそ大事なことであって、紛争を予防し、または紛争処理を容易にするような、いわば予防法務の重要性を忘れてはなりません。

1 公正証書の作り方

■公正証書とは公証役場で公証人によって作成される書面をいい、公証人が執務する場所を公証役場といいます。公証役場は、各地方法務局が所管する役場です。なお、公証役場や公証人は、スマホやパソコンから日本公証人連合会のホームページを検索すれば簡単に見つけられます。

① 公正証書を作る実益

①強制執行ができる

たとえば、金銭の支払いなどの請求で公証人が作成した公正証書で、債務者がただちに強制執行を受けても構わない旨の陳述が記載されているものがこれに当たり、公正証書を債務名義として強制執行ができます。

②証書の信用力を高める効力がある

公正証書は、証書としての信用力は高く、実際に生じた法律関係を確実にする効果がありますので、後日紛争が生じても、十分な証明力を発揮してくれます。

③第三者に対する効力がある

第三者に対して契約の存在やその内容を立証しようとする時にその本領を発揮します。

② 公正証書の作成の手続き

依頼（嘱託）する手続きには、㋑当事者双方の本人が直接公証役場へ出向いて行う「本人嘱託」と、㋺代理人が本人の代わりに公証役場に出向いて行う「代理嘱託」とがあります。

㋑の本人が直接出向いて作成する場合は、その本人の実印と印鑑証明書1枚、それと公正証書にしたいと思う契約書等の文書を持って公証役場へ行くだけでよいのです。この場合、印鑑証明書は発行日から3か月以内のものが必要です。なお、公証人と面識のある人は、印鑑証明書の提出を省略できます。

㋺の代理人が本人に代わって出向く場合には、本人の印鑑証明書（法人の場合には資格証明書も）のほかに、本人から代理人に対する委任状と、代理人自身の実印と印鑑証明書が必要となります。

2 内容証明郵便の出し方

■内容証明郵便とは、いつ、いかなる内容の文書を、だれから、だれへ宛てて、差し出したかを、郵便局が公的に証明してくれるものです。出した郵便物の文書内容を、後日の証拠として残しておく必要がある場合などに、主として利用されています。したがって、通常は配達証明付の書留郵便を利用します。

① 内容証明郵便を出す際の注意事項

①2つ以上の文書を内容とするものや、文書以外のものを封入することはできない。

②内容証明郵便の用紙については、特に制約はないが、同じ文面のものを3通作って、郵便局に差し出さなければならない。

郵便局では、1通を郵便の受取人に送り、1通を郵便局に保存し、1通を差出人に返してくれます。相手方が複数の場合には、相手方の数プラス2通が必要になります。

③また、内容証明郵便では、1枚の紙に書ける文字の数が決まっている。

1行20字以内、1枚26行以内となっています。ただし、これは縦書きの場合で、横書きの場合には、1行13字以内で1枚40行以内にするか、1行26字以内で1枚20行以内で作成することになっています。この場合、カッコ、句読点、その他の記号も1字として計算されます。

④枚数が2枚以上にわたるときは、ホッチキスなどで綴じ、そのつなぎ目に差出人の印を押す（これを契印または割印と言う）。

⑤内容証明郵便を書く場合には、使用できる文字に制約がある。

使用できるのは、仮名（ひらがな・カタカナ）、漢字、数字（算用数字・漢数字）で、英字は固有名詞に限ります。その他、カッコ、句読点、一般に記号として使用されているもの（＋、％、＝など）も使用できます。

⑥文字を削除・訂正する場合

2本の線を引いて消し、正しい文字を書き加えます。また、文字を挿入する場合は、挿入する個所の右側に（横書きの場合は上に）挿入する文字を書き、カッコで挿入位置を指定します。さらに、削除・訂正・挿入をした行の上欄または下欄の余白、あるいは末尾の余白に、「〇行目〇字訂正」とか、「〇行目〇字削除、〇字加入」のように記載し、これに押印しなければなりません。

② 内容証明郵便を出す手続き

内容証明郵便の取扱いは、集配を行っている郵便局と、地方郵便局長の指定した無集配郵便局です。

内容証明郵便に必要な切手代は、①文書1枚につき480円（1枚増すごとに290円増し）、②書留料金480円、③配達証明料金350円（差出後は480円）の合算額です（令和5年10月現在）。また、ネットで出せるe内容証明もあります。

★訴訟や調停以外の裁判所の活用

【支払督促】 簡易裁判所に支払督促の申立をすると、裁判所が督促状を送付してくれます。ただし、異議の申立があると訴訟に移行します。

【借地非訟事件手続】 借地条件の変更、増改築・再築の許可、土地の賃借権の譲渡・転貸の許可等で地主が承諾しないときは、地方裁判所に申し立てて、地主の承諾に代わる裁判所の許可を得ることができます。

3 訴訟による解決法

■訴訟は、裁判所という国家権力を背景にして、強制的に紛争を解決してしまおうというわけです。

① 訴状を裁判所に提出

提出する訴状は、正本1通、被告の数の副本です。この際、法律で決められた金額の印紙を裁判所用の正本に貼り、また、被告への送達用に必要な額の切手を納付します。また、当事者が会社の場合には、会社の資格証明書（商業登記簿謄本〈登記事項証明書〉）、不動産に関する事件の場合には、不動産の登記簿謄本〈登記事項証明書〉と、訴状に貼る印紙額の算定資料として固定資産評価証明書も提出しなければなりません。

② 訴状の記載事項

訴状には、所定の事項、①当事者の住所・氏名、②事件名、③請求の趣旨、④請求の原因、⑤付属書類、⑥提出年月日、⑦提出先の裁判所名を記載し、原告（訴訟を提起した人）またはその代理人が署名捺印します。

①当事者が法人の場合、法人名のほかに、その代表者の氏名と代表権の種類も記載します。

②事件名は、どのような請求の事件であるか、例えば「所有権移転手続等請求事件」などとします。

③「請求の趣旨」とは、被告（訴訟の相手方）に対してどのような請求をしているかの結論的な表示で、原告が求める判決の主文の内容の簡潔・明確な表示をいいます。

④「請求の原因」とは、請求の趣旨で記載した請求を補足し、特定するのに必要な事実をいいます。

③ 訴訟を提起する裁判所

訴訟を提起できるのは、原則とし

て、相手方の住所地を管轄する裁判所です。不動産に関する訴訟では、不動産の所在地を管轄する裁判所にも管轄権が認められます。

訴状が受理されると、第1回目の口頭弁論期日が指定されます。これは通常、原告の都合を聞いて、1〜2か月くらい先に指定され、その期日の呼出状と訴状の副本が被告に送達されます。

被告が訴状の送達を受けながら第1回口頭弁論期日に出頭せず、また、答弁書を提出して原告の請求を争ってこないと、この期日に審理は終結して、特段の問題がない限り、1か月後くらいには原告の請求どおりの判決がなされます。しかし、被告が答弁書を出したり、期日に出頭して口頭で争った場合には、口頭弁論を何回か続けていくことになります。

口頭弁論期日には、当事者双方が準備書面という書面を提出して、さらに自分の主張や相手方の主張に対する反論を展開したり、証拠の文書を書証として提出したり、調べてほしい証人などの尋問の申請をします。

そして、当事者双方とも主張も証拠も出し尽くしたという段階で、口頭弁論を終結して、判決の言渡しがなされ、判決の正本が当事者双方に送達されます。

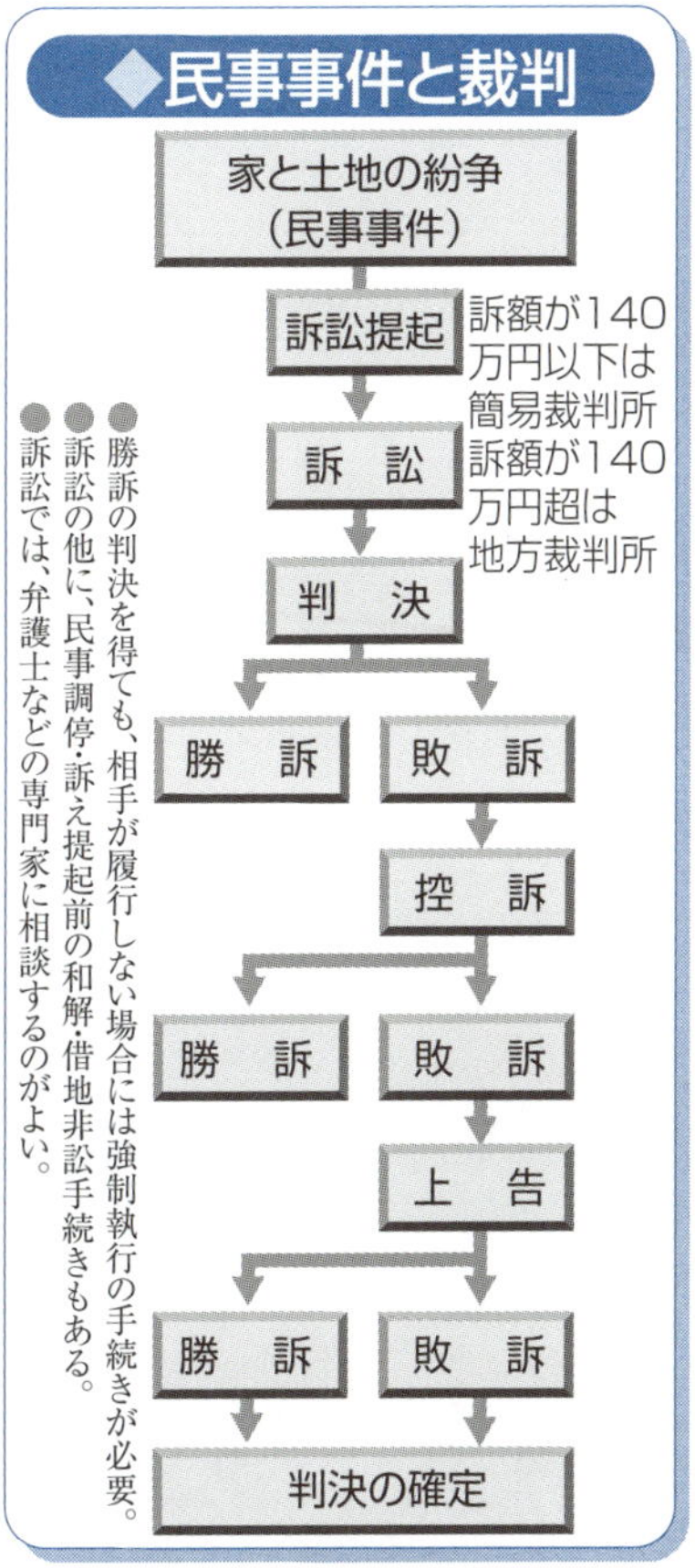

4 民事調停による解決法

■民事調停というのは、不動産トラブルのような民事に関する紛争中の当事者について、管轄する裁判所の調停委員会が話合いの仲介をし、当事者双方の歩み寄りによって紛争を解決する手続きをいいます。

一口に民事調停といっても、いくつかの種類があり、不動産に関係するものは、①宅地建物調停、②農事調停、③民事一般調停の3種類になります。

①の宅地建物調停は、宅地または

建物の貸借、その他の利用関係の紛争を取り扱うもので、原則として、対象となる不動産の所在地を管轄する簡易裁判所に申し立てます。

②の農事調停は、農地または農業経営に付随する土地、建物その他の農業用資産の貸借、その他の利用関係の紛争を取り扱うもので、原則として、対象となる農地の所在地を管轄する地方裁判所に申し立てます。

③の民事一般調停は、以上のほか、特別に対象を限定されていないあらゆる民事上の紛争を取り扱うもので、原則として、相手方の住所地を管轄する簡易裁判所に申し立てます。

●調停の申し立ての手続き

管轄の裁判所に調停申立書を提出します。簡易裁判所の受付窓口には、事件の種類ごとに申立書の書式が用意されていますから、複雑な事件でなければ、だれでも申立書を作れるようになっています。

申し立てる際に、調停の目的の価額に応じた申立手数料を収入印紙の形で納めなくてはならないことや、相手方へ呼出状を送付するなどのために、必要な額の切手をあらかじめ納めなければならないという点は、訴状を提出するときと同じです。

調停申立書には、①当事者の住所・氏名、②事件名、③申立の趣旨、④紛争の要点（申立の理由）、⑤添付書類、⑥提出年月日、⑦提出先の裁判所名を記載し、申立人またはその代理人が署名捺印します。

調停申立書の書き方などで分からないことがあれば、窓口で聞くとよいでしょう。

★訴え提起前の和解による解決法

民事調停と似た解決法に訴え提起前の和解（即決和解ともいう）というのがあります。これは、訴訟手続きに入る前の段階でなされる和解のことで、通常1回程度の出頭で成立することから、こう呼ばれています。

管轄する裁判所は、対象となる権利関係や請求額にかかわらず、原則として、相手方の住所を管轄する簡易裁判所です。多くの場合、紛争解決の約束ごとを和解調書として残しておきたい場合に利用されます。

5 不動産の強制執行

■強制執行とは、債務者が任意に債務を支払わないときに、国家の強制力に基づいて、債務者の財産を特定して差し押さえ、個別に換価して債権者に満足を与えるための手続きのことをいいます。

●強制執行の申立とその後の手続き

強制競売申立書を不動産の所在地を管轄する地方裁判所へ提出します。

申立てを受けると、裁判所は形式的に申立書を審査したうえで、競売手続きを開始して債権者のために物件を差し押さえる旨の強制競売開始決定をします。

その後、最低競売価格、その他の売却条件を決定して、売却の日時（競売期日）・場所を公告します。そして入札・競り売りなどの方法で競売し、債権者に分配されます。

また、抵当権実行による競売、担保不動産収益執行もあります。

◆裁判所への申立手数料　（訴え・控訴・上告・調停等の貼用印紙額）

訴額		訴状・反訴状・独立当事者参加の申出書・共同訴訟参加の申出書	控訴状（請求について判断しなかった判決に対するものを除く）	上告状（請求について判断しなかった判決に対するものを除く）	支払督促申請書・異議申立により本訴になったときの追加額	和解から本訴になったときの追加額	民事調停法による調停申立書	調停から本訴訟になったときの追加額
万円		円	円	円	円	円	円	円
10	10万円までごとに1000円	1,000	1,500	2,000	500	0	500	500
20		2,000	3,000	4,000	1,000	0	1,000	1,000
30		3,000	4,500	6,000	1,500	1,000	1,500	1,500
40		4,000	6,000	8,000	2,000	2,000	2,000	2,000
50		5,000	7,500	10,000	2,500	3,000	2,500	2,500
60		6,000	9,000	12,000	3,000	4,000	3,000	3,000
70		7,000	10,500	14,000	3,500	5,000	3,500	3,500
80		8,000	12,000	16,000	4,000	6,000	4,000	4,000
90		9,000	13,500	18,000	4,500	7,000	4,500	4,500
100		10,000	15,000	20,000	5,000	8,000	5,000	5,000
120		11,000	16,500	22,000	5,500	9,000	5,500	5,500
140	20万円までごとに1000円	12,000	18,000	24,000	6,000	10,000	6,000	6,000
160		13,000	19,500	26,000	6,500	11,000	6,500	6,500
180		14,000	21,000	28,000	7,000	12,000	7,000	7,000
200		15,000	22,500	30,000	7,500	13,000	7,500	7,500
220		16,000	24,000	32,000	8,000	14,000	8,000	8,000
240		17,000	25,500	34,000	8,500	15,000	8,500	8,500
260		18,000	27,000	36,000	9,000	16,000	9,000	9,000
280		19,000	28,500	38,000	9,500	17,000	9,500	9,500
300		20,000	30,000	40,000	10,000	18,000	10,000	10,000
320		21,000	31,500	42,000	10,500	19,000	10,500	10,500
340		22,000	33,000	44,000	11,000	20,000	11,000	11,000
360		23,000	34,500	46,000	11,500	21,000	11,500	11,500
380		24,000	36,000	48,000	12,000	22,000	12,000	12,000
400		25,000	37,500	50,000	12,500	23,000	12,500	12,500
420		26,000	39,000	52,000	13,000	24,000	13,000	13,000
440		27,000	40,500	54,000	13,500	25,000	13,500	13,500
460		28,000	42,000	56,000	14,000	26,000	14,000	14,000
480		29,000	43,500	58,000	14,500	27,000	14,500	14,500
500		30,000	45,000	60,000	15,000	28,000	15,000	15,000
550	50万円までごとに2000円	32,000	48,000	64,000	16,000	30,000	16,000	16,000
600		34,000	51,000	68,000	17,000	32,000	17,000	17,000
650		36,000	54,000	72,000	18,000	34,000	18,000	18,000
700		38,000	57,000	76,000	19,000	36,000	19,000	19,000
750		40,000	60,000	80,000	20,000	38,000	20,000	20,000
800		42,000	63,000	84,000	21,000	40,000	21,000	21,000
850		44,000	66,000	88,000	22,000	42,000	22,000	22,000
900		46,000	69,000	92,000	23,000	44,000	23,000	23,000
950		48,000	72,000	96,000	24,000	46,000	24,000	24,000
1,000		50,000	75,000	100,000	25,000	48,000	25,000	25,000
以下10億円まで100万円までごと		3,000	4,500	6,000	1,500	3,000	1,200	1,800
以下50億円まで500万円までごと		10,000	15,000	20,000	5,000	10,000	4,000	6,000
以下50億円超1,000万円までごと		10,000	15,000	20,000	5,000	10,000	4,000	6,000

※財産上の請求でない請求および訴額の算定が極めて困難な訴えは、訴額は160万円とみなされます。

▶この他にも予納郵券（郵便切手）が必要です。裁判所の窓口で確認してください。

●巻末資料
2
家と土地に関する各種の相談先

◆家や土地の紛争は、いったんこじれるとなかなか解決が困難となります。こうした紛争をさけるためにも事前にできるだけ早く、専門家に相談されることをお勧めします。

■法律一般相談

都道府県・市区町村相談室

各地の弁護士会の法律相談センター

ひまわりお悩み110番　☎0570‐783‐110

東京三弁護士会　東京霞が関法律相談センター　☎03‐3581‐1511

全国の土地家屋調査士会　ADR境界問題相談センター　☎03‐3295‐0022

■欠陥住宅・悪質商法などについて

消費者ホットライン（消費者庁）　☎188番

各地の消費生活センター

■建築に関する相談・苦情

都道府県の建築課

東京都建築審査会（都市整備局内）　☎03‐5388‐3334

（公財）住宅リフォーム・紛争処理支援センター　☎0570‐016‐100

（公社）日本建築家協会　☎03‐3408‐7125

住宅金融支援機構フラット35ダイヤル
返済相談☎0120‐0860‐16
融資相談☎0120‐0860‐35

（一社）日本建築士事務所協会連合会　東京☎03‐3203‐2601

（一財）日本建築防災協会　☎03‐5512‐6451

■登記の相談

各地方の法務局・各地の司法書士会

■税金に関する相談

各国税局・税務署の税務相談

最寄りの税務署に電話。音声案内により「電話相談センター」へつながる。

■家や土地売買・賃貸借等のトラブル相談

建設省または都道府県の宅地建物取引業法所管課

都道府県の宅地建物取引業協会窓口

●公共の分譲・賃貸住宅等の相談

（独）都市再生機構　☎045‐650‐0111

●借地・借家に関する相談

全国借地借家人組合連合会　☎03‐3352‐0448

●注文住宅のトラブル相談・苦情

建設省または都道府県の建設業法課

●分譲マンション管理の相談

（公財）マンション管理センター　☎03‐3222‐1516

▼紛争解決の相談先の紹介等をする機関として「日本司法支援センター」（愛称法テラス）がある。

☎0570‐078374（コールセンター）

●専門家の頼み方

■弁護士

　弁護士は、司法試験（国家試験）に合格して、各地の弁護士会に登録している法律全般についての専門家です。①民事・刑事事件の訴訟、②行政庁に対する不服・審査請求、③非訟事件（借地非訟事件など）や税務関係の仕事、⑤法律相談などを行います。

　法律問題が生じたときは、各地の弁護士会の法律相談センターを利用するとよいでしょう。「ひまわりお悩み110番（☎0570‐783‐110）」に電話をすると、最寄りの弁護士会の法律相談センターに連絡できます。依頼の費用は各弁護士（弁護士法人）が定めることになっていますので、依頼する前に確認してください。

■司法書士

　司法書士は、司法書士試験（国家試験）に合格して、各地の司法書士会に登録している人です。業務は主に不動産登記や供託などの手続きの代理を行います。司法書士には認定司法書士という制度があり、認定司法書士は、簡易裁判所で扱う事件（訴額が140万円以下）の事件や調停事件などについて代理人となることができます。

　費用は各司法書士（司法書士法人）が定めることになっていますので、依頼する司法書士に事前に確認してください。

■宅地建物取引士（宅建士）

　宅建士は、宅建試験（国家試験）に合格し資格登録をしている人で、宅地建物取引業者（不動産業者）が行う宅地・建物の売買、交換、貸借の取引について、宅建士の設置が義務付けられています。

　宅建士の専任業務としては、ユーザー（顧客）に対する「重要事項の説明」があり、これは契約前に、業者が宅建士に行わせなければなりません。ユーザーとしては、契約対象物件や取引条件を十分理解して、契約することが重要です。

■その他

・税理士（国家資格）

　税理士は税金に関する専門家で、税理士試験に合格した人です。不動産の購入、相続、贈与などでは、税金が問題となります。事前に相談するのがよいでしょう。各地の税理士会では税務相談（原則）が行われています。

・土地家屋調査士（国家資格）

　土地家屋調査士は、土地家屋調査士試験に合格・登録している人で、不動産登記のうちの「表題登記」を行う専門家です。各地の土地家屋調査士会では、「境界トラブル」等についての相談に応じています。

・不動産鑑定士（国家資格）

　文字通り不動産の鑑定・評価をする人です。相続などで不動産の価額がわからないときなどに利用するとよいでしょう。

※所轄の中央省庁や都道府県の担当課などに苦情や相談の窓口がある場合もあります。

◆法テラス（日本司法支援センター）

　法テラスは日本司法支援機構の愛称。全国に設置されていて、トラブル等の相談に対して「情報の提供業務」を行っています。ここでは、トラブルに対する法的判断がなされる訳ではありませんが、解決方法や相談先の情報が提供されます。

　どこに相談すればよいかわからない場合に連絡するとよいでしょう。

☎0570―078374

●監修者紹介

國部　徹（くにべ・とおる）
昭和35年生。東京大学法学部卒業。平成4年弁護士登録。平成10年國部法律事務所開設。一般民事・家事事件をはじめ労働事件や倒産事件、刑事事件など日常の出来事全般、また主に中小企業向けの法務を扱う。
著書に『図解による労働法のしくみ』『労働審判・示談・あっせん・調停・訴訟の手続きがわかる（共著）』『戸籍のことならこの一冊（共著）』『相続と遺言のことならこの一冊（監修）』（いずれも自由国民社）などがある。

●執筆者紹介

飯野　たから（いいの・たから）
昭和27年、山梨県生まれ。慶応義塾大学法学部卒業。フリーライター。著書に『男の離婚読本（共著）』『生活実用法律事典（共著）』『非正規六法』『戸籍のことならこの一冊（共著）』（以上、自由国民社）などがある。

内海　徹（うつみ・とおる）
昭和16年、宮崎県に生まれ。早稲田大学法学部卒業。法律ジャーナリスト。著書に『債権回収のことならこの1冊（共著）』『生活実用法律事典（共著）』（以上、自由国民社）などがある。

矢島　和義（やじま・かずよし）
昭和26年生まれ。鹿児島県出身。税理士（東京税理士会所属）。著書に『有限会社経理事務』（西東社）などがある。故人。

真田　親義（さなだ・ちかよし）
昭和24年、熊本県生まれ。熊本大学法学部卒業。(有)生活と法律研究所所長。著書に『自己破産 借金完全整理 なんでも事典（共著）』『交通事故の示談交渉なんでも事典（共著）』『法律トラブルを解決するならこの1冊』（以上、自由国民社）などがある。故人。

家と土地のことならこの1冊

2007年2月20日　初版第1刷発行
2023年12月10日　第7版第1刷発行

監修者　國部 徹
執筆者　飯野たから／内海 徹／矢島和義／真田親義
発行人　石井 悟
本文DTP　㈲中央制作社
印刷所　横山印刷株式会社
製本所　新風製本株式会社
発行所　株式会社自由国民社
〒171-0033 東京都豊島区高田3-10-11
TEL：03-6233-0781（営業）
TEL：03-6233-0786（編集）